Sigrid Tschöpe-Scheffler (H
Gute Zusammenarbeit mit E
Familienzentren und Jugendı.....

Sigrid Tschöpe-Scheffler (Hrsg.)

Gute Zusammenarbeit mit Eltern in Kitas, Familienzentren und Jugendhilfe

Qualitätsfragen, pädagogische Haltung und Umsetzung

Verlag Barbara Budrich
Opladen • Berlin • Toronto 2014

Bibliografische Information der Deutschen Nationalbibliothek
Die Deutsche Nationalbibliothek verzeichnet diese Publikation in der Deutschen Nationalbibliografie; detaillierte bibliografische Daten sind im Internet über http://dnb.d-nb.de abrufbar.

Gedruckt auf säurefreiem und alterungsbeständigem Papier.

www.budrich-verlag.de

ISBN 978-3-8474-0167-4
eISBN 978-3-8474-0426-2

Lektorat: Laura Tunnat, Braunschweig
Umschlaggestaltung: Bettina Lehfeldt, Kleinmachnow – www.lehfeldtgraphic.de
Satz: Ulrike Weingärtner, Gründau
Druck: paper & tinta, Warschau
Printed in Europe

Inhalt

Vorwort und Danksagung

Sigrid Tschöpe-Scheffler

Die interessante wissenschaftliche „Reise" einer Gruppe von Studierenden und mir zur Erstellung dieser Publikation und den Fragen nach den Qualitätskriterien einer guten und gelingenden Zusammenarbeit mit Eltern und pädagogischen Fachkräften in der Familienbildung begann mit einer Einladung, die ich 2011 von der Vodafone Stiftung erhielt. Ich wurde gebeten, in einer Expertinnen- und Expertenrunde mitzuarbeiten, die sich der Frage nach den Qualitätsstandards einer entwicklungsfördernden Zusammenarbeit von Elternhaus und Schule stellen sollte.[1] Ausgangspunkte hierfür waren die National Standards for Parent/Family Involvement Programs, der Parent Teacher Association von Chicago von 1997[2]. Als Produkt dieses einjährigen Arbeitsprozesses im Expertengremium, in der Auseinandersetzung mit Praktikerinnen aus der Schule und der Elternschaft und den wissenschaftlichen Mitarbeiterinnen der Vodafone-Stiftung erschien 2013 die Broschüre für Schulen und Eltern (Vodafone Stiftung Deutschland 2013).

Die wissenschaftliche Auseinandersetzung mit den Qualitätsstandards im Expertenteam inspirierte mich, etwas Ähnliches in einem Forschungsseminar mit Studierenden zu erproben, allerdings sollte in diesem Fall die Zusammenarbeit der pädagogischen Fachkräfte aus der Frühpädagogik (Kindertagesstätte, Familienzentren, Kinderkrippe, Familienbildung und Jugendhilfe, Frühe Hilfen) mit Eltern und Familien im Fokus stehen.

In dem Bachelor-Studiengang „Pädagogik der Kindheit und Familienbildung" der Fachhochschule Köln (Fakultät für Angewandte Sozialwissenschaften) werden die Studierenden schon ab dem ersten Semester mit dem konfrontiert, was im Modulhandbuch „forschender Habitus" genannt wird und eine fragende, offene, wertschätzende Haltung beinhaltet, die zu eigenen neuen Forschungsfragen führen soll. Im fünften Semester, nachdem die Studierenden je ein 12-wöchiges Praxisstudium in der Frühpädagogik und in der Familienbildung mit entsprechenden Forschungs-, Beobachtungs- und Projektaufgaben und einer intensiven Supervision absolviert haben, sind die letzten beiden Semester u.a. dafür vorgesehen, eigenen Erkenntnisfragen nachzugehen, die die Familie und den Sozialraum betreffen.

---

1 Vodafone Stiftung Deutschland (2013) (Hrsg.): Qualitätsmerkmale schulischer Elternarbeit. Ein Kompass für die partnerschaftliche Zusammenarbeit von Schule und Elternhaus. Basierend auf den Empfehlungen einer wissenschaftlichen Expertenkommission von Prof. Werner Sacher, Prof. Anne Sliwka, Prof. Sigrid Tschöpe-Scheffler, Prof. Sabine Walper, Prof. Wild, dem Deutschen Jugendinstitut e.V. sowie, beratend, von Prof. Klaus Hurrelmann. Düsseldorf: Druckstudio GmbH.

2 National PTA (Parent Teacher Association) (1997): National Standards for Parent/Family Involvement Programs. Chicago. http://www.eric.ed.gov/PDFS/ED405405.pdf. [Zugriff: 23.08.2013].

Eine kleine Gruppe von fünf Studierenden[3] wollte sich der von mir vorgeschlagenen Fragestellung nach der Qualität der Zusammenarbeit zwischen Familienbildung und den Eltern über einen Zeitraum von zwei Semestern stellen. Eine Studierende aus dem Master-Studiengang „Management und Pädagogik"[4], die als wissenschaftliche Mitarbeiterin das Projekt von Anfang bis Ende begleitete, bereicherte das Team, indem sie sich neben der Mitarbeit an den Inhalten insbesondere für die Gestaltung und Zusammenstellung der Texte und Tabellen verantwortlich zeigte. Eine neue Gruppe von sechs Studierenden[5] setzte sich im WS 2013/2014 mit den zu diesem Zeitpunkt schon entwickelten Qualitätsfragen auseinander und hatte den Auftrag, diese nun in der pädagogischen Praxis vor Ort, z.B. in Familienzentren, mit den Teams zu erproben.

Alle waren bis zur Drucklegung dieser Publikation, die dann noch einmal ein weiteres Jahr dauerte, an dem sich ständig weiter entwickelnden Prozess beteiligt, obgleich einige inzwischen schon ihr Studium beendet hatten, längere Auslandsaufenthalte tätigten, berufstätig bzw. in einem weiterführenden Masterstudiengang eingeschrieben waren. Ein mit einer Studentin befreundeter Grafiker führte unsere Ideen aus, wenn wir selbst mit der grafischen Darstellung unserer Inhalte nicht mehr weiterkamen (siehe die Grafiken im Kapitel 4: Prozesse auf dem Weg zur Zusammenarbeit mit Familien).[6]

Auch in unserer Gruppe waren die National Standards für Parent/Family Involvement Programs der Ausgangspunkt unserer Überlegungen, von denen wir inspiriert wurden. In einem dialogischen Prozess wurden von uns folgende sechs Merkmale guter Zusammenarbeit erarbeitet:

- Familien in der Einrichtung willkommen heißen
- Achtsam und konstruktiv kommunizieren
- Erziehungs- und Bildungspartnerschaft gestalten
- Partizipation praktizieren
- Gemeinsam für die Rechte des Kindes eintreten
- Gemeinsam soziale Netze knüpfen und pflegen

Es zeigte sich, dass in jeder der Dialogrunden, die wir anfangs zu den Standards führten, neue Qualitätsmerkmale eingeführt, wieder verworfen wurden und darüber nachgedacht wurde, ob es sich in unserer Beschäftigung eigentlich um Standards oder Kriterien handeln sollte. Oder ging es uns doch eher um *Fragen*, die die pädagogischen Fachkräfte animieren könnten, ihrerseits in Dialogprozesse über die Qualität der Zusammenarbeit in ihren Einrichtungen zu treten? Wir entschieden uns für Letzeres.

Bei der Erarbeitung tauchten bestimmte Schlüsselbegriffe wie „Raum und Zeit, Transparenz, Gleichwürdigkeit, Vielfalt, Kommunikation, Supervision und

3 Helena Drechsler, Sarah Hoffmann, Silke Krohne, Lorna Ross, Kathrin Stabroth
4 Anna Bairuk
5 Yvonne Babucke, Gianna Balaban, Gina Herrmann, Jacqueline Huyer, Hamidenur Kocak, Alexander Warren
6 Fabian Spengler

Weiterbildung" im Kontext mit den Qualitätsfragen in unserer wissenschaftlichen Erarbeitung immer wieder auf. Mit unserer Interpretation der Schlüsselbegriffe hatten wir dann einen Strukturrahmen für die Qualitätsfragen.

Im Verlauf des Prozesses entwickelte sich eine erste vorläufige Version der Tabelle mit den Qualitätsfragen, orientiert an den Schlüsselbegriffen, die wir pädagogischen Mitarbeiterinnen vorstellten. Eine Studentin des Forschungsteams, Sarah Hoffmann, beschreibt die einzelnen Arbeitsschritte aus ihrer Sicht und stellt diese in einer Grafik dar: „Bei der Zusammenarbeit in der Forschungsgruppe war uns von Anfang an eine prozessorientierte und dialogische Haltung wichtig. Der offene, vertraute und auch flexible Rahmen half uns, kreativer zu denken, uns gegenseitig zu unterstützen und uns vor allem zu ergänzen. Aus dem Dialog, der anfangs aus einem „kreativen Chaos" bestand, entwickelte sich unser eigener Arbeitsstil, der sich, je mehr wir uns aufeinander einstellten, zusehends optimierte. Dadurch wuchs das Vertrauen sowohl in den Prozess, als auch in das Endprodukt und schlussendlich auch in unsere eigenen Kompetenzen. Die Prozessorientierung spiegelt sich auch in der Weiterentwicklung des Titels für unsere „Handreichung" wieder. Gingen wir anfangs noch davon aus, dass wir, in Anlehnung an die vorgegebenen National Standards, ebenfalls Qualitätsstandards entwickeln wollen, so wandelten sich im Laufe unserer Teamarbeit sowohl unsere Vorstellung des Endproduktes als auch die verwendeten Begrifflichkeiten (von Standards über Merkmale bis hin zu Fragen)."

Abb. 1.: Erstellungsprozess der „Handreichung"

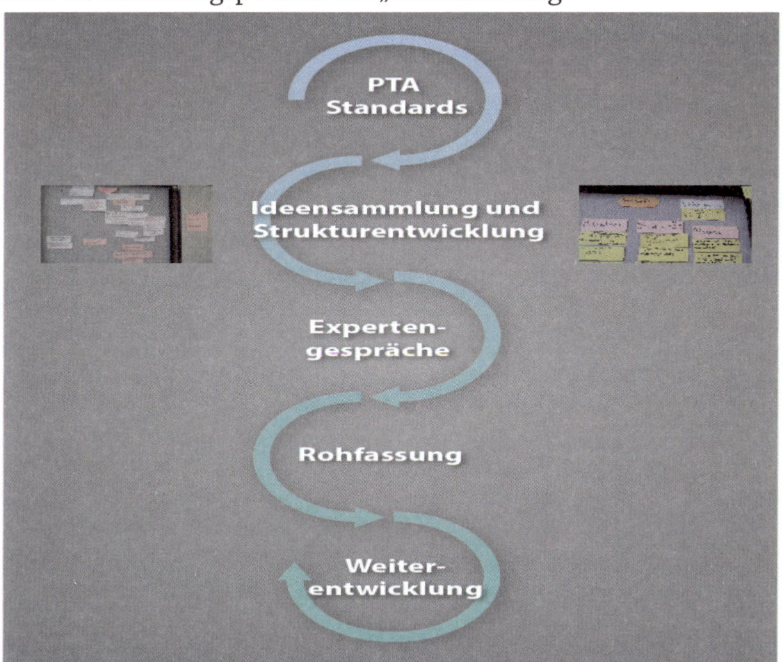

Quelle: Darstellung Sarah Hoffmann

Wir organisierten eine kleine Fachtagung mit Fachkräften aus Familienzentren und der Familienbildung mit der Absicht, unsere Thesen auf den Prüfstand der Praxis zu stellen. Hierbei zeigte sich, dass es noch Verbesserungsbedarf gab. Die PraktikerInnen[7] waren einerseits wohlwollend aber auch kritisch (siehe Kapitel 5.4.: Austausch mit den PraktikerInnen). Im Anschluss an das Theorie-Praxisgespräch wurden Veränderungen in Bezug auf die Tabelle vorgenommen, vor allen Dingen wurde eine sehr wichtige weitere Kategorie eingeführt, die hier mit der Ziffer 0 gekennzeichnet ist und die Bestandsaufnahme der bereits guten Arbeit der pädagogischen Fachkräften beinhaltet. Bevor überhaupt mit den von uns gestellten Fragen begonnen wird, sollten die eigenen Stärken des Teams erst einmal zusammengetragen werden. Die pädagogischen Fachkräfte aus den Familienbildungsstätten bemängelten, dass es sich hier eher um Qualitätsfragen für Familienzentren und Tageseinrichtungen für Kinder handelte und sie mit ihrer Organisationsform als Familienbildungsstätte kaum vorkämen. Wir konnten dem wenig entgegensetzen und entschieden uns aber dann, doch die Perspektive der Familienzentren auf Eltern (und umgekehrt) und deren spezifische Möglichkeiten im Sozialraum beizubehalten. Die wichtige Aufgabe der Familienbildungsstätten sehen wir in diesem Zusammenhang in der Arbeit als KooperationspartnerInnen, die eine wichtige Rolle spielen. Einige Punkte und auch die Schlüsselbegriffe könnten aber für die Situation in den Familienbildungsstätten vor Ort angepasst und verändert werden, dies trift auch für die Arbeit mit Familien in der Jugendhilfe, insbesondere in Zusammenhang mit den „Frühen Hilfen“ zu.

Spätestens nach der Prüfung der Praxistauglichkeit, in der uns wiedergespiegelt wurde, wie wichtig eine solche Handreichung für pädagogische Fachkräfte sein könnte, entschieden wir uns, eine Publikation zu erstellen. Wir konnten dazu fünf weitere Autorinnen und Autoren gewinnen, mit denen wir in der Vergangenheit bereits erfolgreich zusammengearbeitet hatten und von denen wir wussten, dass sie unser Menschenbild und unsere Haltung Familien gegenüber teilen.

Es ist für die Publikation ein großer Gewinn, dass die in der Elternbildungsszene und in Qualitätsfragen bekannten und führenden Autorinnen und Autoren ihre je eigenen Schwerpunkte einbringen und beschreiben und dadurch die Themen *Dialog* (Johannes Schopp, Jana Marek), *Qualität* (Reiner Strätz), *Partizipation* (Christiane Solf, Verena Wittke), *Erziehungs- und Bildungspartnerschaft* (Xenia Roth) und die Umsetzung der Ansätze in der *Frühen Hilfe* (Karolin Königsfeld) besonders in den Mittelpunkt rücken. Im zweiten Teil des Buches kommen sie zu Wort, eingeleitet durch eine Übersicht, die Anna Bairuk erstellt hat.

7 Brecht Brozio-Läseke, Ruth Differdange, Manuela Fischer-Rollbühler, Agnes Geuenich-Surangkanjanajai, Hanne Jürß, Vera Kloda, Dorothee Kroll, Barbara Schuten, Bernadette Vivies, Brigitte Wiese

Danksagung

Die vorliegende Publikation ist aus einem gemeinsamen dialogischen Prozess vieler Autorinnen und Autoren entstanden.

An dieser Stelle möchte ich mich bei allen o.g. Beteiligten ausdrücklich bedanken: für die engagierte Mitarbeit, die fachliche Kompetenz und den „langen Atem" der Studierenden und der wissenschaftlichen Mitarbeiterin, die kritischen Stellungnahmen und positiven Rückmeldungen der pädagogogischen Fachkräfte, die interessanten, weiterführenden Textbeiträge der Autorinnen und Autoren, die Umsetzungen des Grafikers und schließlich die qualifizierte Betreuung durch die Lektorinnen des Verlags Barbara Budrich. Sie alle haben dazu beigetragen, dass nun eine Publikation vorliegt, die dazu anregen soll, unsere vielfältigen Fragen, Ideen und wissenschaftlichen Auseinandersetzungen als Orientierung für eigene Dialogprozesse und neue Fragen in der pädagogischen Praxis zu nutzen.

Literaturverzeichnis

Vodafone Stiftung Deutschland (2013) (Hrsg.): Qualitätsmerkmale schulischer Elternarbeit. Ein Kompass für die partnerschaftliche Zusammenarbeit von Schule und Elternhaus. Basierend auf den Empfehlungen einer wissenschaftlichen Expertenkommission von Prof. Werner Sacher, Prof. Anne Sliwka, Prof. Sigrid Tschöpe-Scheffler, Prof. Sabine Walper, Prof. Wild, dem Deutschen Jugendinstitut e.V. sowie, beratend, von Prof. Klaus Hurrelmann. Düsseldorf: Druckstudio GmbH.

National PTA (Parent Teacher Association) (1997): National Standards for Parent/Family Involvement Programs. Chicago. http://www.eric.ed.gov/PDFS/ED405405.pdf. [Zugriff: 23.08.2013].

Teil 1
Qualität, Umsetzung und Haltung in der Zusammenarbeit mit Eltern

1. Entwicklungslinien, neue Herausforderungen und Paradigmenwechsel in der Zusammenarbeit mit Familien

Sigrid Tschöpe-Scheffler

In dem folgenden Beitrag werden Entwicklungslinien der Familienbildung der letzten Jahre bis in die Geschichte der Pädagogik aufgezeigt, die in Zusammenhang mit gesellschaftlichen Strukturveränderungen und, damit verbunden, mit neuen Herausforderungen an Familien, aber auch an pädagogische Institutionen stehen. Die Unterschiede zwischen formalen und informellen Lernprozessen und deren Bedeutung für die Zusammenarbeit mit Familien werden herausgestellt. Die größere Bedeutung informeller Lernsituationen, auch bedingt durch gut funktionierende Erziehungs- und Bildungspartnerschaften zwischen Fachkräften und Eltern, die in Form von offenen Begegnungs-, Bildungs- und Erfahrungsräumen erprobt werden, hat einen erfreulichen Paradigmenwechsel in der Grundhaltung und Methodenwahl in der Zusammenarbeit mit Familien eingeleitet. Er wird u.a. darin sichtbar, dass es das erklärte Ziel vieler Fachkräfte ist, eher *mit* Eltern zusammen zu arbeiten als *für* sie Bildungskonzepte oder Elternabende zu entwickeln, um diese dann, unabhängig von der Elternschaft und der Situation, „nach Plan" umzusetzen. Wie sehr eine einladende, ressourcenorientierte, achtungsvolle Grundhaltung auch Auswirkungen auf Inhalte, Methoden, die Gestaltung der Räume, die Zusammenarbeit im Team und die Atmosphäre in der Einrichtung hat, wird in den Qualitätsfragen (siehe Kapitel 5: Qualitätsfragen und Schlüsselbegriffe) deutlich und zieht sich wie ein roter Faden durch unser Buch.

Familienrealität(en) – oder warum die Familie (trotz allem) der beste Ort für das Aufwachsen von Kindern ist

Es ist allgemein bekannt, dass Erziehung heute andere Rahmenbedingungen hat als noch vor zwanzig oder dreißig Jahren. Nicht nur die Familien, sondern auch die Gesellschaftsstrukturen haben sich grundlegend geändert: so gibt es heute viele Alleinerziehende, Patchworkfamilien, gleichgeschlechtliche Eltern, weniger Großfamilien – das bietet eine Vielfalt an Optionen, bedeutet mehr Individualisierung und damit verbunden sowohl veränderte Mutter- und Vaterrollen als auch veränderte Eltern-Kind-Beziehungen. Der traditionelle „Befehlshaushalt" ist zum „Verhandlungshaushalt" geworden, was viel Information, Argumentation und Persönlichkeits- und Sachautorität bei den Eltern voraussetzt. Insgesamt ist Erziehung weniger beiläufig, sondern steht unter starker Beobachtung durch die Umwelt und durch die Eltern selbst, die alles möglichst richtig machen wollen, der Erziehungs- und Leistungsdruck ist insgesamt gestiegen. Die Familienrealität ist oftmals zusätzlich geprägt durch benachteiligte Lebenslagen und erschwerte Lebenssituationen wie Armut, Krankheit, Arbeitslosigkeit, Migrationshintergrund etc. Außerdem wird von Müttern und Vätern, die im Arbeitsprozess sind, erhöhte Flexibilität und Mobilität gefordert, viele haben eher prekäre Arbeitsverhältnisse und Familie und Beruf sind, trotz Entlastungen durch Kinderkrippen oder Tagesmütter, häufig schwer zu vereinbaren. Unabhängig vom gesellschaftlichen Strukturwandel und den veränderten familiären Lebensformen gilt aber „trotz allem", dass die Familie nach wie vor der beste Ausgangspunkt für das Aufwachsen der meisten Kinder in dieser Gesellschaft ist. Der einmalige Wert und die spezifische Eigenart von Familie lassen sich mit folgenden Begriffen umschreiben: Liebe, Zuwendung und Vertrauen, Hoffnung und Zuversicht, wechselseitiger verbindlicher Fürsorgezusammenhang, Schutz und Zugehörigkeit, Pflege und Mitsorge. In der Familie kann Beziehungslernen zwischen Nähe und Distanz im Vollzug praktischer Tätigkeiten und im Alltag erfahrbar werden. Dazu gehören auch die oft leidvollen Erfahrungen von Ambivalenzen (Spannungen, Krisen, Konflikte) und Differenzen und der Umgang damit. Hier kann das Erlernen von Fertigkeiten, Fähigkeiten und Kenntnissen durch den gelebten Alltag, zu dem auch das Scheitern gehören kann, geschehen. Das familiäre Zusammenleben hat nicht nur eine eigene Logik, sondern ein *eigenes Potential*, das zunehmend in seinem Kern durch die Überordnung ökonomischer Leitideale bedroht ist. Familienleben darf sich aber nicht nach den Maßstäben von Wettbewerb, Effizienz, Zukunftsorientierung und Qualitätssicherung funktionalisieren lassen und muss darum in besonderer Weise geschützt und unterstützt werden.

Gesellschaftliche Strukturveränderungen sind aber nicht nur in Familien, sondern in allen Lebensbereichen spürbar, doch die Voraussetzungen, angemessen darauf reagieren zu können, sind für Väter, Mütter und Kinder erheblich schwieriger als z.B. für Singles, da sie in die sensiblen Entwicklungsgesetzmäßigkeiten von Beziehung und Aufwachsen, Bindung und Vertrauen eingreifen, die mit den Gesetzen der Ökonomie nicht kompatibel sind.

Der Prozess von Enttraditionalisierung, Individualisierung, Pluralisierung und der Einfluss der Medien haben in den letzten 30 Jahren auch das, was unter Erziehung verstanden wird, und damit auch die Rolle von Eltern und Kindern, einschneidend verändert. Die Ansprüche an den flexiblen, mobilen Menschen, der z.B. bereit sein muss, Veränderungsprozesse im Arbeitsleben, wenn es sein muss, auch mit Wohnortveränderungen zu begegnen, kann ein Single durchaus noch „sportlich" nehmen. Ein Familienvater oder eine Familienmutter hingegen müssen sich fragen, was es für die Kinder bedeutet, vertraute Bindungen und Stabilitäten aufgeben zu müssen oder was es bedeutet, wenn einer der Elternteile über die Woche an einem anderen Ort, von der Familie getrennt, leben und arbeiten muss.

Neue Möglichkeiten bedingen neben vielen Chancen von Autonomie und Freiräumen auch Zumutungen und Überforderungen. Die Bewältigung des Familienalltags wird neben anderen gesellschaftlichen Herausforderungen eine eigene beanspruchende Herstellungsleistung. Durch das Wegbrechen von Mehrkinder-Familien wachsen heute immer weniger Kinder mit Geschwistern auf. Für viele Eltern ist ihr eigenes Kind der erste Säugling, den sie in den Armen halten. Ein Mindestmaß an Orientierung im Hinblick auf Säuglingspflege und Kindererziehung ist dadurch nicht bei allen Eltern vorauszusetzen. Die Verwissenschaftlichung von Erziehung vermittelt Eltern das Leitbild, wie gute Eltern zu sein haben – damit wird Elternschaft zur permanenten Herausforderung, es richtig und gut oder sogar perfekt machen zu müssen (Tschöpe-Scheffler 2005b). Je nach gesellschaftlichem Milieu ist die Isolation von Familien größer als allgemein eingeschätzt, und MitarbeiterInnen von Kindertageseinrichtungen erzählen immer wieder, wie groß der Mitteilungsbedarf von Eltern ist, wenn ihnen Raum hierfür zur Verfügung steht.

Immer wieder spüren feinfühlige Eltern, dass das Aufwachsen eines Kindes ganz eigenen Lebens- und Entwicklungsgesetzen unterworfen ist, denen es zu folgen gilt und die den Zwängen und Forderungen nach Schnelligkeit, Nützlichkeit und Zukunftsorientierung so gar nicht entsprechen. Familienlogik ist eher eine Logik des Sein-Dürfens, des Angenommen-Seins, des Wachsens und Reifens, des Zeithabens, des gemeinsamen Lernens durch Versuch und Irrtum, eine Logik der Fehlerfreundlichkeit, des Selbstzwecks, des Staunens, die zumindest durch das Kind und seine „Nichtanpassung" immer wieder eingefordert wird. Wo könnten Familien „Entschleunigungsinseln" (Balluseck 2008: 22) finden? Wo und wie könnten sie mit ihren Kindern fehlerfreundlich in die Rolle der Mutter oder des Vaters, der oder die „gut genug" sind, hineinwachsen? Wo erfahren sie Entlastung und Unterstützung, damit sie mit Freude, Zuversicht und Hoffnung ihren vielfältigen Aufgaben nachkommen können? Das ist eine der großen Erkenntnisfragen mit denen die Familienbildung nicht erst seit heute befasst ist.

Überlegungen zur Unterstützung der Familienerziehung in der Geschichte der Pädagogik[8]

Wer heute Eltern- und Familienbildung fordert oder anbietet, steht in der Tradition der KlassikerInnen der Pädagogik, deren Überlegungen zur Begleitung, Entlastung und Unterstützung von Familien nichts an Aktualität verloren haben: Johann Amos Comenius (1592–1670) entwickelte bereits im 16. Jahrhundert mit seiner Schrift „Informatiorium der Mütterschul" ein programmatisches Konzept in Form einer didaktischen Einheit zur Weiterbildung der Mütter und beschwört die Eltern, die Erziehungsaufgaben nicht an professionelle Erzieher abzugeben. Friedrich Fröbel schuf 1840 mit seinem Kindergarten eine familienergänzende Institution der Erziehung, Bildung und Ganztagsbetreuung, in der nicht nur die Kinder gefördert, sondern auch die Mütter geschult werden sollten. Durch Hospitation, Aus- und Weiterbildung wurden den Müttern Wissen, Kenntnisse und neue Erfahrungen ermöglicht, die sie in ihrem eigenen Familienalltag nutzen konnten. Der Pädagoge Johann Heinrich Pestalozzi (1746–1827) befürchtet den „Verlust der Wohnstube", die für ihn das Zentrum der Persönlichkeitsentwicklung des Menschen war (Tschöpe-Scheffler 1996: 87ff.). Pestalozzi schreibt 1818:

8 Dieser Absatz wurde erstmals veröffentlicht in: Tschöpe-Scheffler 2005a, S. 10f.

> „Unsere Zeitväter und Zeitmütter sind fast allgemein aus dem Bewusstsein, dass sie etwas, dass sie alles für die Erziehung ihrer Kinder tun können, heraus gefallen. Dieser große Abfall der Väter und Mütter vom Glauben an sich selbst ist die allgemeine Quelle der Bodenlosigkeit unserer Erziehungsmittel“ (Guyer 1946: 10).

Friedrich Fröbel hingegen hatte auch den Vater im Blick und beklagte z.B. die mangelnde Erziehungsfähigkeit eines Vaters. In einem Brief an seinen Bruder beschrieb er 1807 seine Beobachtungen als Hauslehrer in einer adligen Familie: „[...] der Vater (weiß) gar nicht, was es heißt: Vater zu sein und was die Pflicht des Vaters gegen die Kinder erfordert, und also in Hinsicht auf Kindererziehung nicht eine Ahnung von reinen Grundsätzen hat, [...]“ (Hoffmann 1940: 5). Durch die Jahrhunderte hinweg blieben Überlegungen zur Unterstützung elterlicher Erziehungskompetenz gegenwärtig, die Christian Gotthilf Salzmann auf den Punkt bringt: „Wir haben einen Überfluss von Büchern, die Anweisung zur Erziehung der Kinder enthalten, aber an Anweisungen zur Erziehung der Erzieher scheint mir noch Mangel zu sein“ (Salzmann 1806, in: Marquardt 1948: 7). Die erste Mütterschule wurde 1917 von Luise Lampert in Stuttgart gegründet, hier finden sich die institutionellen Wurzeln der Familienbildung. Die Angebote richteten sich an Frauen und Mütter, und es ging um kognitives Lernen und praktische Erfahrungen im Sinne von Vermittlung von Kenntnissen und den Erwerb von Fähigkeiten. Im Zuge des veränderten Rollenverständnisses und damit auch dem veränderten Bild von Familien und Partnerschaften in den 60er Jahren des letzten Jahrhunderts erfolgte die Umbenennung von Mütterschulen in Familienbildungsstätten. Adressaten wurden zunehmend alle Familienmitglieder, die in ihren Aufgaben Unterstützung finden sollen (vgl. Tschöpe-Scheffler/Wirtz 2008: 157ff.). Gegen Ende des 20. Jahrhunderts setzte eine intensive Väterforschung ein, die parallel zur Genderforschung neue Diskurse zur Familienerziehung und Familienbildung auslöste. Seit den 1980er Jahren wird die Qualität und Quantität der Beteiligung von Vätern im Erziehungs- und Familienalltag systematischer erforscht (Walter 2002). Dabei wird eine in den letzten Jahrzehnten gestiegene väterliche Präsenz wahrgenommen und ein gewandeltes Selbstverständnis der sogenannten „Neuen Väter“, die sich nicht mehr primär als Ernährer der Familie, sondern auch als Erzieher ihrer Kinder definieren (Fthenakis/Minsel 2002), die sich engagiert, emotional und partnerschaftlich einsetzen wollen und Elternzeiten wahrzunehmen gedenken. Gerade deutsche Väter wollen zwar gerne aktive Väter sein, können dies aber aufgrund der Arbeitsmarktsituationen seltener als sie es wünschen, realisieren (Nickel/Quaiser-Pohl 2001).

Es sind damals wie heute dennoch vorwiegend Frauen, die sich für den Familien- und Erziehungsalltag verantwortlich fühlen, und demnach ist die überproportional starke Beteiligung von Müttern an Angeboten heutiger *Eltern- und Familienbildungsveranstaltungen* nicht verwunderlich. Was brauchen diese Mütter und die Väter, damit es ihnen in ihren Familien gut geht?

Eltern brauchen Verbindungen zu anderen Eltern und Generationen, Austausch, ein gut funktionierendes Netzwerk, Ermutigung und Anleitung durch interdisziplinäre MitarbeiterInnen und andere Eltern, um gemeinsam für sich und ihre Kinder eine anregungsreiche Lebenswelt zu gestalten, die fehlerfreundlich ist, in der Menschen füreinander Zeit haben, in der sie stabile Beziehungen aufbauen können, wo sie Orte des Rückzugs, der Anerkennung und Wertschätzung finden, kurz, wo sie sein dürfen und sich austauschen können, ohne konkurrieren und leisten zu müssen, sie brauchen eine familienfreundliche Infrastruktur und diverse Dienstleistungen als Hilfe zur Gestaltung ihres Alltags, aber auch eine positive Würdigung und die gesellschaftliche Anerkennung ihrer Familienarbeit. Eltern müssen den Spagat zwischen den Anforderungen der Gesellschaft und der Arbeitswelt einerseits und der Familienwelt andererseits täglich neu leisten und fühlen sich damit oft überfordert.

Da es das Setting eines mit erziehenden Dorfes nach dem Motto „zur Erziehung eines Kindes bedarf es eines ganzen Dorfes", heute kaum noch gibt, muss es andere Orte der Rückbindung, Einbettung und Vergewisserung geben, zu denen sich Kitas oder Familienzentren immer mehr entwickeln (müssen!). Institutionen, wie z.B. Kindertageseinrichtungen, Familienzentren, Mehrgenerationenhäuser, Familienbildungsstätten oder auch familienorientierte Schulen, in denen kinderfördernde Betreuungs-, Erziehungs- und Bildungsaufgaben ebenso wahrgenommen werden wie eltern-, großeltern- und familienunterstützende Angebote, und die Erziehungs- und Bildungspartnerschaft zwischen Eltern und ErzieherInnen/ LehrerInnen realisiert wird, stellen dafür eine wichtige Grundlage dar.

Das Ziel vieler formaler Bildungsangebote ist die Stärkung der Erziehungskompetenz und implizit auch die Vermittlung eines gewaltfreien Umgangs mit Konfliktsituationen im Erziehungsalltag, vorwiegend basierend auf kommunikationstheoretischen, systemischen, lernpsychologischen oder anderen Konzepten. Alles das, was heute im weitesten Sinn unter Eltern- oder Familienbildung subsumiert werden kann, ist allerdings ebenso verwirrend vielfältig wie die dazugehörigen Bezeichnungen: Elternarbeit, Elternwerkstatt, integrative Elternmitarbeit, Eltern-AG, Elternschulung, Elterntraining oder dialogische Begleitung, Beteiligungsprojekte für Eltern, Handwerkszeug für Eltern oder Stärkung der Erziehungskraft der Eltern – hinter jedem dieser Begriffe stehen differenzierte konzeptionelle Entwürfe mit konkreten praktischen Umsetzungsideen (vgl. Tschöpe-Scheffler 2005a: 25ff.). Zunehmend erweitern elektronische und digitale Medien (wie z.B. Elternratgeber im Internet, Elternchats und Foren oder Erziehungskurse auf CD-Rom) das Angebot der Elternbildung und ergänzen damit die klassischen Printmedien (Elternbriefe, Ratgeberliteratur, Elternzeitschriften). Der expandierende Markt von Elternbildungsangeboten antwortet mit unterschiedlichen Programmen auf die größer gewordenen Anforderungen an Mütter und Väter, die sich eine Familie wünschen, ihre Kinder lieben und für sie auch „das Beste" wollen, aber dennoch angeben, dass sie sich im Erziehungsalltag oftmals überfordert, hilflos und unsicher fühlen und sich Unterstützung wünschen. Die vielfältigen, breit gefächerten Programme der „klassischen" Eltern- und Familienbildung werden vorwiegend durch Familienbildungsstätten, Volkshochschulen, Freie Träger, Kirchengemeinden oder Beratungsstellen und immer mehr auch von Familienzentren angeboten. Als „klassische" Eltern- und Familienbildung bezeichne ich Kursangebote für Eltern, Elternabende, Eltern-Kind-Gruppen, die in regelmäßigen Einheiten ein- oder mehrmals wöchentlich stattfinden, inhaltlich eine gewisse Programmstruktur aufweisen und nachfrageorientiert sind bzw. sich durch eine Kommstruktur auszeichnen. Sie orientieren sich am erfahrungs- und handlungsbezogenen Lernen, geben Impulse zum Austausch der Eltern untereinander und bieten Informationen zu für Eltern relevante Themen.

In den letzten Jahren werden verstärkt Kindertageseinrichtungen, Familienzentren und Schulen, Hebammenpraxen, Krankenhäusern oder Stadtteile als Orte von Veranstaltungen sowohl der klassischen Elternbildung als auch neuer partizipativer Formen genutzt. Angebote, die noch vor einiger Zeit ausschließlich in Familienbildungsstätten angeboten werden, werden von den MitarbeiterInnen als „mobile Angebote" in enger Kooperation mit Familienzentren und Kitas vor Ort, im Stadtteil, in den Institutionen der Frühpädagogik implementiert. Dort, wo die Familien sich aufhalten, wo sie vertraute Anlaufstellen haben, sollen unterschiedliche Angebote vorhanden sein, damit sich Familien in ihrem Umfeld orientieren können und nicht ständig an neue Orte (mit entsprechenden Schwellen) begeben müssen. Finden die Angebote in Kitas oder Familienzentren statt, dann werden ErzieherInnen entlastet. Für die unterschiedlichen Fachkräfte aus der Familienbildung und aus der Frühpädagogik bedeutet das die Erweiterung von Aspekten, die bisher nicht zu ihrem Berufsprofil gehörten. ErzieherInnen lernen, die Eltern mehr in den Blick zu nehmen. ErwachsenenbildnerInnen der Familienbildungsstätte und ErzieherInnen müssen stärker kooperieren.

Projekte und Veranstaltungen, die gezielt für schwer zu erreichende Zielgruppen konzipiert werden, z.B. Angebote mit eher erlebnisorientiertem Charakter für Väter (und Söhne), Netzwerkangebote für alleinerziehende Elternteile, stadtteilbezogene Konzepte oder Sprachförderangebote für Eltern mit Migrationshintergrund oder niedrigschwellige Angebote für eher bildungsbenachteiligte Eltern, finden verstärkt im Sozialraum statt. Die Suche nach ungewöhnlichen Orten, wie z.B. Spielplätzen oder Supermärkten, stellen sich als durchaus erfolgreiche neue Möglichkeiten für erste Kontaktaufnahmen und daraus folgend weitere Formen der Zusammenarbeit dar (Bündnis für Familie 2006 u. Armbruster 2006). Die aktuelle Landschaft der Eltern- und Familienbildung erstreckt sich zur Zeit von *standardisierten* Konzepten mit klarer Programmstruktur über das Setting der *Gruppenarbeit* (sowohl mit Eltern als auch mit Eltern und Kindern) bis hin zu *partizipativen Ansätzen*, in denen Väter und Mütter an der Arbeit von Kindertageseinrichtungen, Familienzentren und Schulen beteiligt sind. Hinzu kommen niedrigschwellige Maßnahmen, die in den Familien durchgeführt oder als offene Stadtteilmaßnahmen realisiert werden.

Über die Bedeutung von formalen und informellen Lernprozessen in der Zusammenarbeit mit Eltern

Die vielfältigen Angebote in „Kurssystemen", Gruppenangeboten oder „Trainings" entsprechen weitgehend formalen Bildungszielen und Lernprozessen. Formales Lernen umfasst strukturierte Lernprozesse und didaktisch konzeptionell entwickelte Methoden und Ziele für eine bestimmte Zielgruppe, die in einer Bildungsinstitution von Lehrenden (KursleiterInnen, TrainerInnen, DozentInnen oder GruppenleiterInnen) angeboten werden. Lernen aber ist ein sehr komplexer und individueller Vollzug, bei dem nicht immer davon ausgegangen werden kann, dass es nur die formalen Ziele, Methoden und Lernbedingungen sind, die zu den erwünschten Veränderungen von Verhaltensweisen führen. Ist eine Mutter darum mit ihrem Kind geduldiger und personal präsenter, weil sie einen Erziehungskurs besucht und gelernt hat, das Kind besser wahrzunehmen? Oder fühlt sie sich durch die Begegnung mit anderen Müttern, die ähnliche Probleme haben, entlasteter? Oder hat sie durch das Vorbild der Kursleiterin etwas für sich gelernt, das sie erproben will? Oder ist sie durch eine neue Lebenssituation insgesamt zufriedener und ausgeglichener, was sich natürlich auch auf ihre Alltags- und Erziehungssituation auswirkt? (Vielleicht ist sie nach einer Trennung wieder neu verliebt, oder gerade in eine neue, größere helle Wohnung gezogen?) Es lässt sich nicht immer klar bestimmen, rekonstruieren oder evaluieren, welche der vielfältigen Erfahrungen letztendlich dafür verantwortlich sind, dass sich Einstellung und Verhaltensweisen geändert haben. Bisher nehmen formale Lernsituationen m.E. in der Familienbildung einen sehr, ich würde sogar behaupten, einen *zu* hohen Rang ein. Das hat sicher auch Gründe, die in der Außendarstellung, dem Wettbewerb und der Finanzierung zu suchen sind. So werden Elternkurse und Angebote, die didaktisch konzipiert sind und klare Zielorientierungen haben, unkomplizierter finanziert als z.B. spontan sich entwickelnde Lernwerkstätten oder Projekte. Die Lernerfolge eines formalen Bildungsangebotes können empirisch (scheinbar) besser „gemessen" und auf den Besuch des Kurses zurückgeführt werden, Angebote mit einladenden Titeln können in Programmheften auftauchen und damit im Wettbewerb antreten oder dienen dazu, wenn es genügend davon in einer Kindertagesstätte gibt, vom Ministerium als Familienzentrum akkreditiert zu werden. Vorwiegend sind es also formale Bildungsangebote, die (immer noch), gerade in Familienbildungsstätten, die Programmkultur ausmachen.

Dabei wird geschätzt, „[...] dass etwas 60–70% aller Lernvorgänge eher informellen Charakter tragen als formal von außen vermittelt sind" (Brodowski 2012: 441). Insofern sollten im Sinne eines ganzheitlichen Lernens mit Herz, Kopf und Hand (Pestalozzi) gerade in der Zusammenarbeit mit Familien informelle Situationen im Sinne von Begegnungs-, Erfahrungs- und Möglichkeitsräumen stärker Beachtung finden.

Informelles Lernen ist beiläufiges, implizites Lernen, das eher unbewusst erfolgt und nicht mit einem klar definierten Bildungsziel verknüpft ist. Es findet vorwiegend in Alltags- und Begegnungssituationen und eher ungeregelt statt und knüpft meist an bereits gemachte Erfahrungen an. Nach Livingstone ist informelles Lernen von dem Lernenden selbst initiiert und kann sowohl individuell als in der Gruppe erfolgen. Bedeutsam ist dabei, dass

> „[...] die grundlegenden Merkmale des informellen Lernens (Ziele, Inhalt, Mittel und Prozesse des Wissenserwerbs, Dauer, Ergebnisbewertung, Anwendungsmöglichkeiten) [...] von den Lernenden jeweils einzeln oder gruppenweise festgelegt (werden)" (Livingstone 1999: 68).

Formale Lernprozesse beinhalten immer auch informelles Lernen, z.B. wenn sich eine Mutter in der Pause eines Elternkurses mit einer anderen Mutter über ihre Probleme in der Partnerschaft austauscht und anschließend das subjektive Gefühl hat, durch dieses Gespräch etwas gelernt zu haben. Oder ein Vater fühlt sich entlastet, wenn er hört, dass andere Eltern ähnliche Schwierigkeiten mit der Erziehung haben und das „tyrannische Verhalten" der Kinder und deren psychosomatische Erkrankungen durchaus „gesunde Warnzeichen" auf ein entwicklungshemmendes System sein können.

Andererseits kann davon ausgegangen werden, dass informelles Lernen mit formalem Lernen einhergeht, z.B. wenn es sich in einer Kita ergibt, dass aus einem Tür- und Angelgespräch (informell) ein Erziehungsgespräch (formal) mit einem bestimmten Ziel wird, das die Erzieherin geplant und konzeptionell vorbereitet hat, aber eigentlich zu einem anderen Zeitpunkt einleiten wollte.

Paradigmenwechsel in der Zusammenarbeit mit Eltern?

Was wären mögliche Konsequenzen für die Zusammenarbeit mit Familien, wenn davon auszugehen ist, dass (fast) alle Begegnungen und Erfahrungen auch Lerngelegenheiten sein können?

Elternkurse und Trainings sind nicht die einzigen und m.E. nicht unbedingt für alle Eltern die besten Settings für das, was ich, abweichend von dem Begriff „Elternarbeit" im Folgenden mit den passenderen Begriffen wie *„Zusammenarbeit mit Müttern und Vätern"* oder *„Erziehungs- und Bildungspartnerschaft"* bezeichnen möchte. Diese unterscheiden sich von einem Kurs- und Trainingssystem auch dadurch, dass Kompetenzerweiterung *mit* den Müttern und Vätern in deren individuellen Lebenswelten und Sozialräumen ansetzt und nicht *für* sie mit einem didaktisch vorgefertigten Kurssetting in „pädagogischen Sonderwelten" fünf bis maximal zehnmal wöchentlich angeboten wird.

Aufgrund meiner langjährigen Auseinandersetzung mit der „Familienbildungs-Szene" und dem „Elterntrainings-Markt" mit hohem Konkurrenzdruck und Wettbewerb um die Gunst der Eltern und der pädagogisch Verantwortlichen (vgl. Tschöpe-Scheffler 2003, 2004, 2005a, 2006, 2007, 2008, 2009), kann ich seit einigen Jahren in Deutschland einen deutlichen Paradigmenwechsel erkennen: *weg von flächendeckenden Elterntrainings hin zu mehr individueller lebensweltbezogener Erziehungspartnerschaft* zwischen Müttern, Vätern, LehrerInnen, ErzieherInnen und anderen Menschen, mit denen die Familie es in ihrem Sozialraum zu tun hat. Das vorranginge Ziel hierbei ist es, den Familien(systemen) unterschiedliche Begegnungs- und Bildungsräume zu eröffnen, in denen sie sich selbstwirksam beteiligen und neue positive Erfahrungen sammeln können, und in denen sie *gemeinsam* mit ErzieherInnen, LehrerInnen, Familienhebammen und anderen Menschen, mit denen Familien im Laufe ihrer Entwicklung zu tun haben, ihre Lebenswelt entwicklungsfördernd durch Versuch und Irrtum gestalten können. Selbstwirksamkeit und Lebenskompetenz schließen die Erziehungskompetenz mit ein, denn Eltern, die sich selbstwirksam fühlen, können klarer mitteilen, was sie im Familienalltag *und für ihr eigenes Wohlbefinden* brauchen und ihren Kindern Orientierung geben, gemäß dem Motto: starke Eltern haben starke Kinder (vgl. Honkanen-Schoberth 2005: 41). Dies möchte ich im Folgenden kurz skizzieren:

In der Publikation „Fünf Säulen der Erziehung“ habe ich die Säulen „Liebe, Achtung, Kooperation, Struktur und Förderung“ (später kamen noch die beiden Dimensionen „Gemeinschaft und Spiritualität“ hinzu) als Eckpfeiler einer entwicklungsfördernden Erziehung herausgearbeitet (Tschöpe-Scheffler 2011). Von einem Forschungsteam unter meiner Leitung an der FH Köln konnte in einer wissenschaftlichen Synopse unterschiedlicher Elternkurse gezeigt werden, dass diese inhaltlich und methodisch-didaktisch in etwa auch die o.g. Orientierungen verfolgen, allerdings mit unterschiedlichen Schwerpunkten (vgl. Tschöpe-Scheffler 2005a: 276ff.).

So wird z.B. im Elternkurs des Deutschen Kinderschutzbundes „Starke Eltern – Starke Kinder“ besonders Wert darauf gelegt, dass Eltern und Kinder einen achtungsvollen Umgang miteinander pflegen. Die Unterstützung dieser Qualität sowie die der Bindungsfähigkeit und die Frage nach den eigenen Werten und Normen stehen im Mittelpunkt des acht- bis zehnwöchigen Kurses. Im Gegensatz dazu legt das eher verhaltensorientierte Elterntraining Triple P besonderen Wert auf Struktur und Grenzsetzung und versucht u.a. mit einem Punkteprogramm Eltern dazu anzuleiten, ihre Kinder angemessen zu loben bzw. zu bestrafen und ihnen eine klare Struktur zu vermitteln.

Schnell wurde deutlich, dass die Organisationsstruktur von Kurssystemen in erster Linie Eltern (insbesondere Mütter!) der sozialen Mittel- oder Oberschicht erreichte, während die sogenannten „bildungsungewohnten“ Eltern dort eher selten anzutreffen waren, bzw. nach der ersten Stunde wegblieben, wenn sie sich in bildungsgewohntem Stil in einer Runde z.B. vorstellen sollten. Inzwischen sind viele Kurse auch in andere Sprachen übersetzt worden, wurden adaptiert bzw. den kulturellen und religiösen Besonderheiten der Familien angepasst, von daher werden jetzt auch Eltern anderer sozialer Milieus angesprochen. Die Möglichkeiten des Situativen, Informellen oder Beiläufigen aus dem sich partizipative Projekte mit Familien ergeben können sind gegenüber einem Kurssystem allerdings noch einmal andere.

Ich möchte das an folgendem Beispiel verdeutlichen:

Wie fühlt sich ein kurdischer Vater, der der deutschen Sprache nicht mächtig ist, in einem Stuhlkreis mit Eltern (vorwiegend Müttern), die den elaborierten Code beherrschen und in erster Linie ihren Erziehungsalltag reflektieren sollen?

Wie würde sich der Vater stattdessen in dem folgenden Beispiel fühlen? Zwei Studierenden des Studiengangs Pädagogik der Kindheit und Familienbildung an der Fachhochschule Köln absolvierten im Sommersemester 2013 in einer Kindertagesstätte in Köln ein 12-wöchiges Praxisstudium und sollten hier besonders die Perspektive von Familien in dieser Einrichtung im Fokus behalten. Gleich zu Beginn bekamen sie mit, dass ein Bauer aus der Umgebung der Kindertagesstätte zwei Ziegen schenken wollte. Die Leiterin lehnte das ab, da es weder einen Stall noch jemanden gab, der sich am Wochenende, wenn die Einrichtung geschlossen hatte, um die Ziegen kümmern konnte. Die Studierenden griffen unter dem spezifischen Erkenntnisinteresse der Beteiligung von Eltern den Gedanken noch einmal auf und baten die Leiterin, die Ziegen für einige Wochen aufzunehmen und die Eltern einzubeziehen. Die Leiterin war offen, mutig und willigte ein: Es gab gleich fünf türkische, einige deutsche und italienische Väter und Großväter, die bereit waren, einen Stall zu bauen. Als der Stall fertig war und die Ziegen eingezogen, entwickelten die Eltern die Idee, am Wochenende immer einer Familie den Schlüssel auszuhändigen, die die Tiere (freiwillig) versorgen sollte. Es gehörte großes Vertrauen in die Eltern dazu, damit die Leiterin diese Verantwortung nicht nur für die Ziegen, sondern auch für den Schlüssel, für die Einrichtung, für den guten Ruf etc. abgeben bzw. mit den Eltern teilen konnte. Das gesamte Team ließ sich auf dieses Experiment ein, das von den Studentinnen begleitet wurde – sie wurden nicht enttäuscht. Die Zielgruppe, die sie mit formalen Elternkursen niemals erreicht hätten, war auf einmal in der Einrichtung präsent und identifizierte sich: türkische Väter und Großväter und Familien aus eher bildungsbenachteiligten sozialen Milieus – sie alle hatten ein gemeinsames Drittes – Ziegen, die es zu versorgen galt und durch die diese Väter und Mütter nicht nur ihre großen Fähigkeiten unter Beweis stellen konnten, sondern mit anderen Familien in Kontakt kamen, Verantwortung zu übernehmen hatten, selbstwirksam wurden, Achtung und Wertschätzung erhielten. Als sie dann gefragt wurden, an einer Konzeption namens ZIEGE mitzuarbeiten, waren sie bereit und diskutierten angeregt, was sie unter *Z* wie *Z*usammenarbeit verstünden, *I* wie *I*ntegration (oder: *I*ch bin gemeint, *I*mmer wieder geht es gut, *I*solation nein danke....!), *E* wie *E*ntwicklung (oder *E*rste Kontakte in Deutschland mit Deutschen und Anderen...), *G* wie *G*emeinsamkeit und *E* wie *E*rfahrung. Daraus wurden eine gemeinsame Konzeption und ein Leitbild entwickelt, getragen von Vätern, Müttern, Erzieherinnen und angeregt durch – zwei Ziegen. Möglich wurde es allerdings nur, weil sich eine Leiterin und ein Team auf eine informelle Lernsituation einlassen konnten, auf das, was an Anfragen aus dem Leben auf sie zukam und worauf sie situationsentsprechend, ohne pädagogisch-didaktisches Konzept, zusammen mit den Familien geantwortet haben. Wie schwer das ist, zeigte sich in der anschließenden Reflexion. „Mich als Person auf die Eltern und die Situationen einzulassen, hat erst einmal große Unsicherheiten geschaffen", bemerkte eine der Mitarbeiterinnen. Die Kinder waren stolz auf ihre Väter, erzählten den Besuchern des Familienzentrums, dass es ihr Vater (oder Großvater) war, der den Stall gebaut hat und konnten sich mit ihnen besser identifizieren.

Fragen aus dem Leben, von Vätern, Müttern, Kindern, aus täglich neuen Situationen und aus der individuellen Lebenswelt aufzugreifen und gemeinsam darauf Antworten zu finden und so zu handeln, dass möglichst viele individuell beteiligt werden, unterstützt informelles Lernen. Väter, Mütter und Kinder können ihre Lebenswirklichkeit dann sinnvoll gestalten und beeinflussen, wenn sie ihre individuelle lebensweltliche Perspektive einbringen und diese in dem jeweiligen System eine Bedeutung erhält. Statt pädagogischer Sonderwelten ging es um radikale Teilhabe und Teilgabe. Wer auf diese Weise mit Familien zusammenarbeitet, braucht eine offene und dialogische Grundhaltung, in der ohne Sicherheitsabsichten und ohne curriculare Konzepte auf die Signale des Lebens geantwortet werden kann. Daraus können sich dann für einige Familien Gesprächskreise oder das Angebot von Elternkursen ergeben, für andere eine Fahrradtour oder die Idee, sich in der Einrichtung seinen Fähigkeiten gemäß zu engagieren und etwa einen Ziegenstall zu bauen oder das Außengelände mit zu gestalten. Für wieder andere kann es bedeuten, in Einzelgesprächen oder durch Hausbesuche miteinander an einem Erziehungsthema zu arbeiten. Die Vielfalt ergibt sich aus der Unterschiedlichkeit der jeweiligen Eltern, die in der Einrichtung präsent sind, aber auch aus der Vielfalt der MitarbeiterInnenschaft, die sich mit dem einbringen, was sie gut können. Einrichtungen der Familienbildung, Familienzentren, Kindertageseinrichtungen oder Mehrgenerationenhäuser, die gemeinsam mit den Familien das Leben in der Institution gestalten, antworten situationsbezogen auf ausgesprochene und unausgesprochene „Anfragen“ oder Signale von Kindern, Müttern oder Vätern. Es bedarf des Perspektivwechsels, der Empathie und einer erkundenden Haltung, diese unterschiedlichen, manchmal sehr kleinen Zeichen wahrzunehmen, aufzugreifen und gemeinsam mit den Familien angstfreie offene Ermöglichungs-, Beziehungs- und Anerkennungsräume zu gestalten, in denen sich möglichst viele beteiligen und neue positive Erfahrungen im Umgang miteinander sammeln können. Selbstwirksamkeit und Lebenskompetenz sind die unabdingbare Voraussetzung dafür, dass Eltern in der Beziehung zu ihren Kindern präsent sind, sie in ihrer Persönlichkeit unterstützen, Erziehungsaufgaben autoritativ (im Sinne von Persönlichkeits- und Sachautorität) und dialogisch wahrnehmen und entwicklungsfördernde BildungsbegleiterInnen für ihre Kinder sind (und werden).

Aus den Ansätzen eines informellen Zugangs in der Familienbildung kann sich alles Mögliche und noch nicht Mögliche, Überraschende und Irritierende entwickeln, natürlich auch formale Bildungseinheiten, wie Informationsabende oder Elternkurse. Beides, formales und informelles Lernen, gehört selbstverständlich in das große Spektrum der Zusammenarbeit mit Vätern und Müttern.

Es geht darum, beide Lernformen bewusst in Kitas, Familienzentren und der Jugendhilfe zu etablieren, indem z.B. darauf geachtet wird, dass es genügend Lernumgebungen und Bildungsorte (auch für Eltern) gibt, die zu individuellen Erfahrungen anregen bei einer gleichzeitigen Angebotsstruktur, innerhalb derer allerdings ebenfalls genügend Räume und Situationen für informelle Lernprozesse eingeplant werden. Durch „Leerräume“, im Sinne noch nicht vorstrukturierter Erfahrungs- und Begegnungsräume, didaktische und professionelle Zurückhaltung und eine dialogische, wahrnehmende, ressourcenorientierte Haltung der Fachkräfte fühlen Mütter und Väter sich eingeladen, selbstinitiierten Lernprozessen gemeinsam oder individuell zu folgen. Da, wo Eltern wieder tätig sein können, bei einer Aufgabe, einem Projekt, einer sinnvollen Beschäftigung, wo sie durch Begegnungen mit Anderen Wertschätzung erfahren, mit ihren Misserfolgen und Fehlern wohlwollend umgegangen wird, da trauen sie sich, Schritte in ihre Selbstwirksamkeit zu wagen. Dazu bedarf es vorurteilsfreier Begegnungen, persönlicher Einladungen und Kontakten, die ich *einladende Grundhaltung* nenne. Eltern soll signalisiert werden, dass sie willkommen sind, ihre Anregungen aufgenommen werden und sie mit ihren Bedürfnissen, außerhalb aller didaktischen, wohldurchdachten Konzepte, als Individuen, als noch einmal *„ganz andere“* ernst genommen werden. Belehrung und Besserwisserei schrecken hingegen ab. Die Zielsetzung wäre: eine dialogische, achtungsvolle, ressourcenorientierte Haltung zu entwickeln, flexibles Handeln zu ermöglichen und ein vorurteilfreies Bewusstsein mit einem forschenden Habitus zu entwickeln.

Von daher möchten wir in unserer Publikation ein besonderes Augenmerk auf die Haltung der pädagogischen Fachkräfte legen und werden uns im folgenden Kapitel mit zwei unterschiedlichen Herangehensweisen diesem Thema besonders widmen (siehe Kapitel 2: Bedeutung der Haltung in der Zusammenarbeit mit Eltern).

Literaturverzeichnis

Armbruster, Meinrad M. (2006): Das Empowerment-Programm für mehr Elternkompetenz in Problemfamilien. Heidelberg: Auer Verlag.

Balluseck, Hilde von (2008): Frühpädagogik als Beruf und Profession. In: Balluseck, Hilde von (Hrsg.): Professionalisierung der Frühpädagogik – Perspektiven – Entwicklungen – Herausforderungen. Opladen: Verlag Barbara Budrich, S. 15–36.

Bauer, Petra/Brunner, Ewald J. (Hrsg.) (2006): Elternpädagogik. Von der Elternarbeit zur Erziehungspartnerschaft. Freiburg: Lambertus Verlag.

Brodowski, Michael (2012): Überlegungen zum Zusammenhang formaler und informeller Lernprozesse. In: Diskurs Kindheits- und Jugendforschung 7, 4, S. 431–442.

Bündnis für Familie (Hrsg.) (2006): Familie im Stadtteil. Die Bedeutung des sozialen Nahraums für Erziehung, Bildung und Aufwachsen. Nürnberg.

Comenius, Johann Amos (1962). Hrsg. von Heubach, Joachim: Informatorium der Mutterschul. Heidelberg: Quelle & Meyer.

Fthenakis, Wassilios E./Minsel, Beate (2002) Hrsg. von dem BMFSFJ: Die Rolle des Vaters in der Familie. Schriftenreihe Band 213. Stuttgart/Berlin/Köln: Kohlhammer.

Diller, Angelika/Heitkötter, Martina/Rauschenbach, Thomas (Hrsg.) (2008): Familie im Zentrum – Kinderfördernde und elternunterstützende Einrichtungen – aktuelle Entwicklungslinien und Herausforderungen. München: DJI.

Guyer, Walter (Hrsg.) (1946): Pestalozzi im eigenen Wort. Leipzig.

Hoffmann, Erika (Hrsg.) (1949): Friedrich Fröbels Briefwechsel mit Kindern. Berlin.

Honkanen-Schoberth, Paula (2005): „Starke Eltern – Starke Kinder®" Elternkurse des Deutschen Kinderschutzbundes – mehr Freude, weniger Stress mit den Kindern. In: Tschöpe-Scheffler, Sigrid (Hrsg.): Konzepte der Elternbildung – eine kritische Übersicht. Opladen: Verlag Barbara Budrich, S. 41–51.

Grossmann, Klaus E. (2000): Bindungsforschung im deutschsprachigen Raum und der Stand bindungstheoretischen Denkens. In: Psychologie in Erziehung und Unterricht, 47, S. 221–237.

Korczak, Janusz (1999): Sämtliche Werke. Bd. 4. Wie liebt man ein Kind. Erziehungsmomente. Das Recht des Kindes auf Achtung. Fröhliche Pädagogik. Bearbeitet und kommentiert von Beiner, F./Ungermann, S. Gütersloh: Gütersloher Verlagshaus.

Livingstone, David W. (1999): Informelles Lernen in der Wissensgesellschaft. In: Arbeitsgemeinschaft Qualifikations-Entwicklungs-Management (QUEM) (Hrsg.): Kompetenz für Europa – Wandel durch Lernen – Lernen im Wandel. Referate auf dem internationalen Fachkongress. Berlin: Waxmann, S. 65–92.

National PTA (Parent Teacher Association) (1997): National Standards for Parent/ Family Involvement Programs. Chicago. http://www.eric.ed.gov/PDFS/ED405 405.pdf [Zugriff: 23.08.2013].

Nickel, Horst/Quaiser-Pohl, Claudia (Hrsg.) (2001): Junge Eltern im kulturellen Wandel. Untersuchungen zur Familiengründung im internationalen Vergleich. Weinheim/München: Juventa.

Pestalozzi, Johann H. (1924): Mutter und Kind. Herausgegeben von Lohner, H./ Schonhaus, W. Zürich/Leipzig: Grethlein & Co.

Pestalozzi, Johann H. (1972): Sämtliche Werke. Kritische Ausgabe. Bd. XIII, begründet von Buchenau, A./Spranger, E./Stettbacher, H. Berlin: Gruyter.

Salzmann, Christian G. (1948): Ameisenbüchlein oder Anweisung zu einer vernünftigen Erziehung der Erzieher. von Marquardt, E. (Hrsg): Berlin/Leipzig: Volk und Wissen Verlags GmbH.

Stolz, Uta/Thiel, Thomas (2005): Kinder gemeinsam in die Welt begleiten, Elternbildung und Erziehungspartnerschaft als Angebot des Kindergartens. In: Tschöpe-Scheffler, Sigrid (Hrsg.): Konzepte der Elternbildung – eine kritische Übersicht. Opladen: Verlag Barbara Budrich, S. 199–213.

Tschöpe-Scheffler, Sigrid (1996): Pestalozzi – Leben und Werk im Zeichen der Liebe. „Versuchet die Liebe, die eure Pflicht ist." Neuwied/Kriftel/Berlin: Luchterhand.

Tschöpe-Scheffler, Sigrid (2003): Elternkurse auf dem Prüfstand. Wie Erziehung wieder Freude macht. Wiesbaden: VS.

Tschöpe-Scheffler, Sigrid (2004). Qualitätsfragen an Elternkurse – Wie man Konzepte leichter beurteilen kann. In: Theorie und Praxis der Sozialpädagogik, 8, S. 4–7.

Tschöpe-Scheffler, Sigrid (Hrsg.) (2005a): Konzepte der Elternbildung – eine kritische Übersicht. Opladen: Verlag Barbara Budrich.

Tschöpe-Scheffler, Sigrid (Hrsg.) (2005b): Perfekte Eltern und funktionierende Kinder? Vom Mythos der „richtigen" Erziehung. Opladen: Verlag Barbara Budrich.

Tschöpe-Scheffler, Sigrid (2006a): Stärkung der elterlichen Erziehungsverantwortung durch Angebote der Elternbildung. In: Bauer, Petra/Brunner, Ewald J. (Hrsg.) (2006): Elternpädagogik. Von der Elternarbeit zur Erziehungspartnerschaft. Freiburg: Lambertus Verlag, S. 173–193.

Tschöpe-Scheffler, Sigrid (2006b): Die Arbeit mit hilflosen Eltern – zehn Empfehlungen. In: Deutsche Gesellschaft gegen Kindesmisshandlung und -vernachlässigung (DGgKV) e.V. J., 9, 2, Kiel, S. 27–42.

Tschöpe-Scheffler, Sigrid (2007): Elternbildungsarbeit im öffentlichen Interesse. In: Homfeldt, Hans G./Schulze-Krüdener, Jörgen (Hrsg.): Elternarbeit in der Heimerziehung. Basel/München: Ernst Reinhardt Verlag, S. 16–31.

Tschöpe-Scheffler, Sigrid (2009): Familie und Erziehung in der Sozialen Arbeit. Schwalbach: Wochenschauverlag.

Tschöpe-Scheffler, Sigrid (2011): Fünf Säulen der Erziehung. Wege zu einem entwicklungsfördernden Miteinander von Erwachsenen und Kindern. 6. Aufl. Ostfildern: Matthias-Grünewald-Verlag.

Tschöpe-Scheffler, Sigrid/Wirtz, Wolfgang (2008): Familienbildung – institutionelle Entwicklungslinien und Herausforderungen. In: Diller, Angelika/Heitkötter, Martina/Rauschenbach, Thomas (Hrsg.) (2008): Familie im Zentrum – Kinderfördernde und elternunterstützende Einrichtungen – aktuelle Entwicklungslinien und Herausforderungen. München: DJI, S. 157–179.

Vodafone Stiftung Deutschland (2013) (Hrsg.): Qualitätsmerkmale schulischer Elternarbeit. Ein Kompass für die partnerschaftliche Zusammenarbeit von Schule und Elternhaus. Basierend auf den Empfehlungen einer wissenschaftlichen Expertenkommission von Prof. Werner Sacher, Prof. Anne Sliwka, Prof. Sigrid Tschöpe-Scheffler, Prof. Sabine Walper, Prof. Wild, dem Deutschen Jugendinstitut e.V. sowie, beratend, von Prof. Klaus Hurrelmann. Düsseldorf: Druckstudio GmbH.

Walter, Heinz (Hrsg.) (2002): Männer als Väter. Sozialwissenschaftliche Theorie und Empirie. Gießen: Psychosozial-Verlag.

Wehinger, Ulrike (2005): Einblick in die Arbeit des Pen Green Centre, Northhamptonshire, England. Ein Zentrum der besonderen Art. In: Tschöpe-Scheffler, Sigrid (Hrsg.): Konzepte der Elternbildung – eine kritische Übersicht. Opladen: Verlag Barbara Budrich, S. 175–186.

2. Die Bedeutung der Haltung in der Zusammenarbeit mit Eltern[1]

Es fällt auf, dass der Begriff der „Haltung" in kaum einer pädagogischen Konzeption von Institutionen der Familienbildung fehlt, allerdings selten definiert wird und ihm eine (meist unausgesprochen) starke Handlungs- und Wirkungslogik unterstellt wird. In den folgenden zwei Beiträgen wird das Phänomen der „Haltung" unter den Gesichtspunkten des Dialogs und der Achtung in den Mittelpunkt gestellt.

2.1. Haltung im Zeichen der Achtung

Sigrid Tschöpe-Scheffler

Das alleinige theoretische Wissen über Modelle, Theorien und Methoden der sozialen Arbeit scheint im Hinblick auf ein professionelles Handeln im Umgang mit Familien zwar wichtig, aber nicht ausreichend zu sein. Eine besondere Haltung der professionellen Fachkräfte den Eltern gegenüber gilt fast durchgängig als ein wesentlicher Aspekt für eine gelingende Zusammenarbeit und wird häufig als „offen, tolerant, vorurteilsfrei" etc. bezeichnet. Diese und ähnliche Begriffe gehören inzwischen zu jenen „pädagogischen Gewohnheitswörtern"[2], die zu beliebig langen Ketten aneinandergereiht werden und erst einmal einer breiten Zustimmung sicher sein können. Obwohl eine fachspezifische Terminologie, die etwas „auf den Begriff" bringt, für ein schnelles Verständnis und den Austausch notwendig ist, kann es im Einzelfall sinnvoll sein, diese zeitweise zu verlassen, um gewohnte Verstehenszusammenhänge zu irritieren und neue zu eröffnen. Das möchte ich im Folgenden versuchen und dabei in meinen Ausführungen u.a. auf einen Pädagogen zurückgreifen, der womöglich wenig bekannt ist, obwohl sein Leben und Werk im Zeichen einer Haltung stehen, die als „Pädagogik der Achtung" (Beiner 1987) bezeichnet wird. Das legitimiert meine Wahl, als Erziehungswissenschaftlerin dem polnisch-jüdischen Kinderarzt und Pädagogen Janusz Korczak[3] in diesen Ausführungen größere Aufmerksamkeit zu schenken, auch auf die Gefahr hin, dass seine

1 Dieser Beitrag wurde im Rahmen des Bundesprogramms „Elternchance ist Kinderchance" für die Publikation des Kompetenzteams Wissenschaft geschrieben und ist in dem Sammelband Correll, Lena/Lepperhoff, Julia (Hrsg.) (2013): Frühe Bildung in der Familie. Weinheim/Basel: Beltz/Juventa in etwas veränderter Form dort erstmals veröffentlicht worden, S. 105–118.

2 Gerlinde Lill hat in ihrer humorvollen Publikation „Begriffe versenken" (2007) über den Sinn und Unsinn pädagogischer Gewohnheitswörter nachgedacht.

3 Janusz Korczak (1878–1942), polnisch-jüdischer Arzt und Pädagoge, Schriftsteller und Erzieher hinterließ ein umfangreiches pädagogisches und literarisches Werk, er gilt als Vorläufer der Kinderrechte. Er fand 1942 mit 200 Waisenkindern und Mitarbeiterinnen im Konzentrationslager Treblinka einen gewaltsamen Tod.

metaphorische und narrative Herangehensweise gewöhnungsbedürftig ist, weil sie nicht in eine marktgängige Wissenschaftssprache passt. Gerade das aber macht für mich die Beschäftigung mit seiner Pädagogik so anregend. Sie weckt eine neue Sensibilität für Phänomene, was zu eigenen Assoziationen und Reflexionen führen kann. Es ist eine Grundhaltung, die sich durch eine achtsame Art der Begegnung, durch die Anerkennung der gleichen Würde aller Menschen, durch demokratische Orientierung im Sinne von Partizipation, Beteiligungsrechten und Gleichberechtigung auszeichnet und die davon ausgeht, dass jeder Mensch die Möglichkeit hat, sich selbstverantwortlich und autonom zu entwickeln. Diese Grundannahme lässt sich bei vielen VertreterInnen der humanistischen Wissenschaften wiederfinden, z.B. bei den Begründern der humanistischen Psychologie, Abraham Maslow und Carl Rogers, bei den Phänomenologen Edmund Husserl und Max Scheler oder dem brasilianischen Pädagogen Paolo Freire. Sie wird sowohl von dem Medizinsoziologen Aaron Antonovsky in seinem Konzept der Salutogenese, das nach der Gesunderhaltung des Menschen fragt, geteilt als auch von dem Religionsphilosophen Martin Buber in seinem „Dialogischen Prinzip". Auch der führende italienische Philosoph der Postmoderne Gianni Vattimo vertritt mit seiner Idee des „Schwachen Denkens" humanistische Werte. Auf die beiden letztgenannten werde ich im weiteren Verlauf meiner Ausführungen Bezug nehmen. Wie meine Ausführungen in ein sozialwissenschaftliches Professionalisierungskonzept einzuordnen sind und welche Herausforderung dies für die professionelle Arbeit mit Familien haben kann, soll abschließend erörtert werden.

Zuvor aber werde ich über den Zusammenhang von Menschenbildern und pädagogischem Handeln nachdenken und fragen:

Was tun Sie, wenn Sie eine Familie professionell begleiten?

Berthold Brecht hat diese Frage etwas anders gestellt und seinen Protagonisten Herrn K. antworten lassen:

> „‚Was tun Sie', wurde Herr K. gefragt, ‚wenn Sie einen Menschen lieben?' ‚Ich mache einen Entwurf von ihm', sagte Herr K., ‚und sorge, dass er ihm ähnlich wird.' ‚Wer? Der Entwurf?' ‚Nein', sagte Herr K., ‚Der Mensch'" (Brecht 1967: 33).

Von Entwürfen und einer Machbarkeitsideologie

Entwürfe haben natürlich auch dort eine Bedeutung, wo es um die Begleitung von Familien geht, und sie beziehen sich auf das Bild vom Menschen allgemein, auf die Vorstellungen von *den* Eltern, *der* Familie, *dem* Kind. Sie stellen eine Grundorientierung dar, die darüber entscheidet, welche Erziehungsziele, Inhalte und Methoden gewählt werden. In ein und derselben Situation kann je nach Entwurf und Anthropologie, verbunden mit einer entsprechenden „Haltung", entweder ein großes Konfliktpotential oder aber die Möglichkeit entwicklungsfördernder Selbstbildungsprozesse stecken, je nachdem ob eine Person oder Situation als defizitär oder ressourcenorientiert wahrgenommen wird (vgl. Tschöpe-Scheffler/Tschöpe 2012: 12f.).

Aus der Geschichte der Pädagogik sind ganz unterschiedliche, z.T. sehr gegensätzliche Menschenbilder, Erziehungsmethoden, Ziele, Inhalte und Entwürfe bekannt, beispielsweise ob der Mensch als „tabula rasa“ (John Locke) verstanden wird, in den erst das Gute und Richtige „eingeritzt“ werden muss, oder ob man überzeugt ist, dass Erziehung nicht viel bewirken kann, weil sich die genetischen (guten oder schlechten) oder göttlichen Anlagen letztendlich doch durchsetzen (Jean Jacques Rousseau, Arthur Schopenhauer), oder ob das Kind als „Akteur seiner Entwicklung“ (Jean Piaget) verstanden wird. Auch in aktuellen Diskursen und im beruflichen Selbstverständnis professioneller Fachkräfte in der Familienbildung lassen sich, entsprechend der unterschiedlichen Anthropologien, ähnlich viele Konzepte finden, die mit ihrer Definitionsmacht darüber entscheiden, wie Menschen zu sein haben. Problematisch kann es für eine Person dann werden, wenn sie sich in dem Entwurf nicht wiederfindet, das konstruierte (Zerr-)Bild aber zum allgemeinen Standard erhoben wird.

Die Frage nach dem, was Fachkräfte tun, wenn sie eine Familie begleiten, ist somit zuerst die Frage nach der eigenen Wahrnehmung, dem Menschenbild, den Einstellungen, Werten und Normen, die notwendigerweise selbstreflexiv und wissenschaftlich fundiert beantwortet werden muss, um das berufliche Handeln zu legitimieren. Es ist eine grundlegende professionelle Entscheidung, die es zu treffen gilt, nämlich, ob Menschen, die begleitet werden, intentional nach den Entwürfen von Experten geformt und belehrt werden sollen – oder ob darauf vertraut wird, dass Individuen, durch echte Begegnung gestärkt und ermutigt, selbstverantwortlich ihre eigenen Antworten finden können. Es ist auch die Entscheidung für einen bestimmten Anspruch an die Professionalität, das Selbstverständnis und die Rolle einer Elternbegleiterin und eines Elternbegleiters.

Der Psychoanalytiker Horst Eberhard Richter beschreibt ein Denken und Handeln, das davon ausgeht, alles selbst richtig „machen“ und kontrollierend in der Hand halten zu müssen, als „Gotteskomplex“ und „Allmachtsphantasie des Menschen“ (Richter 2005).

Sehen wir Eltern und deren Interaktion mit ihren Kindern als ein Bündel von Problemen, das mit konkreten Methoden oder mit der Hilfe von „Fachleuten“ gelöst werden kann? Muss das „Projekt Familie“ mit gezielter Erfolgskontrolle, orientiert an Qualitätsstandards einen erwartbaren Output bringen? Dann folgt aus solch einer defizitorientierten Haltung das, was Janusz Korczak beschreibt, wenn er das Erzieherverhalten seiner Zeit beobachtet:

> „Wir müssen lehren, leiten, einweisen, unterdrücken, zügeln, aufrichten, warnen, vorbeugen, aufzwingen und bekämpfen. [...] Ein Programm der Vorsicht, der Umsicht, der Furcht und Besorgnis aufzwingen, der bösen Ahnungen und finsteren Vermutungen. Wir, die Erfahrenen, wissen, wie viele Gefahren ringsum lauern, wie viele Hinterhalte, Fallen, verhängnisvolle Abenteuer und Katastrophen.[...] Wir stellen [...] unsere Erfahrung restlos zur Verfügung: [...] – alles ist bereit“ (Korczak 1999: 391).

Durch den Glauben an die unbegrenzte Möglichkeit erblindet zunehmend das innere Auge für die in jedem Menschen innewohnende Kraft der Selbstentfaltung und damit für alles Unvorhersagbare und Unkontrollierbare im menschlichen Sein. Die Folge solcher Machbarkeitsideologien ist entweder die enttäuschte, wütende oder resignierte Abkehr von denjenigen, die sich den Angeboten verweigern, oder die schmerzhafte, aber vielleicht heilsame Erfahrung eigener Grenzen, Ohnmacht und Selbstzweifel. Das Leiden an der Nicht-Passung eigener Vorstellungen und wissenschaftlicher Konzepte mit der ganz anderen Lebensrealität eines Menschen oder einer Familie kann die professionelle Identität erschüttern, was im schlechtesten Fall zu autoritären Eingriffen, rigiden Vorschriften bis zur Gewalt führen kann und im besten Fall zur Selbstreflexion und zur Suche nach gemeinsamen Lösungen. Nicht immer geht das ohne Supervision und Fachberatung, die für die professionelle Arbeit ein Qualitätsstandard sein sollten.

Wie kann es gelingen, wahrhaft interessiert und offen für das zu werden, was Mütter, Väter und Kinder bereits an Wissen und Können, individueller Erfahrung, biografischen Erkenntnissen, Lebensleistungen, Intuition und Expertentum für ihr eigenes Leben mitbringen? Dazu bedarf es einer „forschenden Haltung", die etwas mit „Neugier, Ressourcenorientierung, Sensibilität und Selbstreflexion" (Fröhlich-Gildhoff 2009), aber auch mit „Staunen", einer wissenschaftlichen Haltung des „Nichtwissens", und der Anerkennung des Anderen zu tun hat. Janusz Korczak hat diese Haltung als eine Pädagogik der Achtung im Umgang mit Kindern nicht nur beschrieben, sondern auch gelebt. Ich möchte sie im Folgenden sowohl auf die Zusammenarbeit mit Familien übertragen, als auch durch einen philosophischen Gedanken der Postmoderne in einen neuen Zusammenhang stellen und mit dem „Dialogischen Prinzip" verknüpfen.

Vom „Nicht-Wissen", dem „Schwachen Denken" und dem „Dialogischen Prinzip"

„Wer seid ihr, wunderbares Geheimnis, was tragt ihr in euch?" (Korczak 1999: 41), so fragt Janusz Korczak 1919 in seiner pädagogischen Schrift „Wie liebt man ein Kind". Sein Leben und Werk vermitteln seine würdevolle Annäherung an das Kind. Zum einen wird spürbar, wie er sich als Fragender und Suchender dem Kind nähert, um es liebevoll wahrzunehmen; zum anderen rechnet er neben aller exakten Forschung, die er als Kinderarzt und Naturwissenschaftler selbst betrieb, damit, dass sich das Gegenüber immer wieder entzieht, geheimnisvoll, unplanbar und unkontrollierbar bleibt (vgl. Tschöpe-Scheffler 2013b: 282ff.). Die Person wird als Subjekt, als eigenständiges Wesen in ihrer Einmaligkeit, in ihrem Anderssein und damit in ihrer Fremdheit wahr- und ernstgenommen. Aus Korczaks umfangreichen literarischen und pädagogischen Schriften und den vielfältigen empirischen Beobachtungen und Reflexionen ließen sich für unseren Zusammenhang mindestens drei Anerkennungskriterien ableiten: erstens eine Grundüberzeugung, die davon ausgeht, dass jeder Mensch ein „wunderbares Geheimnis" ist. Daraus folgert zweitens ein

„Nichtwissen" und drittens die Annäherung an Familien in Form von offenen Grund*fragen* statt Grund*lagen*.

> „Wie, wann, wie viel – warum? Ich ahne viele Fragen, die auf Antwort warten, Zweifel, die Aufklärung fordern. Und ich antworte: ‚Ich weiß nicht.' [...] Das schöpferische ‚Ich weiß nicht' des modernen Wissens [...] ist wunderbar, voller Lebendigkeit, voller hinreißender Überraschungen – und ich möchte lehren, es zu verstehen und zu lieben. Ich möchte, dass man versteht, dass kein Buch, kein Arzt den eigenen aufmerksamen Gedanken, die eigene genaue Beobachtung ersetzen können. [...] Ich weiß nicht und kann nicht wissen, wie mir unbekannte Eltern unter unbekannten Bedingungen ein mir unbekanntes Kind erziehen können – ich betone können, nicht wollen und auch nicht – sollen. ‚Ich weiß nicht' – das ist in der Wissenschaft der Ur-Nebel, aus dem die sich neu formenden Gedanken auftauchen, und sie kommen der Wahrheit immer näher" (Korczak 1999: 10).

Das eigenwillige „Ich weiß nicht" von einem, der als Experte in Erziehungsfragen gilt, ist eine Zumutung für all diejenigen, die ein klares Konzept und Antworten auf Fragen nach der „richtigen" Erziehung suchen. Was also können wir von einer Mutter sagen, die uns fremd ist? Doch erst einmal so viel, dass sie ein „wunderbares Geheimnis" ist und wir „nicht wissen" – Korczak rechnet mit der Begrenztheit seines Wissens und maßt sich nicht an, verallgemeinernde Aussagen oder gar eine Diagnose zu treffen. Es ist ein Innehalten, ein Beenden des Agierens und Beurteilens zugunsten einer Denkpause, in der zuerst wahrgenommen wird, was in diesem Moment ist. Das Nichtwissen wird zum Ausgangspunkt einer wissenschaftlichen Neugier, die einerseits ein Antrieb für eine „forschende Haltung" wird und aus der sich andererseits Beachtung und Achtung ableiten lassen. In einer solchen Grundhaltung liegt der Beginn jeder neuen, allerdings immer *vorläufigen* Erkenntnis. Diese Pädagogik der Achtung ist aktueller denn je, in einer Zeit, in der darüber diskutiert wird, ob Kinder „Disziplin" und Familien „Supernannys" brauchen, in der in Fachdiskursen Familien in Kategorien eingeordnet werden und Experten und gesellschaftliche Systeme die Deutungsmacht darüber haben, ob eine Familie z.B. bildungsfern oder bildungsnah ist bzw. wird. Eine radikale Achtung der individuellen Lebensentwürfe der Eltern kann bedeuten, ihnen und ihren Kindern den eigenen Weg zuzutrauen und auch zuzumuten.

Auch dann, wenn es der „scheinbar schlechteste Weg" wäre?

> „Vielleicht ist für jeden von euch der eigene Weg, auch wenn er scheinbar der schlechteste ist, der einzig richtige?" (Korczak 1999: 209)

Eine positive Grundhaltung Eltern gegenüber bedeutet allerdings weder, auf klare Positionierungen in Bezug auf fördernde Maßnahmen hinsichtlich des Kindeswohls zu verzichten, noch Eltern und Kinder auf ihren „Wegen" alleine zu lassen. Wie in einer Situation gehandelt wird und welche Schlussfolgerungen gezogen werden, kann mit dieser Grundhaltung allerdings nur das Ergebnis eines Dialogs mit den Menschen sein, die es betrifft.

Das Eingeständnis von „Nicht-Wissen“ und der Mangel an Gewissheit gelten in einer Zeit, in der das Expertenwissen höher bewertet wird als individuelle Erfahrungen, als Zeichen der Schwäche und Unprofessionalität. Ebenso ist es mit dem Staunen und den Geheimnissen, die nicht zu den Sprachspielen einer marktkonformen Informations- und Wissensgesellschaft passen. Aber gerade in einem (fast kindlichen) Staunen über das Leben könnte ein besonderer Zugang zum Wesen des Menschen liegen:

> „Die Welt ist sehr sonderbar eingerichtet. [...] Sonderbar ist, was da kreucht und fleucht: das Heupferdchen und der Vogel und der Schmetterling. Und die Tiere: Katze, Hund, Löwe, Elefant. Und höchst sonderbar ist der Mensch. In jedem Menschen steckt gleichsam die ganze Welt“ (Korczak 2000: 358).

Korczak zeigt in seinem Leben und Werk, wie Erziehung und Beziehung in komplexen und äußerst schwierigen Lebenszusammenhängen gedeihen und aufblühen können, wenn Menschen nicht kategorisiert und beurteilt werden, sondern „geheimnisvoll“ und „sonderbar“ sein und bleiben dürfen. Nichtwissen und Wissen, exakte empirische Forschung und eine tiefe Hoffnung gehörten bei ihm zusammen. Es ist die Hoffnung, die sich auch gegen negative und risikobelastete Erfahrungen an einem gelingenden Leben orientiert. Ich halte das, ebenso wie sein Vertrauen ins Leben, seine Achtsamkeit und Präsenz, seine Neugier und seine Art des Staunens für einen Mehrwert im Miteinander, der m.E. anderes und mehr in einem Menschen freisetzen kann als ein konkret definierter und zu erwartender Output.

Inzwischen wurde Korczak in seinem Denken eingeholt von einer Philosophie der Postmoderne, die eine Hinwendung zum Einzelnen und Subjektiven postuliert. Hier ist u.a. die Position eines führenden Philosophen der italienischen Postmoderne, Gianni Vattimo (1936 geboren), zu nennen, die dieser allerdings später und ohne Bezug zu Korczak entwickelte. Er hat mit seinem provokanten Werk „Das schwache Denken“ (Vattimo 1987/88) das sogenannte Herrschaftswissen als „starkes Denken“ kritisiert, das sich die Welt untertan macht, im Namen der Wahrheit Kriege führt und Andersdenkende unterdrückt. Damit bezeichnet er ein Denken und Handeln, das sich an einer einzigen richtigen Einsicht und Wahrheit festmacht und stets bemüht ist, die angeblich „wahren“ Strukturen der Wirklichkeit zu enthüllen, an denen sich das Handeln dann folgerichtig zu orientieren habe. Demgegenüber präferiert er dialogische Strukturen, die nicht auf eine einzige Wahrheit zurückzuführen sind. Vattimos Philosophie des „schwachen Denkens“ sieht den Menschen als einen, der erfahren und erlitten hat, dass er sich nicht länger als Beherrscher der Welt verstehen kann und deshalb fähig wird, in einer sogenannten „schwingenden Existenz“ (Vattimo 1987/88: 15), zu leben. Das Leben unter den Bedingungen einer aushandelbaren Wirklichkeit wird zur Vision eines friedlichen Umgangs miteinander, böte es doch, mit seiner Vorliebe für das Uneindeutige und Plurale, die Chance zu einem Blick auf die Welt, der mehr aus Fragen denn aus Antworten bestünde. Jede Erkenntnis ist demnach primär eine Auslegung, die ihre jeweils eigene Wirklichkeit erfindet.[4] Diese Grundhaltung entspräche einer auf Prozesshaftigkeit und Dialog angelegte Begegnung mit dem Anderen, Vattimo nennt das „schwingenden Existenz", Martin Buber[5] nennt es das „dialogische Prinzip".

Dialog bedeutet für Buber ein wahrhaftes Zusammentreffen von Menschen auf der „Ich-Du-Ebene". Individuelles Wachstum und eigene Entwicklung können erst in der dialogischen Begegnung mit anderen Menschen realisiert werden. Das Zwischenmenschliche ist der Erfahrungsraum, in dem sich dialogisches Leben ereignen kann. „Dialogisches Leben ist nicht eins, in dem man viel mit Menschen zu tun hat, sondern eins, in dem man mit den Menschen, mit denen man zu tun hat, wirklich zu tun hat" (Buber 2006: 167). Buber unterscheidet zwei voneinander grundsätzlich verschiedene Arten der Beziehungen, die er mit den Grundworten „Ich-Du" und „Ich-Es" umschreibt. Letztere ist die alltägliche Beziehung des Menschen zu den Dingen, aber oft auch seinen Mitmenschen gegenüber, nämlich dann, wenn diese wie eine Sache kalt, distanziert und berechnend behandelt werden. Das Charakteristische einer Ich-Du-Beziehung ist, dass wirkliche Begegnung nur geschehen kann, wenn all das aufgegeben wird, was an Entwürfen, Vorverständnis oder Vorurteilen über den Anderen vorhanden ist, vergleichbar mit Korczaks Ansatz vom „Nichtwissen". Buber nennt es „eines Menschen innewerden" (Buber 2006: 283).

Der Mensch wird nicht zum Objekt von Bemühungen, sondern ist und bleibt in der dialogischen Begegnung Subjekt mit seiner Einzigartigkeit (vgl. Buber 2006: 292f.), der seine eigenen Antworten auf Lebensfragen zu geben hat, die aus dem Leben auftauchen und selbstverantwortlich beantworten werden müssen.

Die Grundhaltung einer pädagogischen Fachkraft, die dem „schwachen Denken" und dem dialogischen Prinzip nahe stünde, ließe viele Arten der Welt- und Lebensinterpretation zu, ohne sie als abgeschlossen zu betrachten. Im aufmerksamen Hören, Wahrnehmen und „in der Schwebe Halten" (Schopp 2010) verschiedener Sichtweisen würde die Relativität der eigenen Auffassungen ebenso wie die aller Anderen deutlich, was eine Voraussetzung dafür wäre, sich für den Standpunkt des Anderen ernsthaft zu interessieren und durch Verlangsamung, Zurückhaltung und vorsichtige, erkundende Fragen mit ihm in einen echten Dialog zu treten.

Der Dialog ist keine Methode, sondern eine Haltung, die eine auf Prozesshaftigkeit angelegte existentielle Begegnung mit dem anderen ist.

4 Vertreter des Konstruktivismus, wie z.B. Watzlawick oder Maturana, gehen ebenfalls davon aus, dass Wissen und Wirklichkeit nicht übereinstimmen. Aussagen über die Wirklichkeit stammen aus subjektivem Erleben und eingeschränkten Möglichkeiten der Wahrnehmung.

5 Martin Buber (1878–1965), jüdischer Religionsphilosoph und Schriftsteller. Seine Schriften: Ich und Du, Zwiesprache, Die Frage an den Einzelnen, Elemente des Zwischenmenschlichen, Geschichte des dialogischen Prinzips, sind in dem Gesamtwerk: „Das dialogische Prinzip" (2006) zusammengetragen.

Konsequenzen für die Familienbildung

Ist eine solche Haltung, wie die bisher beschriebene, überhaupt diskursfähig und umsetzbar?

Ich beobachte die „Familienbildungsszene“ seit einigen Jahren (Tschöpe-Scheffler 2003, 2005a, 2005b, 2006, 2009) und stelle mit großer Bewunderung fest, wie viele neue, kreative, lebendige und inspirierende Formen der Zusammenarbeit mit Familien in letzter Zeit entstehen. Wenn Familien ihre individuelle lebensweltliche Perspektive einbringen können und diese in dem jeweiligen System eine Bedeutung erhält, dann ist „ist es der Mühe wert“ mitzuwirken, wie ein türkischer Vater im Zusammenhang mit der Umgestaltung des Außengeländes einer Kita sagte. So gibt es Frühstückstreffen für Väter und Kinder an Sonntagvormittagen in der Kita, Entspannungswochenenden mit Kinderbetreuung, Elternnetzwerke, die sich in der Einrichtung mit ihren unterschiedlichen Begabungen engagieren, Mütter als Mentorinnen, die neue Eltern einer Kita begleiten, Lese- und Musizierpatenschaften, Hausbesuchskreise, von Eltern initiierte Gesprächsforen im Internet, Familienwochenenden, Elterncafes oder aus aktuellen Situation heraus entstandene Gesprächskreise für Eltern zu wichtigen und existentiellen Themen – die Aufzählung könnte hier endlos weitergeführt werden. Einrichtungen der Familienbildung, Familienzentren oder Mehrgenerationenhäuser, die sich darauf eingelassen haben, gemeinsam mit Familien das Leben in der Institution zu gestalten, antworten situationsbezogen auf das, was Kinder, Mütter oder Väter an ausgesprochenen und unausgesprochenen „Anfragen“ haben. Es bedarf des Perspektivwechsels, der Empathie und einer erkundenden Haltung, diese unterschiedlichen, manchmal sehr kleinen Zeichen wahrzunehmen, aufzugreifen und gemeinsam mit den Familien angstfreie offene Beziehungs-, Ermöglichungs- und Anerkennungsräume zu gestalten, in denen sich alle beteiligen und neue positive Erfahrungen im Umgang miteinander sammeln können. Selbstwirksamkeit und Lebenskompetenz sind die unabdingbare Voraussetzung dafür, dass Eltern in der Beziehung zu ihren Kindern präsent sind, sie in ihrer Persönlichkeit unterstützen, Erziehungsaufgaben autoritativ wahrnehmen und entwicklungsfördernde BildungsbegleiterInnen für ihre Kinder sind, gemäß dem Motto: „starke Eltern haben starke Kinder“. Salutogenetisch gesprochen haben Eltern, die ihr eigenes Handeln als sinnlos erleben und sich als Opfer der Verhältnisse oder ihrer Kinder fühlen, wenig motivationale Kraft, Situationen zu ändern, und fühlen sich darum auch wenig angesprochen, z.B. in einen Elternkurs zu kommen. Da, wo Eltern sinnvoll tätig sein können, z.B. bei einer von ihnen gewählten Aufgabe oder einem Projekt, wo sie durch Begegnungen mit anderen Wertschätzung erfahren, wo mit Misserfolg und Fehlern wohlwollend umgegangen wird, wagen sie wieder eigene Antworten auf ihr Leben zu geben und „blühen auf“. Im Konzept des „Flourishing“ (Aufblühens) (Seligman 2012) werden nach einer empirische Studie Menschen dann in ihrem Innersten angesprochen, wenn sie positive Emotionen spüren, sich für etwas engagieren, Verbundenheit mit anderen Menschen erfahren, Sinn in ihrem Tun finden und spüren, dass sie etwas bewegen können.

Sehr häufig werden in Kindertageseinrichtungen und Familienzentren möglichst viele Elterntrainings angeboten, die oft als Legitimation einer Einrichtung dafür gelten, dass mit Eltern „gearbeitet“ wird. Elternkurse sind dann sinnvoll und haben ihre Berechtigung, wenn neue *eigene* Handlungsoptionen in einem geschützten Bereich eingeübt oder die dialogische Haltung der Kursleiterin und anderer GruppenteilnehmerInnen zu einem Modell für eine gelingende Form von zwischenmenschlicher Begegnung werden können. Auch der Austausch der Eltern untereinander und die Vertrautheit der Gruppe können zur Entlastung und Bereicherung beitragen. Der Fokus auf Familien und damit auf Kinder und Eltern muss allerdings ein Querschnittsthema in einer Einrichtung sein und gehört nicht nur in „soziale Sonderwelten“. Werden Eltern ansonsten in ihren Mitwirkungswünschen oder in ihren Bedürfnissen nicht wahrgenommen und nicht als Beteiligte einbezogen, fehlt die letzte Konsequenz, nämlich auf die Unterschiedlichkeit und Individualität der Eltern in vielfältiger Form zu antworten.

Ich nenne diese Formen der Familienbildung in Abgrenzung zum Kurskonzept „situative, dialogische Zusammenarbeit mit Familien“, in der es ungeplante Begegnungs- und Anerkennungsräume für neue Erfahrungen, zum schöpferischen Tun, aber auch zum Umgang mit Scheitern und Leid geben kann. Aus der jeweiligen konkreten Situation kann sich mit einer Haltung der „schwingenden Existenz“, der Achtung, des „Nichtwissens“ und des Dialogs alles Mögliche und noch nicht Mögliche, Überraschende und Irritierende entwickeln. Ich halte diese Art der Zusammenarbeit oder des „Zusammenspiels“ für einen notwendigen Paradigmenwechsel, da Eltern sich sowohl in der Einrichtung als auch zu Hause als GestalterIn des eigenen Lebens wahrnehmen können, neue eigene Bewältigungsmechanismen finden und einüben können, sie (immer wieder) durch ermutigende dialogische Begegnungen die intrinsische motivationale Kraft finden, Situationen zu ändern und merken, wo sie die Unterstützung und Hilfe bekommen können. Die Soziologinnen vom Staatsinstitut für Familienforschung an der Universität Bamberg, Marina Rupp und Adelheid Smolka, gehen in eine ähnliche Richtung, wenn sie von Empowerment statt Pädagogisierung in der Familienbildung sprechen, in der sich diese an den Bedürfnissen zu orientieren und die Ressourcen der Familien auszubauen und zu stärken hat (vgl. Rupp/Smolka 2006: 193).

Im Rahmen des Bundesprogrammes „Elternchance ist Kinderchance“ haben sechs bundesweit tätige Träger der Familienbildung mit meiner Zusammenarbeit als wissenschaftliche Begleiterin eine Weiterbildung entwickelt, die auf den Prinzipen des dialogischen Lernens und der hier beschriebenen selbstreflexiven Haltung beruht. Die ausgebildeten ElternbegleiterInnen werden in Institutionen eingesetzt, wo sie den Fokus der Familie im Blick haben, sich situativ auf die Anfragen einlassen und Eltern erreichen, entlasten und mit ihnen in Beziehung gehen, damit diese motiviert und präsent sind, ihre Kinder in deren Persönlichkeits- und Bildungsprozessen zu unterstützen.

Ich möchte meine bisherigen Ausführungen im Folgenden innerhalb der sozialwissenschaftlichen Professionalisierungsdebatte positionieren.

Das Autorenteam um den Erziehungswissenschaftler Bernd Dewe beschreibt drei Typen professioneller Identitäten: den „professionellen Altruisten", den „Sozialingenieur" und den „Lebenslagenhermeneuten" (Dewe et al. 1995: 41ff.). Beim „professionellen Altruisten" stehen die Persönlichkeit des pädagogisch Handelnden, seine Wert- und Lebensvorstellungen und sein persönliches Engagement im Vordergrund. Der Schwerpunkt der pädagogischen Arbeit liegt hier in der persönlichen Beziehung der Fachkraft zu den KlientInnen. Emotionalität, Spontaneität, Lebensweisheit, Vertrauen und die persönliche Erfahrung der Handelnden werden wesentlich höher bewertet als wissenschaftliche Erkenntnis, exakte Analyse, Methoden und Techniken. Während hier die Bedeutung von personaler Beziehung und Haltung deutlich hervorgehoben wird, fehlen die Auseinandersetzung mit wissenschaftlichen Konzepten, Selbstreflexion und Distanz. Beim Konstrukt des „Sozialingenieurs" (Dewe et al. 1995: 46ff.) hingegen ist die berufliche Hilfe in erster Linie eine Dienstleistung mit einer Produktorientierung, die in speziellen sozialpädagogischen Institutionen mit einem öffentlichen Auftrag unter administrativer Kontrolle stattfindet. Sozialpädagogische Hilfe ist generalisierbar, instrumentalisierbar und beruht auf Rationalität und Wissenschaftlichkeit, sie soll eine zuverlässig erwartbare Leistung sein, in einem dafür geschaffenen Sozialsystem. Es geht dabei um Steuerungsprozesse, Sozialmanagement, Problemlösungswissen und rationale Gestaltung von Versorgungsprozessen. Das Ziel ist eine Effektivitätssteigerung pädagogischer Arbeit durch Verwissenschaftlichung und ein methodisch-systematisches Kontrollwissen. Das altruistische Konzept erscheint demgegenüber als defizitär und veraltet.

In einem dritten Konzept wird professionelles Handeln mit dem Begriff des „stellvertretenden Lebenslagen- und Lebensweltthermeneuten" präsentiert (Dewe et al. 1995: 50). In dieser stellvertretenden professionellen Vermittlungsposition zwischen Wissenschaft und alltäglichem Leben begibt sich der professionelle Helfer mit Methodenwissen in die Praxis. Diskurs und Dialog sind die Grundlagen eines solchen beruflichen Verständnisses. Professionelles Handeln wird dann verstanden als ein gemeinsames Verstehen und Deuten von strukturellen Konfliktsituationen, Verhaltensweisen Einzelner und ihrer Lebenswelt, wobei die Wahrung der Autonomie des Klienten berücksichtigt wird. Perspektiven werden eröffnet und können zu alternativen Handlungs- und Entscheidungsmöglichkeiten führen. Die sozialpädagogische Arbeit wird dabei als gemeinsamer Prozess verstanden und hat nichts mit Bevormundung und Belehrung zu tun. Im professionellen Handeln des Lebenslagenhermeneuten sind die Person und die Interaktionen der pädagogischen Fachkraft ebenso wichtig wie seine wissenschaftliche Kompetenz und seine Handlungskompetenz.

Anthropologisch geht das letztgenannte Professionalisierungskonzept von der Autonomie des Anderen aus und stellt die größte Nähe zu meinen bisherigen Ausführungen dar, auch wenn die existentielle Tiefe einer „Ich-Du-Begegnung", die nicht nach einer professionellen Distanz fragt, hier nicht vorausgesetzt wird. Eine Grundvoraussetzung, die im „Nichtwissen" liegt, wird nicht explizit erwähnt, kann aber unterstellt werden, da hermeneutisches Vorgehen auf ein Verstehen abzielt, das erst in einem gemeinsamen Prozess gefunden und gedeutet wird. Das entspräche der Idee der „schwingenden Existenz". Ohne wissenschaftliche Legitimierung, Selbstreflexion und methodisches Wissen kommen weder der Lebenslagenhermeneut noch meine Überlegungen zur Grundhaltung in der Familienbildung aus. Während dem „Altruisten" die Auseinandersetzung mit wissenschaftlichen Konzepten, die Selbstreflexion und die Distanz fehlen, bringt er aber das ein, was auch hier als wesentliche Voraussetzung erarbeitet wurde, nämlich persönliche Präsenz, Vertrauen und Verbundenheit. Diese sind aber in der Merkmalsbeschreibung des Altruisten eher als „fürsorgliche Belagerung", denn als Unterstützung für eigene Lebensentwürfe zu verstehen. Gerade in dem Wechselspiel von Bindung und Autonomie siedelt sich aber die hier beschriebene Grundhaltung an. Demgegenüber hat die Berufsausübung des dargestellten „Sozialingenieurs" wenig mit der Persönlichkeit des Handelnden zu tun, darum ist sie jederzeit und von jedem erlernbar, einsetzbar und generalisierbar, was für viele Prozesse in der Sozialen Arbeit durchaus eine Entlastung darstellt. Es ist selbstverständlich, dass die Steuerung sozialer Organisationen ein bestimmtes professionelles Management erfordert. Auch hier stellt sich die Frage, wie diese aussehen muss, damit aus einem primär rational-technokratischen Menschenbild und Managementverständnisses unter Berücksichtigung personaler Beziehungen ein partizipatorischer Prozess werden kann. Die Stärken der jeweiligen Konzepte lassen sich je nach Situation und Aufgabe gut verknüpfen und stellen eine sinnvolle wechselseitige Ergänzung dar, vorausgesetzt die Würde des Menschen, seine Autonomie und sein Bedürfnis nach Verbundenheit bleiben gewahrt.

Selbstreflexion und die „Arbeit an der eigenen Haltung"

Was sind die Herausforderungen einer Haltung, die sich an einer „Pädagogik der Achtung", dem „Schwachen Denken", dem „Dialogischen Prinzip" und dem Professionalisierungskonzept eines Lebenslagenhermeuten orientiert und in der es um wissenschaftliche Orientierung, Selbstreflexion, Nichtwissen, Wahrnehmung, Achtung, gemeinsame Deutung und professionelle Zurückhaltung geht? Ich möchte dies abschließend in zwölf Gegenüberstellungen zusammentragen, die die jeweiligen Pole und die Zielsetzungen (oder Visionen) beschreiben. Wohin sollte die Entwicklungsaufgabe mit der pädagogischen Haltung gehen? Die Prioritäten sollen sich m.E. verschieben im Hinblick auf folgende Pole:

- von einer Haltung des Wissenden („Ich weiß schon, was für dich gut ist!") zu einer Haltung des „Nichtwissens";
- von pädagogisch-didaktischen Absicherungen zum Interesse an dem Unbekannten und Fremden;
- von intentionalen Erziehungsstrategien zum Präsent-Sein und in „Resonanz-gehen";
- von generalisierbaren und instrumentalisierbaren Methoden und Konzepten zur Subjektorientierung;

- vom hierarchischen Rollenverständnis zu einer dialogischen Begegnung;
- von Eindeutigkeiten zur Akzeptanz von Vielfalt;
- von pädagogischem Aktionismus zum Innehalten und „in der Schwebe-Halten“;
- vom Perfektionismus zur Fehlerfreundlichkeit;
- von der Fremderziehung zur Selbstreflexion und Selbsterziehung;
- vom „starken Denken“ zum „schwachen Denken“;
- von der Output-Orientierung zur Prozessorientierung;
- von Belehrungen und „fürsorglichen Belagerungen“ zum selbstgesteuerten, entdeckenden und erfahrungsorientierten Lernen.

Erwähnen möchte ich noch, dass ich für die hier beschriebene und entwickelte Grundhaltung viele Bezeichnung habe, sie könnte „forschende“, „erkundende“ oder „dialogische“ Haltung“ heißen, sie wäre auf jeden Fall eine Haltung, die es Menschen ermöglicht aufzublühen.

Lorna Ross wird einige Punkte der professionellen Haltung noch einmal in Kapitel 2.2. unter der Überschrift: „Verschiedene Aspekte einer entwicklungsfördernden professionellen Haltung“ besonders in den Blick nehmen.

Literaturverzeichnis

Beiner, Friedhelm (1987): Janusz Korczak – Pädagogik der Achtung. Heinsberg: Dieck.

Brecht, Bertolt (1967): Geschichten vom Herrn Keuner. Frankfurt am Main: Suhrkamp.

Buber, Martin (2006): Das dialogische Prinzip: Ich und Du. Zwiesprache. Die Frage an den Einzelnen. Elemente des Zwischenmenschlichen. Zur Geschichte des dialogischen Prinzips. 10. Aufl. Gütersloh: Gütersloher Verlagshaus.

Dewe, Bernd et al. (1995): Professionelles soziales Handeln. Soziale Arbeit im Spannungsfeld zwischen Theorie und Praxis. 2. Aufl. Weinheim und München: Juventa Verlag.

Fröhlich-Gildhoff, Klaus (2009): Vortrag auf der Tagung der Robert Bosch Stiftung „Konturen frühpädagogischer Hochschulausbildung – Forschung, Lehre und Praxis verzahnen!“ Ms.

Korczak, Janusz (1999): Sämtliche Werke: Wie liebt man ein Kind. Erziehungsmomente. Das Recht des Kindes auf Achtung. Fröhliche Pädagogik. Bd. 4. Bearbeitet und kommentiert von Beiner, F./Ungermann, S. Gütersloh: Gütersloher Verlagshaus.

Lill, Gerlinde (2007): Begriffe versenken. Sinn und Unsinn pädagogischer Gewohnheitswörter, Weimar, Berlin: Verlag das netz.

Richter, Horst-Eberhard (2005): Der Gotteskomplex. Die Geburt und die Krise des Glaubens an die Allmacht des Menschen. Neuausg. d. Ausg. von 1979. Gießen: Psychosozial Verlag.

Rupp, Marina/Smolka, Adelheid (2006): Empowerment statt Pädagogisierung – Die Bedeutung niedrigschwelliger Konzepte für die Familienbildung. In: Bauer, Petra/Brunner, Ewald Johannes (Hrsg.): Elternpädagogik. Von der Elternarbeit zur Erziehungspartnerschaft. Freiburg: Lambertus, S. 193–215.

Schopp, Johannes (2010): Eltern Stärken – die Dialogische Haltung in Seminar und Beratung. Ein Leitfaden für die Praxis. 3. völlig überar. Aufl. Opladen: Verlag Barbara Budrich.

Seligman, Martin (2012): Flourish: A Visionary New Understanding of Happiness and Well-Being. New York: Free Press.

Tschöpe-Scheffler, Sigrid (2003):Elternkurse auf dem Prüfstand. Wiesbaden: Verlag für Sozialwissenschaften.

Tschöpe-Scheffler, Sigrid (2005a): Konzepte der Elternbildung – eine kritische Übersicht. Opladen: Verlag Barbara Budrich.

Tschöpe-Scheffler, Sigrid (2005b): Perfekte Eltern und funktionierende Kinder. Vom Mythos der richtigen Erziehung. Opladen: Verlag Barbara Budrich.

Tschöpe-Scheffler, Sigrid (2006): Stärkung der elterlichen Erziehungsverantwortung durch Angebote der Elternbildung. In: Bauer, Petra/Brunner, Ewald Johannes (Hrsg.): Elternpädagogik. Von der Elternarbeit zur Erziehungspartnerschaft. Freiburg: Lambertus, S. 174–193.

Tschöpe-Scheffler, Sigrid (2009): Familie und Erziehung in der Sozialen Arbeit. Schwalbach: Wochenschauverlag.

Tschöpe-Scheffler, Sigrid/Tschöpe, Helmut (2012): Große Kraft in kleinen Dingen. Spiritualität im Zusammenleben mit Kindern. Ostfildern: Patmos Verlag.

Tschöpe-Scheffler, Sigrid (2013a): Über die Haltung in der Zusammenarbeit mit Familien. In: Kompetenzteam Wissenschaft des Bundesprogramms „Elternchance ist Kinderchance", Correll, Lena/Lepperhoff, Julia (Hrsg.): Frühe Bildung in der Familie. Perspektiven der Familienbildung. Weinheim/Basel: Beltz/Juventa, S. 105–118.

Tschöpe-Scheffler, Sigrid (2013b): Orientierung der aktuellen Familienbildung an der Pädagogik der Achtung – Von Grundlagen zu Grundfragen. In: Godel-Gaßner, Rosemarie/Krehl, Sabine (Hrsg.): Facettenreich im Fokus. Janusz Korczak und seine Pädagogik – Historische und aktuelle Perspektiven. Jena: Garamond Verlag, Edition Paideia, S. 279–297.

Vattimo, Gianni: Ideologie oder Ethik. Von Marx zum schwachen Denken. Übers. von Schönherr, H.-M., in: Nürnberger Blätter 3, 7, 1987/88.

2.2. Verschiedene Aspekte einer entwicklungsfördernden professionellen Haltung

Lorna Ross

Wie bereits von Sigrid Tschöpe-Scheffler dargestellt, wird die erwünschte professionelle Haltung pädagogischer Fachkräfte Eltern gegenüber häufig als „offen, tolerant, vorurteilsfrei" etc. beschrieben. Diese und ähnliche Begriffe lassen jedoch sehr viel Interpretationsspielraum und geben kaum eine genaue Vorstellung davon, was sie konkret bedeuten. Sie gehören nach Gerlinde Lill zu den „pädagogischen Gewohnheitswörtern", die „versenkt" werden sollten.

Ich möchte in meinem Beitrag diese Begriffe aus Gerlinde Lills Versenkung wieder hervorholen und sie im Zusammenhang mit der professionellen Haltung besonders würdigen. Hierbei stehen der respektvolle und wertschätzende Umgang, vorurteilsbewusstes, ressourcenorientiertes, forschendes und erkundendes Denken und Handeln sowie die Bereitschaft zur Selbstreflexion im Fokus meiner Überlegungen.

Respektvoller und wertschätzender Umgang

Ein Aspekt, dem bislang wenig Aufmerksamkeit geschenkt wurde, ist die Tatsache, dass Familien in der Regel Vertrauen in pädagogische Institutionen bzw. in pädagogische Fachkräfte haben:

> „Sie delegieren Betreuung, Bildung und Erziehung ihrer Kinder an die ErzieherInnen, die ja eigentlich ‚wildfremde Leute' sind. Eltern vertrauen ihnen ihr ‚kostbarstes Gut' an, nur weil sie eine (den Eltern unbekannte) Ausbildung absolviert haben und ein Träger die Organisation übernommen hat" (Thiersch 2006: 88).

Gewissermaßen sind Familien also darauf angewiesen, die Institution gut zu finden und pädagogische Fachkräfte aus einem positiven Blickwinkel zu sehen (vgl. ebd.).

Es ist allerdings davon auszugehen, dass unterschiedliche Perspektiven, Erfahrungen und Wahrnehmungen von Eltern und Fachkräften aufeinandertreffen.

> „Eltern nehmen ihr Kind aus ihrer elterlichen Perspektive wahr, Fachleute hingegen aus einer primär professionellen. Letztere ist zeitlich begrenzt – alltäglich und auch insgesamt. Die elterliche Wirklichkeit ist letztlich unbegrenzt, auch wenn sie sich in verschiedenen Lebensphasen wandelt" (Weiß 2012: 65).

Darüber hinaus verfügen sowohl Familien als auch pädagogische Fachkräfte über unterschiedliche individuelle Erfahrungen, unterscheiden sich in ihrer Lebens- und Arbeitswirklichkeit und sozial-kulturellen Herkunft. Diese Aspekte können innerhalb der Zusammenarbeit Spannungen hervorrufen und von Seiten der Familie dazu führen, dass sie das Vertrauen in die Fachkräfte nicht aufbauen können oder verlieren; somit ist eine (weitere) Zusammenarbeit äußerst schwierig bzw. nicht mehr möglich. Gegenseitiges Vertrauen kann nicht vorausgesetzt werden, es muss in den meisten Fällen erst geschaffen werden. Der Aufbau von Vertrauen ist etwas Elementares, quasi ein Grundstein für die Zusammenarbeit mit Familien. Vertrauen basiert auf einer grundsätzlichen Achtung der Fachkräfte vor dem Erziehungsauftrag der Familie und schließt Vertrauen in die elterlichen Kompetenzen mit ein. Familien übernehmen täglich Verantwortung, und zwar auf eine ihnen eigene Weise und dadurch sollte ihnen ein Recht auf ihr Anderssein zugesprochen werden (vgl. Roth 2010: 26). Das heißt, dass jede Person unabhängig von ihrer mitgebrachten Problem- und Fragestellung ein Recht darauf hat, in ihrer ganzen, einmaligen Persönlichkeit wahrgenommen und bestätigt zu werden (vgl. Schopp 2010: 73). Dies erfordert eine respektvolle und wertschätzende Haltung, die aktiver als Toleranz und mehr als Empathie ist. Es bedeutet, das Gegenüber in seinem Wesen anzuerkennen und wenn möglich, die Welt aus der Perspektive des Gegenübers zu betrachten. Dadurch ist es möglich, das Verhalten von Müttern und Vätern und deren Beweggründe zu verstehen. Ein respektvoller und wertschätzender Umgang aller Beteiligten hilft, einen Blick dafür zu bekommen, welche Kräfte und Entwicklungspotenziale in einem selbst und seinem Gegenüber stecken (vgl. Schopp 2010: 75) und so einen Ort des Vertrauens zu schaffen.

Dabei bedeutet eine respektvolle und wertschätzende Haltung gegenüber Eltern nicht, dass das jeweilige Verhalten immer befürwortet werden muss , sondern dass gemeinsam Handlungsstrategien für eine neue Verhaltensoption entwickelt werden können. Es reicht nicht aus, von außen Eltern etwas vorzuhalten und vorzuschreiben. Zu Veränderungen gehören Einsicht und die entsprechende Kompetenz. Daher sollten pädagogische Fachkräfte Eltern mit Respekt begegnen und sie in ihren elterlichen Kompetenzen stärken (vgl. Schopp 2010: 74).

Die dialogische Haltung kann dabei helfen, die einzigartige Existenz eines jeden Menschen in den Mittelpunkt zu stellen, und dabei den Respekt vor der Unterschiedlichkeit zu betonen. Es werden nicht nur von der Norm abweichende Lebenswege, sondern auch das Tempo individuellen Wachstums berücksichtigt, womit der Unvollkommenheit menschlicher Existenz radikalen Respekt entgegen gebracht wird (vgl. Schopp 2010: 19).

> „Ziel dialogischen Handelns ist das Mit-Geschehenlassen einer Wirklichkeit, die als Struktur nicht erkennbar und deswegen kaum materialisierbar ist. Dadurch, dass der Mensch sie nicht kontrollieren kann, braucht er Vertrauen in die noch nicht bestimmbare Zukunft oder in die zukünftige Gegenwart. Für ein ‚Vertrauen-Geben' braucht der Mensch ein Ich mit seinem ‚personenhaften Sein', das einem anderen Ich als Du begegnet. Passiert dies wechselseitig, geschieht dialogisches Handeln" (Muth 2011: 50).

Vorurteilsbewusstes Denken und Handeln

Sollte die Überschrift nicht „vorurteilsfrei" heißen? Sollten pädagogische Fachkräfte in der Lage sein, ohne jegliches Vorurteil Menschen zu begegnen?

Die aktuelle Inklusionsdebatte erweckte unter anderem erneut die Relevanz der Auseinandersetzung mit diesen Fragen. So heißt „Inklusion", alle Menschen willkommen zu heißen:

> „Niemand wird ausgeschlossen, alle gehören dazu: zu unserer Gesellschaft, unserer Kommune, zu jeder kleinen oder großen Gruppe und Gemeinschaft. Alle werden anerkannt und alle können etwas beitragen. Unsere Gesellschaft wird reicher durch die Vielfalt aller Menschen, die in ihr leben" (Montag Stiftung Jugend und Gesellschaft 2011: 18).

Der Anspruch, alle Menschen willkommen zu heißen und ihnen somit ohne Vorurteile entgegenzutreten, scheint im ersten Moment unmöglich zu sein, denn beispielsweise tragen alle Familien unterschiedliche Voraussetzungen in Kindertageseinrichtungen und Familienzentren hinein. Es sind vor allem oft interkulturelle Begegnungen, welche spürbar werden lassen, wie verschieden die Welt betrachtet und gelebt werden kann. Dies kann eine sehr große Bereicherung bedeuten, denn dadurch können die Vielfalt, die Komplexität, die Unterschiede, aber auch die Gemeinsamkeiten und Verbindungen zwischen den Menschen zum Vorschein kommen. Es kann aber auch häufiger zu „Nichtverstehen" und dem Erleben von Fremdheit und Distanz kommen (vgl. Azun 2013: 222) und somit Angst, Misstrauen und Abgrenzung auslösen. „Fremdheit" kann allerdings nicht als ein objektiv feststellbarer Tatbestand betrachtet werden (vgl. Reuter 2002: 23). Denn das, was für einen fremd erscheint, mag für den anderen zu dessen Lebenswelt gehören. „Fremdheit" kann somit nur in Interaktion mit anderen Menschen entstehen und hängt maßgeblich von den Gewohnheiten und Konventionen, vertrauter Umgebung und sozialer Ordnung und dem „Wissenshorizont" des Betrachters ab (vgl. Reuter 2002: 31).

Gleichermaßen sind im Allgemeinen die Begegnungen von pädagogischen Fachkräften mit den Eltern (mit oder ohne Migrationshintergrund) oftmals von Vorurteilen und Stereotypen gefärbt (vgl. Azun 2013: 223). So gibt es zum Beispiel häufig seitens der pädagogischen Fachkräfte die Annahme, dass es zwei Typen von Eltern gibt: die Eltern, die alles wissen und überall mitwirken wollen und die Eltern, die sich jeglicher institutioneller Verantwortung entziehen und keinerlei Interesse zeigen. Dabei begegnen pädagogische Fachkräfte im Alltag sehr unterschiedlichen Menschen mit unterschiedlichen Facetten: daraus ergibt sich, dass pädagogische Fachkräfte von der „[...] Getrenntheit und Heterogenität aller Einzelnen, die sich in den je einzigartigen unwiederholbaren Lebensgeschichten in ihren sozialen und kulturellen Kontexten herausgestaltet" (Prengel 2006: 186) ausgehen sollten.

Die Herausforderung besteht darin, die Eltern als Individuen mit eigenen Vorstellungen und Bedürfnissen zu sehen, die in ihrer Einmaligkeit wahrgenommen werden wollen. Insoweit haben Fachkräfte die Aufgabe, auf die unterschiedlichen Lebenssituationen der Familien einzugehen. Dazu bedarf es der kontinuierlichen (Selbst)Reflexion, um die eigene Logik und die damit verbundenen Mechanismen und Verhaltensweisen verstehen zu lernen. Dabei können Frage helfen wie:

Wer bin ich? Woher komme ich? Welches Bild von Familie trage ich in mir? Was verbinde ich mit anderen Kulturen? Wo fühle ich mich im Umgang mit anderen Kulturen unsicher und warum könnte das so sein?

Im Fokus pädagogischer Arbeit steht demnach nicht die Beseitigung von Vorurteilen (also vorurteilsfrei zu sein), sondern vorurteilsbewusstes Denken und Handeln zu verinnerlichen, denn Vorurteile sind faktisch allgegenwärtig. „Sie sind das unvermeidbare Nebenprodukt unserer Art, Informationen zu verarbeiten und einzuordnen" (Aronson et al. 2008: 430). Ob die Vorurteile versteckt sind oder offen dargelegt werden: Tatsache ist, dass sie allgegenwärtig sind. Daher ist es, vor allem in der Pädagogik, von großer Bedeutung, eine reflektierte Haltung gegenüber Vorurteilen einzunehmen. Dabei ist ein authentisches Auftreten pädagogischer Fachkräfte entscheidend, da Authentizität die tatsächlichen Handlungen und das dazugehörige Gefühl miteinander verbindet und die Möglichkeit schafft, unverstellt und glaubwürdig zu erscheinen. Das bedeutet also nicht, die Vorurteile zu leugnen, sondern sich mit ihnen aktiv auseinanderzusetzen und dadurch zu erkennen, „dass die Dinge dieser Welt auf unterschiedliche Weise betrachtet und gestaltet werden können" (Roth 2010: 28) und alle Beteiligten ein Recht darauf haben, in der Gesellschaft einen Platz zu finden bzw. beizubehalten.

Ressourcenorientiertes Denken und Handeln

Pädagogische Fachkräfte, die ressourcenorientiert denken und handeln, nehmen die Stärken, Fähigkeiten, Kompetenzen und Ressourcen des Gegenübers in den Blick. Der Begriff Ressourcen stammt aus dem Französischen und heißt wörtlich „zurück zur Quelle". Es entsteht also das Bild einer Kraftquelle, und Ressourcen sind Kraftquellen, die zur Verfügung stehen und einen unterstützen, neue Aufgaben, Anforderungen und Herausforderungen mit Kopf, Herz und Hand zu bewältigen und kritische Situationen durchzustehen.

Es ist also davon auszugehen, dass ressourcenorientiertes Denken und Handeln maßgeblich dazu beitragen, dass alle Beteiligten darin gefördert werden, ihre Stärken, Kompetenzen und Fähigkeiten zu erkennen; diese können eine nachhaltige, positive Auswirkung auf die Lebensgestaltung haben, und Familien evtl. trotz widriger Umstände aufblühen lassen.

Für die pädagogische Arbeit in Kindertageseinrichtungen, Familienzentren und Jugendhilfe könnte das bedeuten, Familien zu ermutigen, ihr Anliegen in die „Hand" zu nehmen, ihre Stärken, Kompetenzen und Potenziale zu entdecken und Ressourcen ggf. aufzudecken, um (kontinuierlich) darauf zurückgreifen zu können. Die Selbstwirksamkeit, die durch eine respektvolle und wertschätzende Haltung bestärkt werden kann, hilft also Familien dabei, an eigene Fähigkeiten zu glauben und bestimmte Handlungen auszuführen (vgl. Aronson et al. 2008: 499). Kurz gesagt, Selbstwirksamkeit funktioniert wie eine Art selbsterfüllende Prophezeiung. Je stärker man glaubt, etwas erreichen zu können, desto größer ist die Wahrscheinlichkeit, dass man es auch tatsächlich schafft. Und andere Menschen können wesentlich dazu beitragen, zu größerer Selbstwirksamkeit zu gelangen (vgl. Aronson et al. 2008: 500).

> „Dabei kommt es zugleich auf die Bereitschaft an, zu hinterfragen, was eine Stärke und was eine Schwäche überhaupt ist. Und damit verbunden: Eine Schwäche kann, aus einer anderen Perspektive betrachtet oder in einen anderen Zusammenhang gestellt, eine bedeutsame Stärke sein“ (Roth 2010: 29).

Forschendes und erkundendes Denken und Handeln

Die Bildungsvereinbarungen, die nach der PISA-Studie wie Pilze aus dem Boden schossen, beschreiben eindeutig die Relevanz, Kindern Freiräume für Eigeninitiative und selbstbestimmtes Lernen zu schaffen; gleichzeitig fordern sie aber auch die Vermittlung vieler Kompetenzen und die Beobachtung und Dokumentation von kindlichen Bildungsprozessen (vgl. Arbeitsgruppe „Professionalisierung frühkindlicher Bildung“ 2008). Parallel dazu wurden zahlreiche Beobachtungs- und Dokumentationsverfahren entwickelt und in Kindertageseinrichtungen erprobt. Nun gibt es eine Vielzahl sehr unterschiedlicher Methoden um Bildungsprozesse zu dokumentieren. Eines haben jedoch alle Methoden gemeinsam: pädagogische Fachkräfte sollten sich dafür Zeit nehmen, inne halten und aufmerksam beobachten.

Ziel der Bildungsvereinbarung NRW ist es, die Bildungsprozesse der Kinder zu stärken und weiter zu entwickeln. Dieses Verständnis von Bildung umfasst nicht nur die Aneignung von Wissen und Kompetenzen, sondern setzt den Schwerpunkt vielmehr auf die Begleitung kindlicher Entwicklungsbereiche und das Ausschöpfen der Entwicklungspotenziale (vgl. MSJK NRW 2003: 6). Der Grundstein für eine zielgerichtete Bildungsarbeit ist die wahrnehmende Beobachtung des Kindes, gerichtet auf seine Möglichkeiten und auf die individuelle Vielfalt seiner Handlungen, Vorstellungen, Ideen, Werke, Problemlösungen u.ä.“ (vgl. MSJK NRW 2003: 7). Das „wahrnehmende Beobachten“ beschreibt hierbei die professionelle Anforderung an die pädagogische Fachkraft. Erst eine sensible und geschulte Wahrnehmungsfähigkeit, ein zeitgemäßer Erwerb von Fachwissen, eine stabile Beziehung zum Kind und eine kontinuierliche Reflexion des pädagogischen Handelns lassen dem Kind Raum und Zeit zur Entfaltung seiner Selbstbildungspotenziale (vgl. Schäfer 2005: 185).

Zweifellos birgt das „wahrnehmende Beobachten“ auch die Chance, nicht nur Selbstbildungspotenziale der Kinder zu erkennen, sondern auch Eltern sensibel gegenüberzutreten, eine stabile Beziehung aufzubauen und Eltern Raum und Zeit zur Entfaltung bereitzustellen. Voraussetzung hierfür ist es aber, inne zu halten, zu beobachten und ein grundsätzliches Interesse zu entwickeln, die Perspektive der Eltern bzw. der Familie einnehmen zu wollen. Dabei kann das forschende und erkundende Denken und Handeln helfen: Es werden Fragen gestellt und, wenn nötig, gemeinsam nach vielfältigen Lösungsmöglichkeiten gesucht, Prozesse werden wahrgenommen und gemeinsam gestaltet. Das „Nichtwissen" steht hierbei im Vordergrund und gemeinsam kann geforscht und erkundet werden.

Bereitschaft zur Selbstreflexion

Der Mensch besitzt die einmalige Fähigkeit zur Selbstreflexion und Selbstbewertung seines Verhaltens, wodurch er sich von anderen Lebewesen deutlich unterscheidet (vgl. Frank 2010: 203). Vor allem in Berufssparten, in denen die Arbeit mit Menschen im Vordergrund steht, ist es besonders wichtig, sich bewusst zu machen, dass die Persönlichkeit der Fachkraft immer wieder Einfluss auf ihre Arbeit und damit auf den Umgang mit den Menschen hat. Dadurch ergibt sich die Notwendigkeit, sich kontinuierlich mit sich selbst und seinen Vorurteilen, Konstrukten und den daraus resultierenden Erwartungshaltungen auseinanderzusetzen. Diese Selbstreflexion hilft dabei Einblicke, in das Selbstbild, Menschenbild und Weltbild zu bekommen, welche das eigene Denken, Fühlen und Handeln beeinflussen (vgl. Roth 2010: 36).

Was sehe ich, wenn ich dieses Kind bzw. diesen Menschen betrachte? Was glaube ich, braucht dieser Mensch? Diese und viele weiteren Fragen sind nicht nur faszinierend, sondern von großer Bedeutung im alltäglichen pädagogischen Umgang mit Menschen, denn letztendlich entscheiden die Antworten auf diese Fragen darüber, was pädagogische Fachkräfte in Bezug auf die Bedürfnisse der Kinder und Eltern denken. Wie intensiv bzw. restriktiv die Kontakte oder Beziehungen zwischen Familien und pädagogischen Fachkräften sind, hängt überwiegend vom Bild des Menschen der pädagogischen Fachkraft ab. Die Fähigkeit zur Selbstreflexion ist somit ein entscheidendes Merkmal dafür, wie pädagogische Fachkräfte Menschen begegnen und ob eine respektvolle, wertschätzende, vorurteilsbewusste, ressourcenorientierte und forschende Haltung eingenommen werden kann.

Parallel dazu bietet die Selbstreflexion vor allem auch die Chance, eine stabile Selbstwerteinschätzung bilden zu können und somit die Grundlage für Selbst-Sicherheit und Selbst-Bewusstsein zu schaffen (vgl. Frank 2010: 203). Besonders im Umgang mit Menschen ist es neben der kontinuierlichen Auseinandersetzung mit dem Bild des Gegenübers wichtig, sich seiner eigenen Selbst-Sicherheit und damit verbunden seiner eigenen Identität bewusst zu werden. Es werden Fragen wie „Wer bin ich, woher komme ich, was bin ich noch, was ist mein Selbstgefühl und Selbstverständnis?" gestellt.

In der Auseinandersetzung mit der eigenen Identität ist es nicht von Bedeutung, eindeutige Antworten auf die oben genannten Fragen zu bekommen, da vor allem die eigene Identität von der Geburt bis zum Tod eine „permanente Baustelle" ist (vgl. Schiffer 2001: 85). Die „innere Vielfalt" (Bilden 1997: 228), wie es die Psychologin Helga Bilden ausdrückt, birgt die Chance, kontinuierlich Fragen zu stellen und sich je nach Situation neu zu orientieren und weiterzuentwickeln.

Resümee

Abschließend wird deutlich, dass die professionelle Haltung nicht anhand einzelner Aspekte beschrieben werden kann. Erst das Zusammenwirken verschiedener Orientierungsmuster, im Sinne von handlungsleitenden Wertorientierungen, Normen, Deutungsmustern und Einstellungen, die pädagogische Fachkräfte in ihre Arbeit einbringen, kennzeichnet die professionelle Haltung (vgl. Fröhlich-Gildhoff et al. 2011: 18 zit. n. Nentwig-Geseman et al. 2011).

Abbildung 1 macht deutlich, dass möglichst viele Teilaspekte miteinander verbunden sein müssen, um dem, was wir unter entwicklungsfördernder professioneller Haltung verstehen, nahe zu kommen. Zudem visualisiert Abbildung 1 das Zusammenspiel aller Aspekte und zeigt wie sie sich berühren bzw. überschneiden, in Wechselwirkung zueinander stehen und sich darauf aufbauend professionelle Haltung lebenslang weiterentwickeln muss, um für alle Beteiligten individuelles Wachstum und soziales Leben gewährleisten zu können.

Abb. 1: Die Aspekte einer entwicklungsfördernden professionellen Haltung pädagogischer Fachkräfte

Quelle: eigene Darstellung

Literaturverzeichnis

Arbeitsgruppe „Professionalisierung frühkindlicher Bildung“ (2008): Beobachtung und Dokumentation in der Praxis : Arbeitshilfe zur professionellen Bildungsarbeit in Kindertageseinrichtungen. Kronach: Carl Link.

Aronson, Elliot et al. (2008): Sozialpsychologie. 6., aktualisierte Aufl. München: Pearson Studium.

Azun, Serap (2013): Zusammenarbeiten mit Eltern: Respekt für jedes Kind – Respekt für jede Familie. In: Wagner, Petra (Hrsg.): Handbuch Inklusion: Grundlagen vorurteilsbewusster Bildung und Erziehung. 1. Ausgabe der überarbeiteten Neuausgabe (3. Gesamtaufl.). Freiburg im Breisgau: Verlag Herder GmbH, S. 222–241.

Bilden, Helga (1997): Das Individuum – ein dynamisches System vielfältiger Teil-Selbste: Zur Pluralität in Individuum und Gesellschaft. In: Keupp, Heiner; Höfer, Renate (Hrsg.): Identitätsarbeit heute: klassische und aktuelle Perspektiven der Identitätsforschung. Frankfurt am Main: Suhrkamp Verlag, S. 227–249.

Frank, Sieglinde (2010): Elternbildung – ein kompetenzstärkendes Angebot für Familien : Effektivität der Intervention: „Starke Eltern – Starke Jugend.“ Band 16. München: Herbert Utz Verlag GmbH.

Fröhlich-Gildhoff, Klaus et al. (Hrsg.) 2011: Zusammenarbeit mit Eltern in Kindertageseinrichtungen: Ein Curriculum für die Aus- und Weiterbildung: Materialien zur Frühpädagogik. Band 7. Freiburg: Verlag FEL.

Montag Stiftung Jugend und Gesellschaft (Hrsg.) (2011): Inklusion vor Ort : Der kommunale Index für Inklusion – ein Praxishandbuch. Berlin: Eigenverlag des Deutschen Vereins für öffentliche und private Fürsorge e.V.

MSJK NRW (2003): Bildungsvereinbarung NRW: Fundament stärken und erfolgreich starten. Düsseldorf.

Muth, Cornelia (2011): Erwachsenenbildung als transkulturelle Dialogik. 2. Aufl. Schwalbach: Wochenschau Verlag.

Nentwig-Gesemann, I./Fröhlich-Gildhoff, K./Harms, H./Richter, S. (2011): Professionelle Haltung – Identität der Fachkraft für die Arbeit mit Kindern in den ersten drei Lebensjahren (Eine Expertise der Weiterbildungsinitiative Frühpädagogische Fachkräfte), München: DJI.

Prengel, Annedore (2006): Pädagogik der Vielfalt: Verschiedenheit und Gleichberechtigung in Interkultureller, Feministischer und Integrativer Pädagogik. 3. Aufl. Wiesbaden: VS Verlag für Sozialwissenschaften.

Reuter, Julia (2002): Ordnungen des Anderen: zum Problem des Eigenen in der Soziologie des Fremden. Bielefeld: transcript Verlag.

Roth, Xenia (2010): Handbuch Bildungs- und Erziehungspartnerschaft: Zusammenarbeit mit Eltern in der Kita. 2. Aufl. Freiburg im Breisgau: Verlag Herder.

Schäfer, Gerd E. (2005): Bildung beginnt mit der Geburt. 2., erw. Aufl. Berlin/Düsseldorf/Mannheim: Cornelsen Verlag.

Schiffer, Eckhard (2001): Wie Gesundheit entsteht: Salutogenese: Schatzsuche statt Fehlerfahndung. Weinheim und Basel: Beltz Verlag.

Schopp, Johannes (2010): Eltern Stärken – Die Dialogische Haltung in Seminar und Beratung – ein Leitfaden für die Praxis. 3., völlig überar. Aufl. Opladen/ Farmington Hills: Verlag Barbara Budrich.

Thiersch, Renate (2006): Familie und Kindertageseinrichtungen. In: Bauer, Petra (Hrsg.): Elternpädagogik. Freiburg im Breisgau: Lambertus-Verlag, S. 80–105.

Weiß, Hans (2012): Zusammenarbeit mit Eltern in schwierig sozialen Lagen. In: Hess, Simone: Grundwissen Zusammenarbeit mit Eltern: in Kindertageseinrichtungen und Familien. Berlin: Cornelsen Verlag, S. 62–73.

3. Über die Bedeutung des Wohlbefindens in der Zusammenarbeit mit Familien

Sarah Hoffmann

Welche Bedeutung das Phänomen des „Wohlbefindens" für die Zusammenarbeit mit Familien, für die Entwicklung von Kindern, aber auch für die professionelle und persönliche Weiterentwicklung pädagogischer Fachkräfte und die Teamarbeit haben kann, soll im folgenden Beitrag dargestellt werden.

Wohlbefinden ist ein moderner Begriff. Im Alltag begegnen wir ihm an den unterschiedlichsten Orten und Zusammenhängen. Einmal sollen wir unser Wohlbefinden durch die Inanspruchnahme von Wellnessangeboten steigern, das andere Mal ein neues Produkt ausprobieren, welches uns zu einem Rundum-Wohlgefühl verhelfen soll. In den Medien spiegelt sich dieser neue Trend wider, ganze Zeitschriften fokussieren sich auf „Happinez" und „Wohlfühlen".[1]

Bevor aufgezeigt wird, welche Bedeutung Wohlbefinden in der Zusammenarbeit mit Familien zukommt, wird in einem ersten Schritt untersucht, was in wissenschaftlichen Kreisen unter dem Begriff verstanden wird.

Wissenschaftliche Erkenntnisse zum Wohlbefinden

Wohlbefinden bleibt definitorisch unscharf. Glück, Freude, Flow, Zufriedenheit, Sinnerfülltheit, Lebenszufriedenheit, Lebensqualität, seelische Gesundheit und Ressourcen (vgl. Frank 2011: 5), all diese Begriffe können (individuelle) Komponenten des Konstrukts Wohlbefindens sein ohne es einzeln zu definieren oder, wie es der amerikanische Psychologe Seligman erläutert: „Wohlbefinden gleicht in seiner Struktur dem Wetter und der Freiheit: Kein einzelnes Maß definiert es erschöpfend, aber mehrere Dinge tragen dazu bei" (Seligman 2012: 33).

Seligman lässt sich der Positiven Psychologie zuordnen, die sich zum Ziel gesetzt hat,

> „[...] mit wissenschaftlichen Methoden die Bedingungen und Konsequenzen des Wohlbefindens, menschlicher Stärken und positiv gestalteter Institutionen zu untersuchen und Interventionen zu entwickeln und zu evaluieren, die der Förderung einer positiven individuellen, institutionellen und gesellschaftlichen Entwicklung dienen" (Eid 2012: 9).

In seinem neuesten Werk „Flourish – Wie Menschen aufblühen" hat Seligman seine Theorie des authentischen Glücks zur Theorie des Wohlbefindens erweitert. Seligman geht davon aus, dass Wohlbefinden ein Konstrukt ist, welches sich aus fünf Elementen zusammensetzt: positivem Gefühl, Engagement, Sinn, positiven Bezie-

1 Die Magazine erscheinen achtmal (Happinez) bzw. viermal (Wohlfühlen) jährlich.

hungen und Zielerreichung (vgl. Seligman 2012: 34ff.). Außerdem untermauern 24 Stärken und Tugenden – u.a. Freundlichkeit, soziale Intelligenz, Humor, Mut, Integrität, Dankbarkeit – alle fünf Elemente: „Wenn man seine größten Stärken aufwendet, so führt das zu mehr positiven Gefühlen, mehr Sinn, mehr Erfolg und zu besseren Beziehungen“ (Seligman 2012: 46).

Weiterhin berücksichtigt Seligman, dass im Wohlbefinden sowohl subjektive als auch objektive Variablen zusammenfließen: „Positives Gefühl ist eine subjektive Variable, die durch das definiert ist, was jemand denkt und fühlt. Engagement, Sinn, gute Beziehungen und Zielerreichung haben sowohl subjektive als auch objektive Komponenten“ (ebd.).

Seligmans Theorie zeigt einige interessante Parallelen zu Ryffs multidimensionalem Modell des psychologischen Wohlbefindens (Ryff 1989) und zu Antonovskys Salutogenesemodell (Antonovsky 1997) auf. Laut Antonovsky wirkt sich unter anderem ein hohes Kohärenzgefühl, bestehend aus den Komponenten Handhabbarkeit, Verstehbarkeit und Bedeutsamkeit, positiv auf die Gesundheit aus. Ryff wiederum erläutert, dass Selbstakzeptanz, Beherrschung der Umgebung, positive Beziehungen zu anderen, Lebensziele, persönliches Wachstum und Autonomie zum psychologischen Wohlbefinden beitragen. Beim persönlichen Wachstum kann indes eine Querverbindung zu den Wachstumsbedürfnissen (Soziale Anerkennung, Selbstverwirklichung, Transzendenz) in Maslows Bedürfnispyramide (Maslow 1987: 15ff.), bei der Beherrschung der Umgebung zu Banduras Selbstwirksamkeitsüberzeugung gezogen werden.

Ein weiteres, durch seinen unterschiedlichen Schwerpunkt interessantes Modell, ist Beckers Strukturmodell (Becker 1991). Becker unterscheidet zwischen aktuellem (momentanem positivem Erleben) und habituellem Wohlbefinden (Urteile über aggregierte emotionale und körperliche Erfahrungen der letzten Wochen oder Monate) (vgl. Frank 2011: 5). Sowohl das aktuelle als auch das habituelle Wohlbefinden werden weiterhin in physisches und psychisches Wohlbefinden untergliedert, welche sich jeweils in aktuelle und habituelle Formen aufteilen:

> „In aktueller und habitueller Form gliedert sich psychisches Wohlbefinden auf in positive Gefühle wie Freude und Glück, positive Stimmungen und Beschwerdefreiheit. Physisches Wohlbefinden beinhaltet positive körperliche Empfindungen sowie Freisein von körperlichen Beschwerden“ (Frank 2011: 6).

Die *Abbildung 1* soll abschließend helfen, die Parallelen und auch die Eigenheiten der vier Theorien zu verdeutlichen:

Abb. 1.: Hauptkomponenten des Wohlbefindens bei Antonovsky, Ryff, Becker und Seligman

Antonovsky: Salutogenesemodell	Ryff: Multidimensionales Modell des psych. WB	Becker: Strukturmodell	Seligman: PERMA
• Handhabbarkeit • Bedeutsamkeit • Verstehbarkeit	• Selbstakzeptanz • Beherrschung der Umgebung • Positive Beziehungen zu anderen • Lebensziele • Persönliches Wachstum • Autonomie	• Aktuelles Wohlbefinden: physisch (positive körperliche Empfindungen / Freisein körperlicher Beschwerden) und psychisch (positive Gefühle / positive Stimmungen / Beschwerdefreiheit • Habituelles Wohlbefinden: physisch (positive körperliche Empfindungen / Freisein körperlicher Beschwerden) und psychisch (positive Gefühle / positive Stimmungen / Beschwerdefreiheit)	• Positive Gefühle • Engagement • Sinn • Positive Beziehungen • Zielerreichung

Quelle: eigene Darstellung

Mehr als ein neuer Trend: Die Belastungen der Moderne und die Notwendigkeit einer neuen Fokussierung

Durch den Anstieg psychischer Erkrankungen, wie Burnout und Depressionen am Arbeitsplatz[2] und den damit einhergehenden betriebswirtschaftlichen Konsequenzen, ist der Begriff Wohlbefinden auch in der Arbeitswelt „salonfähig" geworden: Führungskräfte großer Unternehmen[3] scheinen zu realisieren, dass zufriedenere MitarbeiterInnen kreativer und produktiver sind und setzen auf Konzepte wie „Work-Life-Balance" und „Gesundheitsempathie" (Gatterburg 2013: 51) . Die ArbeitnehmerInnen sollen sich optimal entwickeln und etwas leisten anstatt unter der Last von Leistungs- und Zeitdruck, Kontrolle und vermehrten Flexibilitätsansprüchen, den Schatten der Leistungsgesellschaft, langsam, aber stetig auszubrennen:

2 BMAS

3 Z.B. der Weltkonzern BASF, welcher in Ludwigshafen bis Ende 2013 ein neues Zentrum für Work-Life-Management errichtet.

> „Gesunde Organisationen stärken Menschen in ihrem Kohärenzgefühl. Sie sorgen für Transparenz in der Regelung der Verantwortlichkeiten und legen Wert darauf, dass möglichst alle von der Sinnhaftigkeit des eigenen Tuns überzeugt sind. Im Wissen darum, dass mit einem gut entwickelten Kohärenzgefühl Arbeitsbelastungen besser verkraftet werden, wird eine Betriebskultur gepflegt, in der das Selbstwertgefühl durch Anerkennung gefördert wird" (Brägger/Posse 2007: 15).

Die Belastungen der Moderne treffen auch, wenn nicht sogar in besonderem Maße, Familien.

> „Erhöhte gesellschaftliche Anforderungen an Mobilität und Flexibilität sowie demographische Veränderungen führen [...] zur Auflösung verwandtschaftlicher und nachbarschaftlicher Unterstützungsnetzwerke mit der Folge, dass junge Eltern mit der Bewältigung ihrer wachsenden Alltagsanforderungen vermehrt auf sich selbst gestellt sind" (Tschöpe-Scheffler 2009: 5).

Hinzu kommt, dass mit der Vermehrung der Handlungsoptionen, der Erosion milieuspezifischer Lebensstile und Erziehungspraktiken, der Abschwächung intergenerativer Hierarchien sowie einer Demokratisierung von Eltern-Kind-Beziehungen auch ein Verlust an klaren Regeln, an rollenspezifischen Eindeutigkeiten, an verbindlichen Wertorientierungen, an standardisierten Lebensstilen einhergeht, wodurch erziehungsbezogene Sicherheiten verloren gehen können (vgl. Rauschenbach/Borrmann 2010: 21). Tschöpe-Scheffler bemerkt, dass

> „[...] eine besondere Herausforderung für die Soziale Arbeit darin [liegt], den Sozialraum für Erwachsene und Kinder und deren Zusammenleben mit ihnen gemeinsam lebensfreundlicher zu gestalten und Räume und Zeiten zur Verfügung zu stellen, um Familien beim Aufbau entlastender Netzwerke zu unterstützen" (Tschöpe-Scheffler 2009: 13).

Der Ausbau von Kindertagesstätten zu Familienzentren soll hierbei helfen. Gemeinsamer familienpolitischer Nenner ist dabei, dass Kinder, Eltern und die ganze Familie institutionelle Unterstützungsangebote brauchen, die kooperativ organisiert und konzipiert sind (vgl. Diller/Schelle 2009: 13).

Wohlbefinden in der Pädagogik ...

Im Bereich der frühkindlichen Bildung und Erziehung nimmt Wohlbefinden schon länger einen hohen Stellenwert ein. Kindertagesstätten und Familienzentren bemühen sich, den Kindern einen Ort außerhalb ihres familiären Umfeldes zu schaffen, an dem sie sich wohl fühlen und sich bestmöglich entfalten können. Im Sächsischen Bildungsplan wird Wohlbefinden als Leitbegriff der somatischen Bildung explizit erwähnt: Diese Leitorientierung sensibilisiert Jungen und Mädchen dafür, was ihnen gut tut und was nicht und er fordert ErzieherInnen auf, sowohl ihre eigenen als auch die Bedürfnisse und Befindlichkeiten der Kinder wahrzunehmen und auf sie einzugehen (vgl. Sächsisches Staatsministerium für Kultus 2011: 44). Auch im Schulbereich bahnt sich ein Umdenken an. So heißt es in IQES[4], einem Qualitätsentwicklungs- und Evaluationsverfahren, welches Antonovskys Salutogenesemodell auf den Schulbereich anwendet, dass gute Schulen sich dadurch auszeichnen, dass sie sich

> „über ihren Bildungs- und Erziehungsauftrag verständigt haben und ihn dadurch erfolgreich umsetzen, dass sie
>
> - bei allen Mitgliedern der Schulgemeinschaft [...] Kompetenzen und Haltungen fördern, die ihre Bereitschaft zum lebenslangen Lernen stärken und sie befähigen, in einer sich verändernden Gesellschaft ein erfolgreiches und gesundes Leben zu führen.
> - bei der Gestaltung der Prozesse und Rahmenbedingungen [...] konsequent die Prinzipien der Gesundheitsförderung (Partizipation, Transparenz, Orientierung an der Salutogenese) anwenden“ (Brägger/Posse 2007: 24).

In der Zusammenarbeit mit Eltern wird Wohlbefinden dagegen eher selten, und wenn, dann schnell zweckgebunden, thematisiert. So steht zum Beispiel im 14. Kinder- und Jugendbericht, dass für

> „die kindliche Entwicklung [...] das Wohlbefinden der Eltern essenziell [ist], nicht nur in Form materieller Sicherheit, auch Bildung, Gesundheit, Zeit für Familienkontakte und die Netzwerke der Eltern [seien] Faktoren, die auf die Entwicklung des Kindes wirken. Darüber hinaus [sei] zu erwarten, dass eine hohe Lebenszufriedenheit der Eltern sich auch im Kontakt bzw. im Ausmaß der Aufmerksamkeit gegenüber dem Kind widerspiegelt“ (BMFSFJ 2013: 105).

Auch wenn das Wohl des Kindes oberste Priorität haben sollte, ist es m.E. eine zwingende Notwendigkeit, in der Zusammenarbeit mit Familien das Wohlbefinden der Eltern stärker in den Blick zu nehmen. Nicht nur um durch einen vertrauensvolleren Austausch zwischen Fachkräften und Eltern diese besser in ihrer Erziehungsaufgabe zu unterstützen und damit wiederum dem Kind optimale Start- und Lebensbedingungen zu ermöglichen. Es geht auch darum, zusammen mit den Eltern (und deren Kindern), unabhängig von ihrer Rolle, einen Ort zu schaffen, wo Wohlbefinden und gegenseitige Unterstützung im Mittelpunkt stehen, wo Wissen und Fähigkeiten ausgetauscht, Netzwerke ausgebaut und Unsicherheiten aufgefangen werden. Wie können also gemeinsame Räume (siehe Kapitel 5.3.1.: Orte und Räume) entstehen, in denen die Auswirkungen der Moderne ein Stück weit aus dem Blick geraten und wo gemeinsames Wachsen und Aufblühen im Vordergrund stehen?

4 Instrumente für die Qualitätsentwicklung und Evaluation in Schulen.

... und in der Zusammenarbeit mit Eltern

Ryff und Seligman sehen positive Beziehungen zu anderen als wesentliches Element des Wohlbefindens an. Wie weiter oben erwähnt, kommen durch gesellschaftliche Strukturveränderungen und Individualisierungsprozesse zunehmend Unterstützungsnetzwerke in Form von Familie, Freunden und Bekannten abhanden. Institutionen für und mit Familien, wie z.B. Familienzentren und Familienbildungsstätten, sind durch ihre sozialintegrative und beziehungsstiftende Funktion prädestiniert dafür, informelle und spontane Kontakte zwischen den Familien im Sozialraum zu unterstützen und zu fördern und damit ihren Beitrag zu mehr positiven Beziehungen zu leisten.

Auch positive Gefühle, wenngleich sehr subjektiv erleb- und interpretierbar, können in diesen Einrichtungen gefördert werden. Durch Präsenz, Offenheit und Achtsamkeit tragen die pädagogischen Fachkräfte dazu bei, dass sich die Eltern in der Einrichtung willkommen und gesehen fühlen. Schopp betont, dass man die heilsame Kraft des Zuhörens und des Wahrgenommenwerdens spüren muss, wenn man sie mit seinen eigenen Kindern praktizieren möchte (vgl. Schopp 2010: 112). In seinem unveröffentlichten Manuskript zum Thema „Bildung und Gesundheit in Tageseinrichtungen für Kinder“, einer Adaptation von IQES auf den KiTa-Bereich, bemerkt Strätz, dass durch Bestätigung und Würdigung der Eltern, besonders im Bezug auf Erziehungsfragen, sich bei diesen ein „erzieherisches Kohärenzgefühl“ entwickeln und festigen kann. Eltern bräuchten das Gefühl,

- dass sie die Entwicklungs- und Bildungsprozesse ihres Kindes und seine Reaktionen verstehen, d.h. beobachten und einordnen können,
- dass ihnen die Möglichkeiten zur Verfügung stehen, darauf zu antworten und ihren Beitrag zur Entwicklung und Förderung ihres Kindes zu leisten und
- dass sich ihre Anstrengungen nicht nur lohnen, sondern das Zusammenleben mit dem Kind auch ihr Leben bereichert (vgl. Strätz 2010: 14f.).

Dem pädagogischen Fachpersonal obliegt dabei die Verantwortung der Beziehungsgestaltung. Die komplexe und teils ambivalente Beziehung zwischen Eltern und Institution, bedingt u.a. durch innere Bilder von Eltern und Familie, durch unterschiedliche Wertorientierungen und mögliche Konkurrenzsituationen zwischen Mutter und ErzieherIn (vgl. Diller/Schelle 2009: 30) (bzw. Vater und ErzieherIn), kann auf beiden Seiten zu Spannungen und Verhärtungen führen. „Es kommt [...] vor, dass Eltern die Einrichtung wechseln, weil sie sich nicht wohl fühlen und den Eindruck haben, dass ihre spezifische Lebenslage auf eine geringe Akzeptanz stößt“ (Diller/Schelle 2009: 31). Die Aufgabe derjenigen, die mit Familien arbeiten (Sozialpädagogen, Sozialpädagoginnen, ErzieherInnen, Kindheits- und Familienpädagogen sowie Familienpädagoginnen, ErwachsenenbildnerInnen u.a.m.) „[...] besteht im Arrangement von Handlungs-, Erfahrungs- und Erlebnissituationen, in denen der Mensch seine Persönlichkeit entfalten und sich gesund/ wohl fühlen kann“ (Schilling/Zeller 2007: 130). Der kontinuierlichen Arbeit an der eigenen Haltung (siehe Kapitel 2: Bedeutung der Haltung in der Zusammenarbeit mit Eltern) kommt somit eine essentielle Rolle zu.

Positive Gefühle können aber auch dadurch gefördert werden, dass sich Eltern in der Einrichtung angstfrei bewegen können, dass ihnen also sowohl die Räume als auch die (Tages-)Abläufe bekannt sind. Wünschenswert wären außerdem ein gemütlicher Aufenthaltsraum (eventuell mit Teeküche) und sanitäre Einrichtungen, die für alle BesucherInnen frei zugänglich sind.

Außerdem bilden Partizipationsmöglichkeiten eine sehr gute Möglichkeit, Wohlbefinden in einer Einrichtung zu fördern. Sich selbst mit seinen eigenen Stärken und Fähigkeiten einzubringen nimmt nicht nur Einfluss auf die Dimensionen Sinn, Engagement und Zielerreichung und somit auch auf die Bedeutsamkeit im Sinne von Antonovskys Salutogenesemodells, sondern fördert auch die Verzahnung zwischen Familie und Institution. So machte das ev.-luth. Familienzentrum an der Corviniuskirche in Hannover die Erfahrung, „[...] dass die Eltern, je mehr sie sich einbringen, die Kita als die ihrige annehmen. Sie genießen es, selbstwirksam und Teil des Ganzen zu sein“ (Vogt 2008: 162), so Vogt. Außerdem bietet die aktive Mitarbeit die Chance, individuelle Belange und Wünsche zu äußern und so zur Entwicklung der Einrichtung beizutragen: „Wird die Beteiligung der Eltern und Kinder vernachlässigt, so besteht die Gefahr, dass die Fachkräfte ihre Arbeit an den tatsächlichen Wirkungen und Notwendigkeiten vorbei weiterentwickeln“ (Diller/Schelle 2009, 116). Ein Familienzentrum in Hannover hat so auf Wunsch der Eltern die Möglichkeit geboten, den Hauptschulabschluss in der Einrichtung nachzuholen. Die Eltern wollten das gewohnte Umfeld nicht verlassen woraufhin sich die VHS bereit erklärte, den Kurs im Familienzentrum durchzuführen. Zwölf Mütter haben mit Erfolg ihren Hauptschulabschluss erworben“ (vgl. Diller/Schelle 2009: 46).

Schlussendlich sei darauf hingewiesen, dass ein stärkeres Eingehen auf das Wohlbefinden der Eltern nicht nur für letztere gewinnbringend ist. Auch die Einrichtung wird davon profitieren, wenn zufriedene Eltern durch Mund-zu-Mund-Propaganda Freunde und Bekannte auf das Haus hinweisen. Denn auch wenn aufwändig designte Flyer und ansprechende Homepages auf eine Einrichtung aufmerksam machen können, wird doch oft mehr dem persönlichen Urteil von Freunden vertraut. Somit sollte das Wohlbefinden der Eltern auch in Qualitätsmanagement- und Evaluationsverfahren stärker in den Blick genommen werden. Denn Qualität ist unter anderem dadurch messbar, dass KundInnen wiederkommen. Umso besser natürlich, wenn sie dies nicht alleine tun.

Das Wohlbefinden aller Beteiligten fördern

Dieser Artikel ist sehr stark auf das Wohlbefinden der Eltern eingegangen. Dabei darf aber nicht vergessen werden, dass das Wohlbefinden aller Beteiligten, und somit natürlich und auch in besonderem Maße, des pädagogischen Fachpersonals, gefördert werden sollte. Dafür müssen Arbeitsklima und Rahmenbedingungen so konzipiert sein, dass sich sowohl die einzelnen Familienangehörigen als auch das Fachpersonal optimal entfalten können.

> „Denn „wenn wir eine Einrichtung wollen, deren Mitglieder nicht nur den Bildungs- und Erziehungsauftrag effektiv erfüllen, sondern dabei auch noch gesund und leistungsfähig bleiben, dann müssen wir die Qualität der Prozesse und die Gesundheit der Mitglieder gleichzeitig, integriert und wechselseitig abhängig fördern" (Brägger/Posse 2007: 23).

Eine Erzieherin wird aber nicht gesund bleiben

- ohne das Gefühl des Vertrauens, dass die Aufgaben, die ihr gestellt werden, verständlich und fachlich nachvollziehbar sind,
- ohne die Überzeugung, dass die Anforderungen, die an sie gestellt werden, auch erfüllbar sind, dass insbesondere die Rahmenbedingungen, unter denen sie arbeiten soll, dem Auftrag angemessen sind,
- ohne die Sicherheit, dass sie Hilfe z.B. durch kollegiale Beratung, Coaching oder Supervision bekommt und dass sie die notwendige Zeit für ihre fachliche Weiterentwicklung bekommen wird,
- ohne die Überzeugung, dass sich ihre Anstrengungen lohnen, dass sie mit ihrer Arbeit und ihrem Engagement tatsächlich etwas bewirkt (fachliche Selbstwirksamkeitsüberzeugung), und dass ihre Arbeit in der Öffentlichkeit und von der Politik so anerkannt wird, wie sie es verdient (vgl. Strätz 2010: 14f.).

Ein Familienzentrum in Bergheim hat mit einem Teamtag zum Thema „Salutogenese" auf Überlastungserscheinungen reagiert. „Mit den ganzen Anforderungen, die von allen Seiten auf die Fachkräfte einstürmen, aktuell die Themen Inklusion und U-3-Ausbau, ist es das Wichtigste, mit sich selbst achtsam umzugehen. Sonst sind die eigenen Kräfte schnell aufgezehrt und man kann nicht mehr auf die unterschiedlichen Anforderungen eingehen", so die Initiatorin des Projekttages. Auch wenn es durch solche Initiativen einzelnen Einrichtungen gelingen kann, dem (Leistungs-) Druck ein Stück weit entgegenzuwirken, sollten diese nicht an einzelnen Personen hängen bleiben. Es ist höchste Zeit, dass die Relevanz von Wohlbefinden und Gesundheitsförderung stärker von Politik und Trägerschaft anerkannt und darauf auch angemessen reagiert wird.

Literaturverzeichnis

Antonovsky, Aaron (1997): Salutogenese: Zur Entmystifizierung der Gesundheit. Deutsche erw. Aufl. von Alexa Franke. Tübingen: dgvt-Verlag.

Becker, Peter (1991): Theoretische Grundlagen. In: Abele, Andrea/Becker, Peter: Wohlbefinden: Theorie, Empirie, Diagnostik. Weinheim: Beltz Juventa, S. 13–49.

BMAS (2013): Schwerpunkt Psychische Gesundheit am Arbeitsplatz. http://www.bmas.de/DE/Themen/Schwerpunkte/Psychische-Gesundheit-Arbeitsplatz/

inhalt.html;jsessionid=C76CA825AFB79A8C358B8E0D299BCFD7. [Zugriff: 02.04.2013].

BMFSFJ (Hrsg.) (2013): Bericht über die Lebenssituation junger Menschen und die Leistungen der Kinder- und Jugendhilfe in Deutschland – 14. Kinder- und Jugendbericht. Berlin. http://dip21.bundestag.de/dip21/btd/17/122/1712200.pdf. [Zugriff: 02.04.2013].

Brägger, Gerold/Posse, Norbert (2007): Instrumente für die Qualitätsentwicklung und Evaluation in Schulen (IQES). Wie Schulen durch eine integrierte Gesundheits- und Qualitätsförderung besser werden können. Band 1: Schritte zur guten Schule. Bern: h.e.p.

Diller, Angelika/Schelle, Regine (2009): Von der Kita zum Familienzentrum: Konzepte entwickeln – erfolgreich umsetzen. Freiburg im Breisgau: Herder.

Eid, Michael (2012): Geleitwort zur deutschen Ausgabe. In: Seligman, Martin (Hrsg.): Flourish: Wie Menschen aufblühen. Die Positive Psychologie des gelingenden Lebens. München: Kösel-Verlag, S. 9–11.

Frank, Renate (2011): Therapieziel Wohlbefinden: Ressourcen aktivieren in der Psychotherapie. 2. akt. Aufl. Berlin: SpringerMedizin.

Gatterburg, Angela (2013): Mehr als Aqua-Jogging: Der Bremer Unternehmenscoach Detlev Kühl über die Schlüssel zu einer gesunden Arbeitswelt. In: Der Spiegel, 2013, Wissen. 1, S. 50–51.

Maslow, Abraham (1987): Motivation and Psychology. 3. Aufl. New York: Harper & Row.

Rauschenbach, Thomas/Borrmann, Stefan (2010): Wenn die Privatsache Kinderbetreuung öffentlich wird. In: Cloos, Peter/Karner, Britta (Hrsg.): Erziehung und Bildung von Kindern als gemeinsames Projekt: Zum Verhältnis familialer und öffentlicher Kinderbetreuung. Baltmannsweiler: Schneider Verlag Hohengehren, S. 11–25.

Ryff, Carol D. (1989): Happiness is everything, or is it? Explorations on the meaning of psychological well-being. In: Journal of Personality and Social Psychology, 57 (6), S. 1069–1081.

Sächsisches Staatsministerium für Kultus (Hrsg.) (2011): Der Sächsische Bildungsplan – ein Leitfaden für pädagogische Fachkräfte in Krippen, Kindergärten und Horten sowie für Kindertagespflege. Weimar: Verlag das netz.

Schilling, Johannes/Zeller, Susanne (2007): Soziale Arbeit: Geschichte – Theorie – Profession. 3. Aufl. München: Ernst Reinhardt Verlag.

Schopp, Johannes (2010): Eltern stärken: Die Dialogische Haltung in Seminar und Beratung: Ein Leitfaden für die Praxis. 3. völlig überar. Aufl. Opladen: Verlag Barbara Budrich.

Seligman, Martin (2012): Flourish: Wie Menschen aufblühen. Die Positive Psychologie des gelingenden Lebens. München: Kösel-Verlag.

Strätz, Rainer (2010): Bildung und Gesundheit in Tageseinrichtungen für Kinder: Entwurf eines Referenzrahmens. Ms. (unveröff.).

Tschöpe-Scheffler, Sigrid (2009): Familie und Erziehung in der Sozialen Arbeit. Schwalbach/Ts.: Wochenschau Verlag.

Vogt, Herbert (2008): Wer zu uns kommt, wird uns verändern: Die ev.-luth. Kindertagesstätte mit Familienzentrum an der Corviniuskirche in Hannover. In:

Diskowski, Detlef/Pesch, Ludger (Hrsg.): Familien stützen – Kinder schützen: Was Kitas beitragen können. Weimar: Verlag das netz, S. 159–164.

4. Prozesse auf dem Weg zur Zusammenarbeit mit Familien

Lorna Ross

In Bezug auf die Zusammenarbeit mit Familien taucht immer wieder die Frage auf, welche Möglichkeiten es gibt, Prozesse zu initiieren, die zu einer gelingenden Zusammenarbeit führen können, um Eltern zu unterstützen und Fachkräfte von möglicher Unsicherheit, Unzufriedenheit oder Überforderung zu bewahren. Was trägt dazu bei, um gelingende Zusammenarbeit mit Familien zu ermöglichen? Welche Störungen können sich entwickeln? Wie kann gelingende oder nicht gelingende Zusammenarbeit erkannt werden? Wie könnte eventuellen Störungen entgegen gewirkt werden?

Im Folgenden werden zwei mögliche Prozesse anhand fiktiver Beispiele dargestellt, ausgehend von der Situation, dass pädagogische Fachkräfte wenig Vorerfahrungen in gelingender Zusammenarbeit mit Familien haben und/oder dieser Aspekt kaum in der Ausbildung thematisiert wurde. Aus einer identischen Ausgangssituation können jedoch unterschiedliche Prozesswege entstehen, je nachdem welche Interaktionen an den Schnittstellen stattfinden bzw. ob pädagogische Fachkräfte eine professionelle Haltung einnehmen.

Störungen in der Zusammenarbeit

In pädagogischen Institutionen wie Kindertageseinrichtungen oder Familienzentren stoßen Fachkräfte oftmals auf sehr unterschiedliche *Erwartungen* und *Vorstellungen* seitens der Familien, der Leitung und des Trägers. Eltern oder andere Bezugspersonen könnten beispielsweise erwarten, dass die „Eingewöhnungszeit" ihrer Kinder reibungslos gelingt, damit sie schnellstens ihren Beruf wieder aufnehmen können. Andere Eltern können sich kaum von ihren Kindern lösen, sie wollen alles wissen und erwecken den Eindruck, als lebten sie in der Institution (vgl. Thiersch 2006: 96) und nehmen dabei reichlich „Raum" für sich ein. Als besonders schwierig wird vor allem die Zusammenarbeit mit Familien mit Migrationshintergrund beschrieben. Begründet wird dies damit, dass die mangelnden Deutschkenntnisse die Kommunikation erschweren, die kulturellen Lebensgewohnheiten zu unterschiedlich seien und dass die Familien wenig Interesse an der Zusammenarbeit in Kindertageseinrichtungen und Familienzentren hätten. In vielen Fällen tauchen stereotypische Bilder auf, allerdings kaum Lösungswege (vgl. Azun 2013: 226) und können dazu führen, dass pädagogische Fachkräfte sich von den vielfältigen Erwartungen und Herausforderungen unter Druck gesetzt fühlen, was auch mit der strukturellen Überforderung und dem *Mangel* an zeitlichen und fachlichen Ressourcen zu tun hat. Werden die Erwartungen der Eltern dann auch mit anderen Vorstellungen über Erziehung und Bildung verknüpft, so kann es sein, dass pädagogische Fachkräfte mit Abwehr reagieren: *Wer hat hier das Sagen, welche Werte und*

Normen gelten in der Einrichtung? Tritt dieser Fall ein, so werden konstruktive Dialoge eher unwahrscheinlich (vgl. Azun 2013: 223). Pädagogische Mitarbeiterinnen fühlen sich dann eher kontrolliert, beobachtet, bedrängt und auch überfordert. Werden allerdings wiederum die Erwartungen der Eltern enttäuscht, besteht das Risiko, dass sie das Vertrauen in die Fachkräfte und somit in die Einrichtung verlieren (vgl. Friederich 2011: 31). Dies kann zu einer blockierenden Haltung gegenüber den Fachkräften führen. Sowohl die Ausgangssituation der unterschiedlichen Erwartungen als auch der Mangel an Ressourcen können somit sehr leicht zu Konflikten führen, vor allem, wenn die inkongruenten Erwartungen nicht transparent dargelegt werden können.

Aufgrund fehlender Transparenz oder mangelnder Kommunikationsfähigkeit können gravierende *Missverständnisse* entstehen und dabei zu einer gegenseitigen Abwehrhaltung, verbunden mit Gefühlen wie *Enttäuschung* und *Unsicherheit*, führen. Die Arbeit der pädagogischen Fachkräfte kann sich dadurch als schwierig erweisen und immer mehr Kraft kosten. Eine Zusammenarbeit ist unter diesen Umständen nur noch sehr schwer möglich und/oder wird von beiden Seiten als unbefriedigend erlebt.

Abbildung 1 visualisiert nochmals den möglichen Verlauf, wenn Störungen in der Zusammenarbeit auftreten und diese evtl. einen Prozess nicht gelingender Zusammenarbeit zwischen Familien und pädagogischen Fachkräften verursachen.

Abb. 1: Störungen in der Zusammenarbeit mit Eltern

Quelle: Darstellung Fabian Spengler

Gelingende Zusammenarbeit

Hier ist die Ausgangssituation identisch wie die oben beschriebene: pädagogische Fachkräfte haben auch hier kaum Vorerfahrungen bzw. Erfahrungen in gelingender Zusammenarbeit mit Familien und/oder dieser Aspekt wurde in ihrer Ausbildung weder thematisiert noch inhaltlich erarbeitet. Entscheidend für die gelingende Zusammenarbeit ist die Bereitschaft der pädagogischen Fachkräfte ihre (professionelle) *Haltung* gegenüber Familien zu überprüfen und durch Reflexion herauszufiltern, welche Schwierigkeiten es in der Vergangenheit gab und Hypothesen aufzustellen, wie bestimmte Schwierigkeiten überhaupt entstanden sein könnten. Hierbei rückt der *Dialog* bzw. die dialogische Haltung als wesentliches Element in den Vordergrund. Der Dialog ermöglicht es pädagogischen Fachkräften, nicht nur selbstreflexiv zu arbeiten, sondern mit allen Mitgliedern der Institution in Kontakt zu treten, damit ein kontinuierlicher Austausch stattfinden kann. Es werden beispielsweise vorhandene *Erwartungen* und inkongruente *Vorstellungen* über Erziehung und Bildung transparent dargelegt. Der Dialog ermöglicht es, dass die Erwartungen geachtet, respektiert und gemeinsam auf einen Konsens gebracht bzw. gleichwertig nebeneinander stehen gelassen werden.

Hierbei kann zum Beispiel der *Mangel* an zeitlichen- und/oder räumlichen Ressourcen als *Herausforderung* betrachtet werden: Sowohl Fachkräfte als auch Familien werden dazu eingeladen, gemeinsam nach möglichen Lösungsvorschlägen zu suchen und diese auch gemeinsam umzusetzen. Es entsteht ein *Prozess*, der sich nicht nur auf das Gestalten von Raum und Zeit beschränkt, sondern in allen Bereichen und Themen im Dialog fortwährend existiert. Er eröffnet neue Wege und kann veraltete Denkstrukturen durchbrechen. Jede Person kann zu jeder Zeit und unter allen Bedingungen in den Prozess der Mitgestaltung eingebunden werden, findet ihren Platz und hat die Chance, sich weiter zu entwickeln. Allen Eltern wird mit Anerkennung und Respekt entgegengetreten und ihre intuitiven und reflexiven elterlichen Kompetenzen werden anerkannt (vgl. Thiersch 2006: 97) und somit werden die Stärken und Fähigkeiten des Gegenübers in den Fokus gesetzt.

Abbildung 2 visualisiert den möglichen Verlauf gelingender Zusammenarbeit mit Familien.

Abb. 2: Gelingende Zusammenarbeit mit Eltern

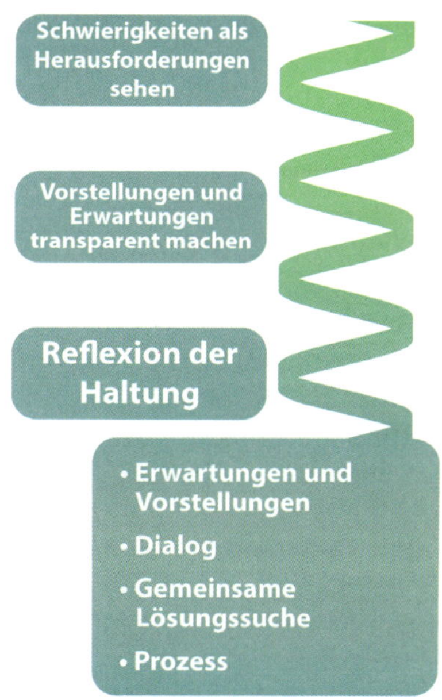

Quelle: Darstellung Fabian Spengler

Resümee

Diese Beispiele gelingender bzw. nicht gelingender Zusammenarbeit mit Familien stellen zwei gegensätzliche Möglichkeiten dar. Es wird allerdings deutlich, welche Chance sich hinter der (professionellen) Haltung pädagogischer Fachkräfte verbirgt, da jede Schnittstelle neue Prozesse ermöglicht, je nachdem, welche Interaktion stattfindet bzw. gewählt wird. Natürlich können auch in Prozessen gelingender Zusammenarbeit mit Familien immer wieder Störungen auftauchen, diese können jedoch konstruktiv gemeinschaftlich behoben werden, wenn dabei die innere Haltung, Bereitschaft zur Reflexion und der Dialog im Vordergrund stehen. Tritt etwas anders ein als erwartet, was sehr häufig in der Zusammenarbeit mit Menschen vorkommen kann, gibt es mindestens zwei Handlungs- und Haltungsalternativen. Beispielsweise beklagt man sich darüber oder es wird gemeinsam nach einer Lösung gesucht. Es ist letztendlich die professionelle Haltung der pädagogischen Fachkraft, die eine Situation oder eine Begegnung konstruktiv werden lässt.

Die pädagogische Herausforderung liegt darin, Vätern und Müttern in ihrer Vielfalt und in ihrem Anderssein zu begegnen. Sie werden als Individuen mit eigenen Erwartungen, Vorstellungen, Bedürfnissen und Biografien gesehen, die in ihrer Einmaligkeit wahrgenommen werden wollen und ihnen gleichzeitig ausreichend Freiraum gelassen wird. Hierbei wird natürlich auch die Vielfalt von Vätern und Müttern mit Migrationshintergrund gesehen und die Chance genutzt, dass alle Familien und pädagogische Fachkräfte in einen Dialog treten und irgendwann dieselbe Sprache – im weitesten Sinne gedacht – sprechen.

Diese Vorstellung gelingender Zusammenarbeit klingt zunächst nach einer Illusion. Und problematisch könnte es dann werden, wenn aus einer Illusion ein Anspruch wird, und je höher die Ansprüche, desto größer sind die Enttäuschungen und die unvermeidliche Frustration bei Nichterfüllung. Wenn das Bild gelingender Zusammenarbeit und zufriedener Eltern und Fachkräfte nicht eine Utopie bleiben soll, muss einiges berücksichtigt werden.

Der Anspruch seitens pädagogischer Fachkräfte, gelingende Zusammenarbeit mit Familien erreichen zu wollen, birgt die Gefahr in sich, dass unterschiedliche Vorstellungen von „gelingender Zusammenarbeit" aufeinanderprallen. Die Vorstellungen können sowohl von Seiten der Familien, als auch innerhalb des Teams sehr unterschiedlich und vielfältig sein. Darum ist es nicht nur in Bezug auf Familien von Bedeutung, sich kontinuierlich über unterschiedliche Erwartungen und Vorstellungen auszutauschen, sondern auch innerhalb des Teams. Das Team sollte die Möglichkeit haben in einen fortwährenden Dialog zu treten, um die pädagogische Arbeit zu reflektieren. Für die eine pädagogische Fachkraft bedeutet „gelingende Zusammenarbeit" zum Beispiel, dass einige Familien an Elternabenden teilnehmen, für eine weitere Fachkraft, dass Familien die Möglichkeit haben, Hospitationen innerhalb der Einrichtung wahrzunehmen. Wiederum kann es für eine weitere Fachkraft bedeuten, dass Familien kontinuierlich partizipatorisch am pädagogischen Alltag und an der Konzeption der Einrichtung mitwirken können. Die Begrifflichkeiten und die damit verbundenen Ansprüche und Vorstellungen müssen besprochen und im besten Fall auch dokumentiert werden. Der Dialog ermöglicht es, individuelle Definitionen gelingender Prozesse in der Zusammenarbeit zusammenzutragen, und dadurch das Bestmögliche zu erreichen.

Von außen betrachtet mag der pädagogische Alltag im Rahmen einer Bildungs- und Erziehungspartnerschaft in Bezug auf die Zusammenarbeit keine auffällige Veränderung erfahren haben; die innere bzw. professionelle Haltung der Beteiligten einander gegenüber ist jedoch maßgeblich dafür, dass eine gelingende Zusammenarbeit ermöglicht wird (vgl. Roth 2010: 19). Dabei ist es wichtig, dass jede Kindertageseinrichtung und jedes Familienzentrum für sich die geeignete Form der Zusammenarbeit mit Familien findet, denn letztendlich gibt es keine universal geltenden Rezepte. Vielfältige Zugangsformen zu den Familien können eingerichtet werden, die auf familiäre Gegebenheiten und auf die unterschiedlichen Kompetenzen aller Beteiligten abgestimmt sind (vgl. Azun 2013: 238) und auch gemeinsam weiterentwickelt werden können. In diesem Prozess sind auch die Träger von Kindertageseinrichtungen und Familienzentren zur Mitarbeit gefordert: Sie müssen pädagogischen Fachkräften ausreichend zeitliche und räumliche Ressourcen zur Verfügung stellen (vgl. Azun 2013: 238), die flexibel gestaltbar sind.

Das Wissen um die Relevanz der professionellen Haltung als wesentlichem Faktor im Prozess gelingender Zusammenarbeit zwischen Familien und Fachkräfte kann demnach eine neue Perspektive eröffnen. Einerseits fühlen sich Familien in ihrer Vielfalt und Einzigartigkeit angenommen, respektiert und wertgeschätzt; sie haben einen erweiterten Lebensraum und die Möglichkeit, Prozesse zu initiieren, mitzuwirken oder auch einfach zuzusehen. Andererseits fühlen sich pädagogische Fachkräfte bzw. das Team letztendlich von der Last befreit, alle Aufgaben, Anforderungen und Herausforderungen im Alleingang bewältigen zu müssen. Aufgaben können in gemeinsamer Verantwortung bewältigt werden und gleichermaßen werden die Ressourcen, Stärken und Kompetenzen der einzelnen Fachkräfte bzw. des Teams gestärkt und mit Ressourcen aller Beteiligten, eben auch der Mütter, Väter und Kinder und anderer Familienmitglieder, verbunden. Nicht umsonst heißt es „*Zusammenarbeit* mit Familien".

Dieser Perspektivenwechsel ermöglicht es, dass die Zusammenarbeit mit Familien keine unüberwindbare Hürde mehr darstellt, dass Ängste von Seiten der Fachkräfte abgelegt werden können und die Zusammenarbeit nicht länger als „Anhängsel der kindbezogenen Arbeit" (Roth 2010:17) verstanden wird, denn Familien zu stützen heißt auch Kinder zu schützen und ihnen damit einen Entwicklungsraum zur Verfügung zu stellen. Es geht also darum, dass Familien und Fachkräfte ein multiprofessionelles Team darstellen, um gemeinsam das Wohl und die Entwicklung des Kindes bestmöglich zu unterstützen und zu begleiten, mit dem positiven Resultat, dass *alle* Beteiligten befähigt werden.

Abschließend stellt Abbildung 3 eine Ergänzung dar, um zu verdeutlichen, welche unterschiedlichen Prozesswege gewählt werden können, um gelingende Zusammenarbeit mit Familien zu ermöglichen und nicht in einer unbefriedigten Zusammenarbeit stecken zu bleiben.

Abb. 3: Prozesswege der Zusammenarbeit mit Eltern

Quelle: Darstellung Fabian Spengler

Literaturverzeichnis

Azun, Serap (2013): Zusammenarbeiten mit Eltern: Respekt für jedes Kind – Respekt für jede Familie. In: Wagner, Petra (Hrsg.): Handbuch Inklusion : Grundlagen vorurteilsbewusster Bildung und Erziehung. 1. Ausgabe der überarbeiteten Neuausgabe (3. Gesamtauflage). Freiburg im Breisgau: Verlag Herder GmbH, S. 222–241.

Friederich, Tina (2011): Die Zusammenarbeit mit Eltern – Qualifikationsanforderungen an frühpädagogische Fachkräfte. In: Deutsches Jugendinstitut e.V. (Hrsg.), Weiterbildungsinitiative Frühpädagogische Fachkräfte (WiFF): Zusammenarbeit mit Eltern : Grundlagen für die kompetenzorientierte Weiterbildung. Frankfurt am Main: Heinrich Druck + Medien GmbH, S. 18–65.

Roth, Xenia (2010): Handbuch Bildungs- und Erziehungspartnerschaft: Zusammenarbeit mit Eltern in der Kita. 2. Aufl. Freiburg im Breisgau: Verlag Herder.

Thiersch, Renate (2006): Familie und Kindertageseinrichtungen. In: Bauer, Petra (Hrsg.): Elternpädagogik. Freiburg im Breisgau: Lambertus-Verlag, S. 80–105.

5. Qualitätsfragen und Schlüsselbegriffe

Im Folgenden werden die von der Forschungsgruppe erarbeiteten Qualitätsfragen in Form einer Tabelle in sechs Bereichen als Fragen mit entsprechenden Schlüsselbegriffen dargestellt, die jeweils noch einmal kurz einzeln aufgegriffen und im Anschluss an die Tabelle beschrieben werden.

5.1. Empfehlungen für den Umgang mit den Qualitätsfragen

Sarah Hoffmann, Silke Krohne, Sigrid Tschöpe-Scheffler

Wir schlagen vor, mit den Qualitätsfragen flexibel und dialogisch, vielleicht sogar visionär, umzugehen. Wir halten es für sinnvoll, vor der Erarbeitung und Auseinandersetzung mit den Qualitätsfragen eine erste Bestandsaufnahme vorzunehmen. Überlegen Sie sich gemeinsam, was Sie in ihrer Einrichtung bereits als gelungene Umsetzung in der Zusammenarbeit mit Familien erleben. Sprechen Sie auch über erkannte Entwicklungsbedarfe. Dadurch haben Sie die Möglichkeit, sich unvoreingenommen mit dem Thema und Ihrer Einrichtungskultur auseinanderzusetzen. Später können Sie sich dann bewusster für oder gegen Vorschläge und Ideen entscheiden oder eigene entwickeln.

Den einzelnen Qualitätsfragen ist in der Tabelle jeweils ein Prolog vorgeschaltet, der die Vision eines gelingenden Prozesses beschreibt.Visionen sind auf die Zukunft bezogene Möglichkeiten. Sie sind gleichzeitig anzustrebende Ziele, die eine Struktur in das Denken und Handeln bringen. Wenn eine Vision darüber existiert, in welche Richtung sich eine Einrichtung entwickeln will, können alle Beteiligten auf ihre Weise dazu beitragen, diese zu realisieren. Wer von einem Ziel oder einer Idee begeistert ist, wird eher bereit sein, diese gemeinsam mit anderen umzusetzen. Einige der von uns entwickelten Prologe könnten für die eine Einrichtung zu Visionen werden, für andere aber auch als Bestandsaufnahme des bereits Realisierten weiterentwickelt oder vielleicht sogar abgehakt werden. Was muss sich noch verbessern? Wie genau sähe die Vision davon aus? Was wurde bereits realisiert? Was könnte noch vertieft, verbessert, neu überdacht werden? Wo können wir stolz auf unsere Leistungen sein?

Die Teamsitzungen können auch dazu dienen, wieder in die Begeisterung einer gemeinsamen Vision zu gelangen, sie neu zu formulieren, und als gemeinsames Drittes in einer Einrichtung, am besten mit den Eltern und Kindern, umzusetzen. Ein weiser indianischer Geschichtenerzählers sagte über die Vision folgendes:

> „Alle Dinge beginnen mit einer Vision, alle Dinge haben ihren Ursprung in der Vision, doch alle Dinge müssen dann auch noch ins Werk gesetzt werden. Alles, was ist oder entsteht oder erzeugt oder geschaffen wird, alles ist das Ergebnis eines Tuns

oder Ausführens. Selbst die Vision ist nicht ohne Voraussetzung, wir müssen sie suchen, wir müssen Visionen und Träume suchen und unsere Träume dann leben." (Behn 2013)

Von daher wäre es sinnvoll, den Dialogprozess im Team mit einer Bestandsaufnahme des bereits „Gelungenen" zu beginnen:

0. Bestandsaufnahme	• Wo sehen wir in unserer Einrichtung / unserem Team Stärken in der Zusammenarbeit mit Familien? • ____________ • ____________ • ____________ • ____________ • Wo erkennen wir Entwicklungsbedarf? • ____________ • ____________ • ____________ • ____________

Sie können aber auch gleich zu den Qualitätsfragen übergehen und sich von unseren Anregungen und Vorschlägen inspirieren lassen. Die Fragen verstehen sich als einem aus Theorie und Praxis zusammengestellten Katalog, der nach Belieben verändert und erweitert werden kann. Das Material ist keinesfalls dazu gedacht, es von Anfang bis Ende durchzuarbeiten. Dadurch könnte Druck entstehen, der einen kreativen Prozess verhindert. Die Qualitätsfragen können einzeln und in unterschiedlicher Intensität erarbeitet werden. Auch stellen die sechs Qualitätsfragen keine hierarchische Abfolge dar. Sie können also mit einer Qualitätsfrage Ihrer Wahl beginnen.

Wir empfehlen einen dialogischen Prozess innerhalb Ihres Teams in Gang zu setzen, um alle Fachkräfte einzubeziehen und so von den Perspektiven aller zu profitieren. Der dialogische Prozess dient auch dazu, miteinander handlungsfähig zu werden und die von Ihnen entwickelten Veränderungsideen gemeinsam in die Realität umzusetzen. Hierzu können Sie während/am Ende des Prozesses z.B. zwei bis drei konkrete Punkte festhalten, die Sie in der Praxis weiterverfolgen und gemeinsam realisieren wollen.

Wie weiter oben angedeutet, dienen die beiden Leerstellen in unserer Tabelle dazu, eigene Wahrnehmungen und Ideen festzuhalten und diese als ebenso wichtig zu erachten, wie die von uns präsentierten Überlegungen. Wir wollen Sie ermutigen, den eigenen Erfolgen ebenso zu trauen wie den im Team entwickelten Ideen für Neues. Es ist zu überlegen, ob Eltern in diesen Prozess eingebunden werden können. Das hängt u.a. auch von dem Klärungsbedarf ab, den das Team erst einmal unter sich hat oder davon, wie offen und transparent schon gearbeitet wird. Möglich ist auch, erst im Team und später mit Eltern einige Fragen zu erörtern.

Wir wünschen Ihnen viel Freude und Erfolg mit dem Material, gute und anregende Gespräche im Team (und eventuell mit den Eltern). Wir würden uns freuen, wenn die Qualitätsfragen zu einem kreativen Prozess aller Beteiligten in Ihrer Einrichtung beitragen, der vielleicht ähnlich spannend wird wie unser eigener Gruppenprozess mit der Erstellung der Qualitätsfragen, die wir im Folgenden präsentieren.

5.2. Sechs Qualitätsmerkmale in der Zusammenarbeit mit Familien

Sigrid Tschöpe-Scheffler, Helena Drechsler, Sarah Hoffmann, Silke Krohne, Lorna Ross, Kathrin Stabroth

Es besteht im fachlichen Diskurs längst Konsens darüber, dass eine gelingende und gute Zusammenarbeit zwischen den Eltern und den Bildungs- und Betreuungsinstitutionen für Kinder bzw. den Familienbildungseinrichtungen für die Entwicklung der Kinder unerlässlich ist. Die Zusammenarbeit ist für diese Institutionen rechtlich vorgeschrieben. Auf der Bundesebene ist sie im Kinder- und Jugendhilfegesetz verankert: die Träger der öffentlichen Jugendhilfe sollen sicherstellen, dass die Fachkräfte in ihren Einrichtungen mit den Erziehungsberechtigten zum Wohl der Kinder und zur Sicherung der Kontinuität des Erziehungsprozesses zusammenarbeiten (§ 22a Abs. 2 S.1 Nr. 1 SGB VIII). Außerdem sind die Erziehungsberechtigten, gemäß § 22a Abs. 2 S.2 SGB VIII, an den Entscheidungen in wesentlichen Angelegenheiten der Erziehung, Bildung und Betreuung zu beteiligen. Auf Länderebene (hier NRW) werden diese Vorgaben im § 9 Abs. 1KiBiz präzisiert. Als demokratische Formen der Mitwirkung werden außerdem im § 9 Abs. 2-8 KiBiz die Elternversammlung, der Elternbeirat, der Rat der Kindertageseinrichtung und die Jugendamtselternbeiräte rechtlich verankert.

Noch unklar ist jedoch, was eine gute Zusammenarbeit zwischen pädagogischen Fachkräften und Eltern ausmacht. Welche Haltungen sind förderlich? An welchen Verhaltensweisen und strukturellen Gegebenheiten sind sie zu erkennen? Wie kann eine Umsetzung konkret aussehen?

Hierbei wurden, ausgehend von Schlüsselbegriffen wie Orte, Raum und Zeit, Transparenz, Vielfalt, Gleichwürdigkeit, Kommunikation und Reflexion, Weiterbildung und Supervision, sowohl Ziele formuliert als auch methodische Anregungen und Fragestellungen für die Umsetzung gegeben, aber es wurde auch Platz eingeräumt für eigene Reflexionen und Ideen der pädagogischen Fachkräfte. Und noch einmal sei betont: Die Arbeit ist als Inspiration gedacht, um die schon guten Umsetzungen der Zusammenarbeit mit Eltern in den Institutionen bewusster zu machen, Ressourcen der Fachkräfte zu aktivieren und zu stärken und weitere Entwicklungen zu initiieren und zu erleichtern.

Abb. 1: Qualitätsfragen

0. Bestandsaufnahme	• Wo sehen wir in unserer Einrichtung / unserem Team Stärken in der Zusammenarbeit mit Familien? • Wo erkennen wir Entwicklungsbedarf?
1. Werden Familien in der Einrichtung willkommen geheißen?	• Familien sind als aktiv Teilnehmende in der Einrichtung willkommen und wertgeschätzt. Sie sind, sowohl miteinander, als auch mit den pädagogischen Fachkräften und mit der Einrichtung, verbunden. Die Atmosphäre ist von Vertrauen und Verbindlichkeit, Respekt und Achtung geprägt.
2. Wird achtsam und konstruktiv miteinander kommuniziert?	• Familien und pädagogische Fachkräfte kommunizieren regelmäßig, konstruktiv und von beiden Seiten ausgehend über die Entwicklung der Kinder, die Bedürfnisse der Familie und weitere relevante Themen. Die Art der Kommunikation ist respektvoll und wertschätzend, Familien und pädagogische Fachkräfte stehen dadurch in einer für alle förderlichen Verbindung.
3. Wie wird Erziehungs- und Bildungspartnerschaft gelebt?	• Familien und pädagogische Fachkräfte tauschen sich regelmäßig über die Kinder und die Bedürfnisse der Familien, über Unterstützungsmöglichkeiten und Angebote aus. Sie arbeiten kontinuierlich und partnerschaftlich zusammen, um die Entwicklung und Lebenskompetenz der Kinder sowohl zu Hause als auch in der Institution zu fördern und sich wechselseitig zu ergänzen.
4. Ist Partizipation im Sinne von Teilhabe und Teilgabe möglich?	• Familien und pädagogische Fachkräfte sind gleichwürdige PartnerInnen in Entscheidungen, die die Kinder und Familien in der Institution betreffen. Sie tauschen gegenseitig Informationen aus und sind an der Entwicklung von Methoden und Konzepten und (ggf. Richtlinien) beteiligt. Partizipation wird im Sinne von Teilhabe und Teilgabe gelebt.
5. Treten Eltern und pädagogische Fachkräfte gemeinsam für die Rechte des Kindes ein?	• Eltern und Fachkräfte sind kompetente Fürsprecher für die Rechte der Kinder. Die Eltern kennen ihre eigenen Rechte und die ihrer Kinder und können sie zusammen mit den Fachkräften umsetzen.
6. Werden soziale Netze geknüpft und gepflegt?	• Familien und pädagogische Fachkräfte arbeiten mit anderen Institutionen und Personen des Sozialraums zusammen, um Familien, Kinder und Fachkräfte zu vernetzen und ihre Entwicklungs- und Teilhabemöglichkeiten auszuweiten.

Quelle: Tschöpe-Scheffler, Sigrid: Qualitätsfragen

1. Werden Familien in der Einrichtung willkommen geheißen?

Prolog

Familien sind als aktiv Teilnehmende in der Einrichtung willkommen und wertgeschätzt. Sie sind, sowohl miteinander, als auch mit den pädagogischen Fachkräften und mit der Einrichtung, verbunden. Die Atmosphäre ist von Vertrauen und Verbindlichkeit, Respekt und Achtung geprägt.

	Was sind gemeinsame Ziele?	Fragen und methodische Anregungen	Wo finden sich diese Aspekte in unserer Institution wieder?	Was möchten wir übernehmen und/oder weiterentwickeln?
Vielfalt	▶ Familien werden über vielfältige Zugänge angesprochen und informiert. ▶ Familien werden individuell und ihrer Vielfalt entsprechend angesprochen.	▶ Gibt es vielfältige Informationswege, wie z.B. Tafeln, Schwarze Bretter, Briefe, Emails, Telefon, Broschüren, Flyer, persönliche Ansprachen? ▶ Können die Familien in ihren Sprachen angesprochen werden? ▶ Gibt es Informationen in unterschiedlichen Sprachen? ▶ Finden sich die Familien in ihrer Vielfalt wieder? Gibt es bspw. Symbole ihrer Herkunft (Flaggen, Weltkugel/Weltkarte, internationale Gerichte etc.)? ▶ Können die individuellen Potentiale und Unterschiedlichkeiten der Fachkräfte (Sprachen, Gender, Interessen, Kultur, etc.) für vielfältige Begegnungen kreativ eingebracht werden?		
Transparenz	▶ Familien erfahren, welche Themen und Veranstaltungen in der Einrichtung aktuell sind. ▶ Familien bekommen einen Einblick in den Tagesablauf der Einrichtung.	▶ Gibt es in der Einrichtung Aushänge oder andere Wege (Newsletter, SMS, E-Mails, Post), die über Ablauf und aktuelle Themen der Einrichtung informieren? ▶ Gibt es Bilder, Fotos und Dokumentationen über das Erleben der Kinder und Familien in der Einrichtung? (Wanddokumentationen, Portfolios, Bildungs- und Lerngeschichten etc.)? ▶ Finden „Tage der Offenen Tür" in der Einrichtung statt? ▶ Stellen sich KooperationspartnerInnen aus dem Sozialraum vor und gestalten sie den Willkommensprozess für die neuen Familien mit?		
	▶ Familien haben einladende Möglichkeiten des Aufenthalts.	▶ Sind die Räume beschildert? Wissen die Familien, wo sie Ansprechpartner finden können? Werden die Eltern beim ersten Besuch durch alle Räume geführt? ▶ Gibt es einen Raum oder Räume, in denen sich Eltern aufhalten können?		

Raum & Zeit	▶ Die Räume sind nach Bedarf und Wunsch gestaltbar und veränderbar. ▶ Das Zeitmanagement von Familien wird berücksichtigt	▶ Ist der Raum/sind die Räume so gestaltet, dass sie zum Verweilen einladen und zum Austausch anregen? ▶ Gibt es genügend Sitzmöglichkeiten für Eltern und Kinder in den Räumen? ▶ Gibt es ein Elternsprechzimmer? Eine Elternbibliothek? ▶ Ist an das leibliche Wohl der Familien gedacht (Getränke und Essen)? ▶ Gibt es sanitäre Einrichtungen für Erwachsene/Besucher? ▶ Können die Räume nach Bedarf mit Familien gemeinsam gestaltet und verändert werden (Farben, Möbel, Aufteilung, etc.) und können sie zu neuen Begegnungs-, Beziehungs- und Ermöglichungsräumen werden? ▶ Wird berücksichtigt, dass es Familien gibt, die eine längere Eingewöhnungszeit benötigen? ▶ Können die Familien die Einrichtung zu unterschiedlichen Zeiten erkunden? ▶ Gibt es feststehende Zeiten, die den Familien zur Orientierung frühzeitig mitgeteilt bzw. mit ihnen abgesprochen werden? (z.B. Jahresplanung, Broschüren, Flyer, etc.) ▶ Wird Rücksicht auf Arbeitszeiten der Eltern genommen?		
Kommunikation	▶ Die Kommunikation ist von Wertschätzung, Respekt und Akzeptanz geprägt	▶ Werden die Familienmitglieder persönlich begrüßt? Werden die Familien gegenseitig vorgestellt? Wird das Kennenlernen neuer Kinder und Eltern in einer Gruppe unterstützt und begleitet? Gibt es ein Willkommenspaket, z.B. mit Broschüren, Kalender, Kurzkonzeption? ▶ Gibt es verbindliche Willkommensrituale, wie z.B. persönliche Begrüßung, Willkommensfest, Empfang durch eine(n) AnsprechpartnerIn? ▶ Können die Eltern miteinander ins Gespräch kommen? ▶ Gibt es Willkommenspaten und -patinnen? (Erfahrene Familien führen neue Familien in die Institution ein.)		

2. Wird achtsam und konstruktiv miteinander kommuniziert?

Prolog

Familien und pädagogische Fachkräfte kommunizieren regelmäßig, konstruktiv und von beiden Seiten ausgehend über die Entwicklung der Kinder, die Bedürfnisse der Familie und weitere relevante Themen. Die Art der Kommunikation ist respektvoll und wertschätzend, Familien und pädagogische Fachkräfte stehen dadurch in einer für alle förderlichen Verbindung.

	Was sind gemeinsame Ziele?	Fragen und methodische Anregungen	Wo finden sich diese Aspekte in unserer Institution wieder?	Was möchten wir übernehmen und/oder weiterentwickeln?
Vielfalt	▶ Es werden vielfältige Kommunikationswege genutzt, um alle Familien in der Einrichtung zu erreichen. ▶ Es kommen vielfältige Themen zur Sprache.	▶ Werden unterschiedliche, dem Anlass und den Eltern angepasste formelle und informelle Kommunikationswege genutzt, wie z.B. Mails, Aushänge, persönliche Ansprache, Hausbesuche, Homepage etc.? ▶ Werden auch alternative Kommunikationswege genutzt, wie gemeinsames Essen, Spaziergänge, Elternnotdienst, gemeinsame Raumgestaltung etc.? ▶ Gibt es ein Elternhandbuch mit wichtigen Informationen etc., an dem die Eltern auch selbst mitwirken? ▶ Werden die unterschiedlichen Muttersprachen in der Einrichtung respektiert und wertgeschätzt? Können die Familien eventuell in ihren Muttersprachen mit den Fachkräften kommunizieren? ▶ Wird Verbindung zu Schlüsselpersonen aufgenommen, die den Kontakt zu bestimmten Elterngruppen erleichtern können, wie z.B. Stadtteilmütter, DolmetscherInnen, etc. ▶ Wird über unterschiedlichste Themen, wie z.B. über die Entwicklung des Kindes, sein Erleben und Verhalten, Bedürfnisse der Familie, Organisatorisches, Alltägliches etc. gesprochen?		
Transparenz	▶ Die Fachkräfte bleiben mit den Familien im Dialog, sind ansprechbar und gehen auf Familien zu. ▶ Die Fachkräfte kommunizieren offen und empathisch. ▶ Die Kommunikation ist bewusst und konstruktiv. ▶ Die Kommunikation ist prozessbejahend und ergebnisoffen.	▶ Machen die Fachkräfte transparent, wann sie erreichbar sind? ▶ Gibt es z.B. Steckbriefe, Fotobücher, Teamfotos und Begegnungsräume für die persönliche Vorstellung des Teams? ▶ Nehmen die Fachkräfte wahr, wann und worüber es nötig ist zu reden? Werden relevante Themen z.B. in Workshops oder Dialogrunden mit Eltern wieder aufgegriffen? ▶ Achten die Fachkräfte auf eine kommunikationsförderliche Körperhaltung und -sprache? ▶ Werden die Gespräche von den Fachkräften ernst genommen? ▶ Gibt es eine zeitnahe Reaktion der Fachkräfte auf Probleme und Fragen? ▶ Werden wechselseitig Informationen über die Ereignisse in der Kita und in der Familie ausgetauscht? ▶ Stellen sich neue Fachkräfte den Familien vor?		

Raum & Zeit	▶ Es findet eine regelmäßige Kommunikation zwischen Fachkräften und Familien statt. ▶ Es gibt einen separaten Raum für Gespräche. ▶ Es gibt ausreichend Zeit, den Familien zuzuhören, um Vertrauen aufzubauen. ▶ Es gibt Zeit und Raum für Rückzugsmöglichkeiten von Fachkräften, Eltern und Kindern	▶ Werden Raum und Zeit auch für spontan sich entwickelnde Begegnungen und Gespräche eingeplant, z.B. in Form von Tür- und Angelgesprächen? ▶ Gibt es ein Elternsprechzimmer? Ist der Raum ruhig und einladend gestaltet? ▶ Haben die Familien genügend Zeit, ihre Bedürfnisse zu formulieren. Wird ihnen vorurteilsbewusst zugehört? ▶ Welche Rückzugsmöglichkeiten gibt es?		
Gleichwürdigkeit	▶ Die Meinung der Familien wird ernst genommen und begrüßt. ▶ Kommunikationsgrenzen der Fachkräfte als auch der Eltern werden akzeptiert.	▶ Sind Feedback und Kritik von Seiten der Familien erwünscht? Gibt es Feedbackmöglichkeiten, wie z.B. einen Kummerkasten, eine Ideenbox etc.? ▶ Werden Impulse und Anregungen der Familien aufgegriffen? ▶ Stellen sich die Fachkräfte auf ihre jeweiligen KommunikationspartnerInnen ein und vermeiden sie unverständliche Fachsprache? ▶ Teilen die Fachkräfte den Eltern auch ihre Eindrücke, Unsicherheiten etc. mit?		

3. Wie wird Erziehungs- und Bildungspartnerschaft gelebt?

Prolog

Familien und pädagogische Fachkräfte tauschen sich regelmäßig über die Kinder und die Bedürfnisse der Familien, über Unterstützungsmöglichkeiten und Angebote aus. Sie arbeiten kontinuierlich und partnerschaftlich zusammen, um die Entwicklung und Lebenskompetenz der Kinder sowohl zu Hause als auch in der Institution zu fördern und sich wechselseitig zu ergänzen.

	Was sind gemeinsame Ziele?	Fragen und methodische Anregungen	Wo finden sich diese Aspekte in unserer Institution wieder?	Was möchten wir übernehmen und/oder weiter-entwickeln?
Vielfalt	► Die Familien finden mit ihren individuellen Ressourcen (Kompetenzen, Fähigkeiten, Fertigkeiten) ihren Platz in der Einrichtung. ► Die Familien können sich, je nach Sprache, sozialer Lage und Lebenswelt, mit den Fachkräften über die Entwicklung des Kindes austauschen.	► Werden die vielfältigen individuellen Fähigkeiten und Fertigkeiten der Eltern wahrgenommen und zum Wohle aller genutzt? Gibt es eine „Fähigkeitenbörse"? ► Werden vielfältige Möglichkeiten genutzt, wie z.B. Tafeln, Schwarze Bretter, Briefe, Emails, Telefon, Broschüren, Flyer, persönliche Ansprachen, Hausbesuche, um sich mit Eltern über ihre Kinder auszutauschen? ► Können die Familien in ihren Muttersprachen (bzw. in einer von beiden Seiten sicher beherrschten Sprache) mit den Fachkräften kommunizieren oder gibt es DolmetscherInnen (z.B. andere Elternteile oder jemand von außen)? ► Werden Eltern mit ihren eigenen Erziehungsfragen wahrgenommen und entsprechend unterstützt, um ihre Handlungskompetenzen im Erziehungsalltag zu stärken? ► Werden die Familien, je nach Sprache, sozialer Lage und Lebenswelt, über die Entwicklung ihrer Kinder informiert und können sie sich austauschen? ► Werden Eltern auch als Männer und Frauen, nicht nur als Väter und Mütter wahrgenommen?		
Transparenz	► Die Familien erfahren, wie sich ihr Kind in der Einrichtung entwickelt und werden kontinuierlich darüber informiert. ► Die Familien sehen, was ihre Kinder in der Einrichtung tun. ► Eltern haben einen Einblick in die Konzeption der Einrichtung und in die Arbeitsweise der pädagogischen Fachkräfte.	► Gibt es über jedes Kind Bilder, Fotos und Dokumentationen, die den Entwicklungsprozess des Kindes in der Einrichtung dokumentieren (Wanddokumentationen, Portfolios, Bildungs- und Lerngeschichten etc.)? ► Können die Eltern die Dokumentationen über das Kind einsehen und gegebenenfalls mit nach Hause nehmen? ► Werden die Eltern ermutigt, eigene Dokumentationen, Fotos, Tagebücher etc. über ihre Kinder (mit den Kindern) anzufertigen und diese im Austausch mit den Fachkräften zu nutzen, um aus der Lebenswelt des Kindes in der Familie anschaulich berichten zu können? ► Werden Hospitationsmöglichkeiten für die Eltern angeboten? ► Ist es erwünscht, dass Eltern am Leben der Institution teilnehmen, um ihr Kind in diesem Umfeld zu erleben? ► Werden konzeptionelle Vorschläge der Eltern wahrgenommen und ggf. integriert? ► Gibt es ein Kurzkonzept für Eltern, das verständlich und in mehreren Sprachen vorliegt?		

Raum & Zeit	▶ Es gibt gemütliche Räume, in denen Eltern mit anderen Eltern und mit pädagogischen Fachkräften in Ruhe kommunizieren können. ▶ Gemeinsame Projekte werden zeitlich an die Lebenswelt der Familien angepasst.	▶ Können Räume vielfältig auch als Gedankenräume, Entwicklungsräume, Kommunikationsräume, Anerkennungsräume, Trauerräume genutzt werden? ▶ Sind die Arbeitszeiten der Eltern bekannt? (z.B. Schichtdienst, Wochenendarbeit) Was wissen Sie über das Zeitbudget der Familie? ▶ Gibt es „Leerräume", in denen situativ, flexibel und spontan reagiert werden kann? ▶ Haben die Familien genügend Zeit und Raum etwas zu entwickeln, zu staunen, zur Ruhe zu kommen?		
Kommunikation	▶ Die Kommunikation ist von Wertschätzung, Respekt und Akzeptanz geprägt. ▶ Familien können mit den pädagogischen Fachkräften gemeinsame Ziele entwickeln, formulieren und dokumentieren.	▶ Werden Gespräche kontinuierlich geführt und sind sie strukturell verankert? ▶ Werden gemeinsame Ziele entwickelt und formuliert und wird an den Ideen der Eltern angeknüpft? ▶ Werden die vielfältigen Begegnungen und die daraus resultierenden Ereignisse bzw. Ergebnisse dokumentiert? Haben Fachkräfte dafür Raum und Zeit?		

4. Ist Partizipation im Sinne von Teilhabe und Teilgabe möglich?

Prolog ***Familien und pädagogische Fachkräfte sind gleichwürdige PartnerInnen in Entscheidungen, die die Kinder und Familien in der Institution betreffen. Sie tauschen gegenseitig Informationen aus und sind an der Entwicklung von Methoden und Konzepten und (ggf. Richtlinien) beteiligt. Partizipation wird im Sinne von Teilhabe und Teilgabe gelebt.***				
	Was sind gemeinsame Ziele?	**Fragen und methodische Anregungen**	**Wo finden sich diese Aspekte in unserer Institution wieder?**	**Was möchten wir übernehmen und/oder weiter-entwickeln?**
Vielfalt	► Familien bringen sich ihren individuellen und vielfältigen Möglichkeiten entsprechend in die Einrichtung ein. Unterschiedliche Formen der Partizipation werden genutzt und nach Bedarf und Interesse erweitert.	► Werden alle Familien in ihren sozialen Milieus und mit ihren jeweiligen Interessen und Bedürfnissen erfasst und berücksichtigt? ► Gibt es, je nach Interessenlagen, Aufgabenbereiche, an denen Eltern mitwirken können? ► Gibt es vielfältige Partizipationsmöglichkeiten, wie z.B. eine Elternvertretung, die Möglichkeit an Teamsitzungen teilzunehmen etc.? ► Können neue Handlungs- und Aufgabenbereiche durch Eltern initiiert werden?		
	► Es bestehen vielfältige Kommunikationsmöglichkeiten, die den gegenseitigen kontinuierlichen Austausch aller Beteiligten erleichtern. ► Eltern haben die Möglichkeit sich über jegliche Themen zu informieren und wissen, an wen sie sich wenden können, um ihr Wissen zu erweitern.	► Werden Absprachen über Essensgewohnheiten der Kinder getroffen und eingehalten? (z.B. religiöse Speisevorschriften, krankheitsbedingte Besonderheiten, Vorlieben) ► Werden Informationen auf vielfältige Weise kommuniziert (Pinnwand, anonymisierte Foren, Flyer, E-Mails etc.)? ► Gibt es ausreichend Aushänge, die das Interesse der Eltern ansprechen? ► Werden Themen aufgegriffen, die außerhalb des pädagogischen Kontextes liegen? ► Ist es klar, wer als AnsprechpartnerIn zur Verfügung steht?		
Transparenz	► Informationen und Partizipations-möglichkeiten werden transparent und klar verständlich kommuniziert.	► Werden Eltern über ihr Mitspracherecht informiert? ► Werden Eltern über Entscheidungen des Trägers, der Politik und der Institution informiert? ► Haben Eltern die Möglichkeit, die Konzeption einzusehen und ggfs. mitzugestalten/zu ergänzen? ► Findet ein regelmäßiger, kontinuierlicher, wechselseitiger Informationsaustausch zur Fragen der Institution und zum Familienleben statt?		

Reflexion	▶ Es gibt Gelegenheiten, Erwartungen, Ängste, Konflikte, Wünsche, Überforderungen anzusprechen und auszuhalten. ▶ Sowohl Eltern als auch Fachkräfte sind dahingehend sensibilisiert, ihre verbalen und nonverbalen Äußerungen und Handlungen zu reflektieren.	▶ Werden wechselseitige Erwartungen angesprochen? ▶ Können Gefühle, wie zum Beispiel Ängste, Überforderungen, Wünsche und Bedürfnisse angesprochen werden. Werden diese bei weiteren Überlegungen berücksichtigt? ▶ Wird mit Rückmeldungen (auch kritischen) angemessen und wertschätzend umgegangen? ▶ Können Rückmeldungen auch anonym abgegeben werden? (z.B. Hausbriefkasten)		
Gleichwürdigkeit	▶ Familien und pädagogische Fachkräfte werden als gleichwertige, gleichwürdige, gleichberechtigte Partner wahrgenommen.	▶ Können Familien Mitverantwortung für das Leben in der Institution übernehmen? ▶ Ist das Engagement der Eltern wirklich erwünscht? ▶ Werden ihre Ideen gemeinsam umgesetzt? ▶ Werden Entscheidungen partnerschaftlich getroffen? ▶ Können Familien Mitverantwortung tragen? ▶ Wird Verantwortung von beiden Seiten zugetraut und abgegeben?		

5. Treten Eltern und pädagogische Fachkräfte gemeinsam für die Rechte des Kindes ein?

Prolog ***Eltern und Fachkräfte sind kompetente Fürsprecher für die Rechte der Kinder. Die Eltern kennen ihre eigenen Rechte und die ihrer Kinder und können sie zusammen mit den Fachkräften umsetzen.***				
	Was sind gemeinsame Ziele?	Fragen und methodische Anregungen	Wo finden sich diese Aspekte in unserer Institution wieder?	Was möchten wir übernehmen und/oder weiter-entwickeln?
Vielfalt	▶ Kinderrechte sind ein Thema in der Einrichtung, sie kommen vielfältig zur Sprache und werden umgesetzt. ▶ Eltern und Kinder werden auf vielfältige Weise in die Erarbeitung und Umsetzung des Themas einbezogen.	▶ Gibt es vielfältige Informationswege, wie z.B. Tafeln, Schwarze Bretter, Briefe, E-Mails, Telefongespräche, Themennachmittage, Broschüren, Flyer, persönliche Ansprachen, die Kinderrechte in der Einrichtung präsent machen? ▶ Gibt es beispielsweise einen Kinderrechte- und Elternrechtekatalog? ▶ Gibt es vielfältige demokratische Formen der Teilhabe für Eltern und Kinder, wie z.B. Kinder- und Elternparlamente? ▶ Gibt es Informationen in unterschiedlichen Sprachen?		
Transparenz	▶ Die Kinderrechte und die methodischen Schritte der Umsetzung sind Bestandteil der Konzeption. ▶ Es sind viele Kinderrechte bekannt. ▶ Die Konzeption ist den Eltern bekannt, zugänglich und wird anschaulich dargestellt.	▶ Werden Eltern und Kinder an der konzeptionellen Umsetzung der Kinderrechte in der Einrichtung beteiligt? ▶ Wie werden die konzeptionelle Verankerung und die Umsetzung der Kinderrechte auch nach außen hin sichtbar? Gibt es beispielsweise Bilder, Fotos und Dokumentationen über den Prozess der Umsetzung in der Einrichtung (Wanddokumentationen, Portfolios etc.)? ▶ Gibt es für Eltern und Kinder eine klar verständliche Version der Konzeption?		
Raum & Zeit	▶ In den Räumen ist sichtbar, dass Kinderrechte gelebt werden. ▶ Die Räume sind so gestaltet, dass sie ein selbständiges Handeln ermöglichen. ▶ Es gibt genügend Zeit, sich mit Eltern über die Kinderrechte auszutauschen. ▶ Eltern werden an der Umsetzung von Kinderrechten in der Einrichtung beteiligt. ▶ Fachkräfte haben Raum und Zeit, sich mit den Kinderrechten auseinanderzusetzen.	▶ Wo lassen sich Hinweise auf eine Teilhabekultur finden? ▶ Wo können Kinder für sich selbst und für andere Verantwortung übernehmen? ▶ Können sich Kinder und Eltern in den Räumen der Einrichtung frei bewegen und selbstständig handeln (z.B. Aufbewahrungsmöbel in für Kinder angepasster Höhe)? ▶ Können Eltern Fragen zu den Kinderrechten stellen? Können diese unmittelbar beantwortet werden oder gibt es strukturell verankerte Zeiten für einen Austausch, auf den verwiesen werden kann? ▶ Gibt es Zeiten und Räume für die Umsetzung von Kinderrechten in der Einrichtung und können sich die Eltern daran beteiligen? ▶ Haben Fachkräfte einen ausreichenden Zeitrahmen, sich mit den Kinderrechten auseinanderzusetzen?		

Kommunikation	▶ In der Einrichtung wird verantwortungsvoll mit Rechten und Pflichten aller an der Institution Beteiligten umgegangen und sie werden klar kommuniziert. ▶ Fachkräfte und Eltern lernen die Kinderrechte kennen und schaffen Möglichkeiten zur ▶ Umsetzung in der Einrichtung und zu Hause.	▶ Gibt es die Möglichkeit in einen gemeinsamen Dialog zu treten und sich auszutauschen über Rechte, Pflichten und auch Grenzen der Umsetzung von Kinderrechten (z.B. Dialogrunden (oder Einzelgespräche) mit Eltern und Fachkräften? ▶ Gibt es auch Dialogrunden mit Kindern? ▶ Werden Kinderrechte und deren Umsetzung nachhaltig und kontinuierlich weiterentwickelt? ▶ Werden neue Eltern in den kontinuierlichen Prozess der Umsetzung einbezogen? ▶ Können sich Eltern untereinander und mit Fachkräften auch kritisch über Kinderrechte und deren Konsequenzen austauschen?		
Gleichwürdigkeit	▶ Ausgehend von den Kinderrechten werden auch Elternrechte und -verantwortung thematisiert. ▶ Die Kinderrechte animieren zum solidarischen Miteinander unter allen Beteiligten in der Einrichtung und darüber hinaus zur Solidarität mit Menschen anderer Länder und zum „Aufbau einer gerechteren Welt". ▶ Eltern können sowohl für ihr eigenes Kind als auch für andere Kinder/Familien sprechen.	▶ Werden mit Eltern auch Elternrechte (und Pflichten) diskutiert? ▶ Werden die sich daraus ergebenden Rechte und Pflichten für Fachkräfte thematisiert? ▶ Gibt es Informationen, Veranstaltungen und Projekte über Kinder und Familien in andern Kulturen? ▶ Wird das solidarische Eintreten füreinander unterstützt durch demokratische Partizipationsformen, wie z.B. Elternversammlungen oder anonyme Mitteilungswege?		

6. Werden soziale Netze geknüpft und gepflegt?

Prolog ***Familien und pädagogische Fachkräfte arbeiten mit anderen Institutionen und Personen des Sozialraums zusammen, um Familien, Kinder und Fachkräfte zu vernetzen und ihre Entwicklungs- und Teilhabemöglichkeiten auszuweiten.***				
	Was sind gemeinsame Ziele?	**Fragen und methodische Anregungen**	**Wo finden sich diese Aspekte in unserer Institution wieder?**	**Was möchten wir übernehmen und/oder weiter-entwickeln?**
Vielfalt	▶ Es gibt vielfältige Vernetzungen mit anderen Institutionen und Personen. Unterschiedliche Zugänge und Kooperationen werden genutzt. ▶ Es werden Informationen über (Nachbarschafts-) Netzwerke eingeholt, damit diese genutzt werden können. ▶ Mediale Netzwerke, wie z.B. Elternforen, werden genutzt und Kriterien für die Auswahl von Informationen entwickelt.	▶ Ist bekannt, ob und in welchen lokalen und regionalen Netzwerken (einschließlich Internet) Familien eingebunden sind? ▶ Hat die Einrichtung eine Lotsenfunktion in Bezug auf Auswahl und Nutzung der Netzwerke? ▶ Wird auf vielfältige Weise versucht, Netzwerke zu nutzen, sie aufzubauen und zu erhalten? ▶ Wird sich mit der Frage auseinandergesetzt, wie ein sensibler Umgang mit Informationen aus medialen Netzwerken aussehen kann? Gibt es z.B. Kriterien für die Auswahl von Informationen?		
Transparenz	▶ Das Knüpfen und Pflegen von Netzwerken ist Bestandteil der Konzeption, die den Familien und den Fachkräften bekannt und vertraut ist.	▶ Werden Eltern über die Netzwerkarbeit informiert? ▶ Gibt es genügend Raum und Möglichkeit, sich zu beteiligen? Kennen die Familien die Angebote und Strukturen der Region? ▶ Sind die KooperationspartnerInnen bekannt und werden sie regelmäßig in die Einrichtung eingeladen? ▶ Hat die Öffentlichkeitsarbeit eine Bedeutung für die Einrichtung? Ist die Einrichtung z.B. im Netz präsent? ▶ Wird der Kontakt zu den KooperationspartnerInnen gesucht und gepflegt und werden die Eltern einbezogen? Gibt es Flyer, Aushänge der KooperationspartnerInnen, die allen zur Verfügung stehen? ▶ Können Eltern, Fachkräfte und KooperationspartnerInnen eine „Netzwerklandkarte" mit Angeboten und Adressen, für die Region und darüber hinaus, konzipieren? Wird die Internetpräsenz kontinuierlich weiterentwickelt? Wird auf andere KooperationspartnerInnen verwiesen, wenn es um Beratung und intensive Begleitung geht? (z.B. psychosoziale Hilfen, Erziehungsberatung, Elterntelefon etc.) ▶ Gibt es verantwortliche Eltern, Familien, die die Informationen aktualisieren?		

Raum	▶ Es gibt außerhalb und innerhalb der Einrichtung unterschiedliche Orte der Zusammenkunft, Begegnung und Kommunikation. ▶ Kooperationsstrukturen fördern den Aufbau und die Erweiterung der Wirkungskreise der Beteiligten mit dem Ziel der gesellschaftlichen Teilhabe.	▶ Können Räume weitervermittelt werden? ▶ Kann das Familienzentrum als Stadtteiltreffpunkt, als Bürgerzentrum, als Nachbarschaftszentrum dienen? ▶ Kann die Einrichtung Räume anderer Institutionen nutzen? (Raumkarussell) ▶ Werden Netzwerke und Kooperationen genutzt, damit Eltern ihre eigenen Ideen und Projekte initiieren, vorstellen und Unterstützung bei Umsetzung erhalten können?		
Kommunikation	▶ Die Einrichtung tauscht sich mit anderen Einrichtungen und KooperationspartnerInnen im Sozialraum über bestehende und zukünftige Projekte aus. ▶ Die Einrichtung fungiert als öffentlicher Fürsprecher für die Bedeutung der Elementar- und Familienbildung.	▶ Ist es möglich, sich mit anderen Einrichtungen zusammenzuschließen, um gemeinsame Projekte zu finanzieren oder Sponsoren zu finden? ▶ Gibt es verantwortliche Personen in der Einrichtung (Mutter oder Vater), die für die Bündelung und Weiterleitung der Informationen zuständig sind? Z.B. Projektgruppen für Öffentlichkeitsarbeit? ▶ Ist sich die Einrichtung über ihre Rolle im Sozialraum bewusst? ▶ Trägt die Einrichtung dazu bei, den Stellenwert von Familienbildung und Elementarbildung im Sozialraum (und darüber hinaus) präsent zu machen (z.B. durch Bekanntmachung der eigenen Projekte)?		
Gleichwürdigkeit	▶ Es wird ein solidarischer Kräfte- und Fähigkeitsaustausch innerhalb und außerhalb der Einrichtung angestrebt.	▶ Werden die KooperationspartneInnen als gleichwertig, gleichwürdig und gleichberechtigt angesehen? ▶ Sind die bestehenden Netzwerke „Auffangnetze" für Familien und für Fachkräfte? ▶ Ist bekannt, wo sich Fachkräfte und Familien unbürokratische Hilfe holen können? Gibt es diese unbürokratische, flexible Hilfe im Sinne eines „offenen Ohrs", z.B. regelmäßige Sprechstunden von Beratung in der Einrichtung, Alltagshilfen, Kinderbetreuung, etc.? ▶ Gibt es eine beidseitige Zufriedenheit im Geben und Nehmen (subjektive Balance zwischen Geben und Nehmen)?		

Für alle sechs Qualitätskriterien gilt, dass durch Weiterbildung und Supervision nicht nur die kontinuierliche „Arbeit an der eigenen Haltung" unterstützt wird, sondern auch die Zusammenarbeit im Team und mit den KooperationspartnerInnen im Sinne eines Miteinanders statt Gegeneinanders gefördert wird.

5.3. Schlüsselbegriffe

5.3.1. Orte und Räume

Lorna Ross

Was ist Raum? Diese scheinbar einfache Frage kann nicht mit einer eindeutigen Definition beantwortet werden. Bereits viele Personen haben sich mit dem Raumbegriff auseinandergesetzt, darunter auch Bollnow, ein deutscher Philosoph und Pädagoge aus dem 20. Jahrhundert. Ihm zufolge heißt „Raum" in seiner frühesten sprachlichen Bedeutung „[...] die durch Rodung im Wald geschaffene Lichtung als Platz menschlicher Siedlung" (Bollnow 2010: 37). Dieser Hinweis ist von großer Bedeutung, da Raum in diesem ursprünglichen Sinn also nicht an sich schon vorhanden war, sondern erst durch Rodung der Wildnis abgewonnen wurde (vgl. Bollnow 2010: 33). Er wird also zu einem bestimmten Zweck geschaffen und dient dem Menschen als Schutz.

Der Raumbegriff selbst hat sich im Laufe der Jahrhunderte entwickelt, seine Bedeutung geändert und erweitert. Im deutschsprachigen Gebiet hat er heute eine Vielzahl von unterschiedlichen Bedeutungen, die auch im täglichen Sprachgebrauch vorkommen. Wenn z.B. von einem „Arbeitsraum" gesprochen wird, kommt einem etwas Konkretes in den Sinn, nämlich eine begrenzte Fläche, vier Wände. Der Raum ist also etwas von der Umwelt Abgeschlossenes, ein Hohlraum (vgl. Bollnow 2010: 32). Spricht man hingegen davon, „einer Person Raum zu geben, sich zu entfalten und zu entwickeln", ist der Begriff sehr viel weniger konkret, viel offener und freier. Es geht um Raum im übertragenen Sinne, und entspricht eher einer Möglichkeit als einem abgeschlossenen Ort. Interessanterweise scheint mir die ursprüngliche Bedeutung von Raum bereits beide Aspekte in sich zu tragen.

Der Mensch, in jedem Alter, braucht für seine Entwicklung sowohl konkrete als auch die im übertragenem Sinn verstandenen Räume. So erlebt bereits das ungeborene Kind im Körper der Mutter einen Ort, der als Schutzraum dient und der dafür sorgt, dass das Kind geborgen ist und alles bekommt, das es zu seiner körperlichen Entfaltung bzw. Entwicklung braucht. Im besten Fall wird dem Kind auch nach der Geburt eine Art Schutzraum, der seine Entwicklung fördert, bereitgestellt. Es ist aber nun nicht mehr der Raum im Körper der Mutter, sondern die räumliche Welt, die das Kind unmittelbar umgibt, in erster Linie das Haus, das Zuhause des Kindes. Dem französischen Philosophen Bachelard zufolge hält dieser ganz besondere Raum den Menschen „durch alle Gewitter des Himmels und des Lebens hindurch" (Bachelard 2003: 33) aufrecht. „Es ist Körper und Seele. Es ist die erste Welt des menschlichen Seins. Bevor er ‚in die Welt geworfen' wird, [...] wird der Mensch in die Wiege des Hauses gelegt" (ebd.). Dem zufolge ermöglicht das Haus dem Kind erste Erfahrungen auf dieser Welt zu machen. Der Mensch „würde seinen Halt verlieren, wenn er nicht einen festen Bezugspunkt hätte, auf den alle seine Wege bezogen sind, von dem sie ausgehen und zu dem sie zurückkehren" (Bollnow 2010: 123). Das Haus, im weitesten Sinne gedacht, ermöglicht dem Kind erste Erfahrungen auf dieser Welt zu machen, erste Begegnungen zu erleben und Sicherheit und Freude darin zu gewinnen, auch andere Räume zu entdecken und somit die Welt und sich selbst verstehen zu lernen.

Die Familie ist der erste Ort für Erziehung und frühe Förderung. Damit aber Eltern der Verantwortung für das Aufwachsen und Gedeihen ihrer Kinder gerecht werden können, brauchen sie – unter vielem anderen – gute Rahmenbedingungen und Gestaltungsräume (vgl. BFSFJ 2013: 5). Diese können ihnen, sowohl als konkrete Orte als auch als gemeinsam gestaltete Lebens-, Wachstums- und Entwicklungsräume in der Kindertageseinrichtungen und Familienzentren zur Verfügung gestellt werden.

Die Bereitstellung von Räumen ist ein wesentlicher Aspekt pädagogischer Arbeit: Räume haben eine sehr starke Wirkung auf Menschen. Sie prägen die Wahrnehmung und können einen großen Einfluss auf die Entfaltung ausüben (vgl. Strätz/Hermens 2003: 82). Sie sind Initiatoren zum Handeln und Experimentieren, können Herausforderungen zum Enddecken und Erkunden (vgl. Becker-Textor 2013) und Anlässe für soziale Interaktion und Kommunikation anbieten. Ebenso können sie Menschen aber auch beunruhigen und unzufrieden machen, einengen, entmutigen. Kurzum: Räume sind von wesentlicher Bedeutung für das (Wohl)Befinden aller Personen.

Sieht der Architekt in erster Linie eher die konkrete Bedeutung von Raum im Mittelpunkt seiner Planung, so müssen pädagogische Fachkräfte demnach über das Konkrete hinaus weiterdenken. Dies tun sie, wenn sie z.B. von Kommunikations- und Begegnungsräumen, von Frei-, Entwicklungs- und Veränderungsräumen sprechen. Ihnen ist es ein Anliegen, nicht nur die konkreten vier Wände bereitzustellen, sondern vielmehr Kindern, Jugendlichen und Eltern Freiräume im weitesten Sinne zu schaffen, damit es zu echter Begegnung und Entwicklung kommen kann. Der „Hohlraum" soll sozusagen so gestaltet werden, dass er zu einem Freiraum wird. Dabei ist es unabdingbar, dass diese Freiräume mit allen Beteiligten zusammen gestaltet werden, da diese gemeinsame Entwicklung zur Inklusion im weitesten Sinne beiträgt.

Dieses Verständnis des Raumbegriffs floss unter anderem auch in die Qualitätsfragen guter Zusammenarbeit mit Familien in Familienzentren und Kitas ein. Diese berücksichtigen sowohl die konkrete, als auch die abstrakte Bedeutung des Wortes und bieten zahlreiche Anregungen, wie der Begriff heute verstanden und gedacht werden kann.

5.3.2. Zeit

Gianna Balaban

Die Fragen zu dem Begriff Raum stehen im Zusammenhang mit der Frage nach der Zeit. Zeit ist gegenwärtig. Die Zeit definiert unsere Vergangenheit, beschreibt unsere Gegenwart, den Ist-Zustand und kann uns Aufschluss über Perspektiven ermöglichen. Sie gewährt uns einen Einblick über einen Soll-Zustand.

Jede/r von uns hat seine/ihre eigenen Erfahrungen mit der Zeit gemacht. Der eine hatte für einen Augenblick zu wenig von ihr zu Verfügung, die andere eventuell zu viel und wusste nicht, was sie mit dieser anfangen soll.

Ein kleines Kind betrachtet Zeit noch unabhängig von Maßeinheiten. Das Kind lernt erst die Uhr zu lesen und begreift nach und nach wie viel Stunden vergangen sind. Kinder leben im Augenblick und haben nach Janusz Korczak das „Recht auf den heutigen Tag“ (Korczak 1999: 45). Wir Erwachsenen sind im Gegensatz dazu geneigt, Zeit in Form von strukturellen Gegebenheiten zu erfassen und auch auf die Zukunft hin zu nutzen. Wir definieren Zeit in Form von Sekunden, Minuten, Stunden, Tagen und Jahren und benutzen Uhren, Kalender und diverse andere Hilfsmittel zu Kategorisierung. Diese Einordnung gibt uns Sicherheit. Sicherheit, die Menschen benötigen, um ihre Zeit besser wahrnehmen zu können bzw. sie optimal zu nutzen.

Wir brauchen Zeit für vielfältige Tätigkeiten, mitunter benötigen wir sie für die Umsetzung von Handlungen oder für die Bewältigung von Lebenslagen. Das Handeln in der Zeit ist sehr facettenreich. Im Zusammenhang mit dem Begriff Zeit werden relativ häufig Verben wie „verschwenden, vertreiben, nutzen, brauchen“ erwähnt.

Kann man Zeit verschwenden? Und wer entscheidet über die Definition von Verschwendung? Jedem Menschen obliegt die Nutzung und Betrachtung der Zeit selbst. Es handelt sich dabei um eine gefühlte und nicht um eine objektive Zeitnutzung.

Im Kontext der Familienbildung ist uns als pädagogischem Fachpersonal bewusst, dass Bindungen und Vertrauen Zeit benötigen. Was meinen wir damit? Wollen wir damit aussagen, dass ein Vertrauensaufbau langsam entsteht? Oder entwickelt sich dieser schnell? Erneut treffen wir auf Eigenschaften des Phänomens Zeit. Zeit kann schnell sein, parallel aber auch langsam dahin fließen. Es ist die Frage nach der individuellen Wahrnehmung und Bewertung von Gegebenheiten. Zeit kann nur durch die von uns strukturierte Einordnung von Maßeinheiten sachlich beschrieben werden. Sobald man den Diskurs fern ab dieser Maßeinheiten wagt, begibt man sich auf den Weg subjektiver Einschätzungen und Erfahrungen rund um das Thema Zeit.

Die Zeit ist fließend und steht niemals still. Selbst diese Aussage, die zunächst logisch unwiderlegbar erscheint, trifft nicht immer zu. Momente und Augenblicke können uns wie ein Stillstand vorkommen. Zumindest in der subjektiven Wahrnehmung können sie ewig dauern.

Zeit ermöglicht viel, kann aber auch einengen. In der Praxis besteht ein bestimmtes Kontinuum an Stundenzahlen. Die Zeit ist beschränkt, und an sie werden Anforderungen gestellt. Man spricht von Zeitmanagement. Wir sind bestrebt, mit dem geringsten Zeitaufwand das bestmögliche Ergebnis zu erzielen. Entsprechend dem Leitgedanken: Zeit ist das, was wir daraus machen. Die pädagogischen Fachkräfte stehen unter steigendem Leistungsdruck durch personelle Einsparungen und neue Anforderungen von diversen Seiten (Politik, wissenschaftliche Erkenntnisse, Träger). Vielleicht ist für einige pädagogische Fachkräfte die Arbeit mit Familien noch neu und unbekannt?

Durch diese Situation ist ein bewusster Umgang mit der Zeit auch für das Wohlbefinden der Fachkräfte umso ausschlaggebender. Die Arbeitshaltung wird durch das Wohlergehen beeinflusst. Haben die pädagogischen Fachkräfte das Gefühl, nicht genügend Zeit für wichtige Prozesse mit den Kindern, den Eltern, aber auch für sich zu haben, fühlen sie sich eventuell überfordert, was zu Resignation und Burnout führen kann.

Wenn wir Familien in einer Einrichtung willkommen heißen wollen, muss nicht nur der Raum dafür gegeben sein, sondern man muss den Raum im Zusammenhang mit der Zeit erkennen. Manche Familien benötigen länger, um sich an eine Einrichtung zu gewöhnen, sie wollen intensiver und persönlicher willkommen geheißen werden als andere. Sie haben ihr eigenes Tempo. Familien willkommen heißen sollte in einer Atmosphäre der Entspannung und des Vertrauens sowie mit Respekt und Achtung stattfinden. Die Schaffung und Umsetzung einer solchen Atmosphäre beansprucht Zeit und ist der Nährboden jeglicher weiteren pädagogischen Zusammenarbeit. Diese Atmosphäre beschränkt sich nicht nur auf die Willkommmensphase, sondern sollte sich fortlaufend im Alltag der Einrichtung wiederfinden. Die MitarbeiterInnen der Einrichtung sowie die Familien werden die Zusammenarbeit nicht immer auf einzelne Stunden beschränken können. Damit sich etwas entwickeln kann, braucht es Leerräume und manchmal auch einen langen Atem.

Wir fragen, ob die Kommunikation in der Einrichtung durch Wertschätzung und Achtsamkeit geprägt ist? Wir fragen, ob bedürfnis- und situationsorientiert gehandelt und gearbeitet wird? Erneut stoßen wir auf das Phänomen der Zeit. Die Bedürfnisse der Familien können nur erfahren werden, wenn man ihnen zuhört, mit ihnen im Gespräch bleibt. Hierfür muss ein kontinuierlicher Austausch gegeben sein. Kontinuität bedeutet in diesem Zusammenhang eine fließende Weile. Metaphorisch könnte man diese Kommunikation als einen Fluss von Ereignissen sehen, die stetig durch das Phänomen Zeit begleitet wird. Wann werden diese Gespräche geführt? Wie lange? Kann man spontanen Explorationen sowie Beobachtungen nachgehen?

Anforderungen im Arbeitsalltag verlangen neben aller Planung auch Spontaneität, was zur Weiterentwicklung führt. Ein bewusster Umgang mit der Zeit ist demzufolge unabdingbar für gute und gelungene Zusammenarbeit mit Familien im professionellen Kontext. Doch auch die pädagogischen Fachkräfte brauchen Zeit.

Gibt es Pausen? Wann haben sie diese Pausen? Wie können sie sich entspannen und Ruhephasen in Ruheräumen als Rückzugsmöglichkeit nutzen?

Das psychische Wohlbefinden der MitarbeiterInnen prägt die Zusammenarbeit mit den Familien. Daueranspannung, Druck und Hektik sollten diesbezüglich keine kontinuierlichen Begleiter des Berufsalltages sein.

Ein sensibler Umgang mit der eigenen Zeit kann ein präventiver Schutz vor Überforderung sein. Anforderungen, die das Zeitbudget erschöpfen und eindämmen, wie zum Beispiel bestimmte Stichtage oder Fristen können durch gute Planung besser integriert werden. Ich möchte für eine Haltung sensibilisieren, die sich mit dem entwicklungsfördernden Umgang eigener und fremder Lebenszeit auseinandersetzt.

5.3.3. Transparenz

Kathrin Stabroth

Transparentes Arbeiten in einer Einrichtung bedeutet für die pädagogischen Fachkräfte zuerst, ihre Arbeit so offen zu gestalten, dass sie für die Eltern nachvollziehbar ist und stellt darum eine der wichtigsten Grundlagen für eine vertrauensvolle Zusammenarbeit zwischen Eltern und Fachkräften dar. Dies beinhaltet, Informationen über Strukturen und Rahmenbedingungen der Einrichtung darzulegen und diese den Eltern auch zur Verfügung zu stellen. Auch die pädagogischen Inhalte und Ziele sind für alle jederzeit (schriftlich) zugänglich. Dabei muss jedoch auf die heterogene Elternschaft mit ihren unterschiedlichen Bedarfslagen Rücksicht genommen werden (Hess 2012: 13).

Für die Vielfalt der Eltern können unterschiedliche (Kommunikations-)Mittel und Wege gesucht, genutzt und diese auch eventuell individuell angepasst werden. Manchen Eltern ist vielleicht die persönliche Ansprache lieber, für wieder andere ist der schriftliche Weg, auch über das Internet, der bevorzugte. Es kann ebenso vorkommen, dass die Zusammenarbeit von Sprachbarrieren erschwert wird. In diesem Falle könnte, falls möglich, Informationsmaterial in der entsprechenden Muttersprache, oder auch die Zuhilfenahme eines Dolmetschers hilfreich sein.Transparenz ist auch Ausdruck der Haltung, mit der pädagogische Fachkräfte den Eltern gegenüber treten. Sie werden nicht als Anhängsel gesehen, sondern als „[...] Erwachsene [die] gleichrangig nebeneinander stehen und sich im Interesse des Kindes aufeinander beziehen" (Klein/Vogt 2008: 6). Indem die Eltern teilhaben können und eingebunden werden, erhalten sie nicht nur sachliche Informationen, sondern werden ebenso als Person wertgeschätzt, erfahren Achtung und werden dialogoffener und selbstbewusster (Hess 2012: 17).

Das Handeln der pädagogischen Fachkräfte hat außerdem eine Vorbildfunktion: Denn wenn sie den ersten Schritt wagen und offen auf die Eltern zugehen, ihre Arbeit selbst transparent gestalten, werden Grundlagen dafür gelegt, dass auch die Eltern ihrerseits zu (mehr) Transparenz motiviert werden und dadurch den Fachkräften wichtige Hintergrundinformationen über ihr Kind oder ihre Lebenssituation liefern können. Das können Ängste, Belastungen, Freude, Zukunftsplanung oder Konflikte sein, und auch alles andere, was in der Familie gerade präsent ist. Dieses Wissen hilft auch, das Verhalten des Kindes besser verstehen zu können, denn jedes Erleben eines Familienmitgliedes hat auch Auswirkungen auf die anderen Familienmitglieder. Es steht alles in ständiger Wechselwirkung zueinander. Ein Kind, dessen Mutter unter beruflichem Stress steht oder der Vater plötzlich nicht wie gewohnt verfügbar ist, kann Verhaltensmuster zeigen, die bisher nicht aufgetaucht sind. Sind die Hintergründe dazu bekannt, ist es leichter, angemessen darauf reagieren zu können.

Auch Wünsche, Erwartungen und Vorstellungen, sowie etwaige Konflikte können in einer solchen vertrauten Atmosphäre sowohl von den Eltern, als auch von den pädagogischen Fachkräften, angesprochen werden.

Außerdem kann es für Eltern auch Sicherheit bedeuten, wenn sie mit den Strukturen, Inhalten und Methoden der Einrichtung vertraut und diese für sie nachvollziehbar und verständlich sind. Für viele Eltern ist es das erste Mal, dass sie über einen solchen Zeitraum von ihrem Kind getrennt sind und es etwas ohne sie erlebt und entdeckt, deshalb möchten viele Eltern gerne jeden Tag erfahren, wie es ihrem Kind in der Einrichtung gegangen ist (vgl. Roth 2010: 138).

Transparenz und Offenheit können dann dazu führen, dass es den Eltern leichter fällt, ihr Kind in ‚fremde' Hände zu geben und sie „[...] gewöhnen sich daran, dass ihr Kind gut und sicher aufgehoben ist" (vgl. Roth 2010: 137).

Die Transparenz in der Zusammenarbeit mit den Eltern stellt immer nur ein Angebot an diese dar, welches die Beziehung bereichern kann, es aber jederzeit möglich ist, dass dieses abgelehnt oder nicht (mehr) erwidert wird. Diese Entscheidung, gleichgültig wie sie ausfällt, zu akzeptieren, gehört ebenso zur Grundhaltung der pädagogischen Fachkräfte und sollte keinen Einfluss darauf haben, wie viel Respekt sie den Eltern entgegenbringen.

5.3.4. Vielfalt

Sigrid Tschöpe-Scheffler

Auf die Frage, die sehr häufig von Müttern und Vätern gestellt wird, was denn die „richtige" Erziehung sei, gibt es ebenso wenig eindeutige Antworten wie auf die Frage danach, wie DIE Eltern oder DIE Familien heute sind und leben und erziehen (sollen).

Familien sind äußerst heterogene Gruppen, deren unterschiedliche Lebensformen und aktuelle Themen des Familienlebens nicht nur Herausforderungen für die Alltagsgestaltung und Organisation der Familien selbst darstellen, sondern auch offene, kreative und individuelle Arten der Zusammenarbeit mit pädagogischen Fachkräften erfordern.

So begegnen uns heute sowohl die klassische Mutter-Vater-Kind(er)-Familie als auch alleinerziehende Elternteile, Patchwork- und Regenbogenfamilien, aber auch Groß- und Wahlfamilien, Pflege- und Adoptivfamilien, Familien mit Angehörigen verschiedener Religionen und Herkunft, mit behinderten, alten oder kranken Familienmitgliedern.

Neben diesen Formen gibt es unterschiedliche Aufgaben oder Probleme, mit denen sich einzelne Familien zu befassen haben. So hat Colette Tait, Erzieherin im Early Excellence Center in Pen Green/Corby, Aufzeichnungen darüber erstellt, welche Lebenssituationen die Familien aus ihrer Kindergartengruppe in einem Kindergartenjahr zu bewältigen hatten: Arbeitsplatzwechsel, schwere Krankheit, Unfall, Umzug, Trennung, Scheidung, Auszug des Partners/der Partnerin, Probleme mit der Besuchsregelung, Einzug eines neuen Partners/einer neuen Partnerin, Geburt eines weiteren Kindes, Arbeitslosigkeit (vgl. Whalley 2008: 55). Die Kenntnis über die aktuellen existentiellen Themen einer Familie ist für das Verständnis des Verhaltens eines Kindes oder seiner Eltern von Bedeutung für die Zusammenarbeit. Noch weitere Faktoren sind in der Zusammenarbeit wahrzunehmen und zu berücksichtigen, wie z.B. die unterschiedliche Persönlichkeit als Mann und Frau (Eltern sind ja nicht nur Mütter und Väter), der je individuelle kulturelle und religiöse Hintergrund, die je eigene Sprache, die Bildungsvoraussetzungen und Vorerfahrungen mit Bildungsangeboten und pädagogischen Institutionen, die verschiedenen sozialen Milieus und die individuellen Beschäftigungssituationen und Arbeitszeitmustern – und noch vieles mehr.

Familie ist demnach bunt und vielfältig. In diesem Sinne ist es wichtig, dass alle Mitglieder einer Familie am gesellschaftlichen Leben selbstverständlich Teilhabe- und Teilnahmemöglichkeiten haben und mit ihrer je eigenen Stimme zu Wort kommen können. Wer das ernst nimmt, muss auch in den Einrichtungen für Kinder und Familie die unterschiedlichen Themen, Orte, Anlässe und Bedingungen der Lebenswelten von Familien genau wahrnehmen und auf diese Vielfalt antworten.

Aber auch die Fachkräfte sind nicht nur „pädagogisches Personal“, das sein Wissen um Theorien, Modelle, Methoden und bestimmte Handlungskompetenzen einbringt.

Auch sie haben unterschiedliche Voraussetzungen, wie z.B. bestimmte Persönlichkeitsmerkmale und biografische Erfahrungen, unterschiedliche Ausbildungsgänge und Vorerfahrungen, ihr Alter, ihre kulturelle und religiöse Zugehörigkeit, einschließlich der inneren Bilder vom „Kind“, der „Mutter“, dem „Vater“ oder etwa der „Familie“. All das prägt auch die Art des Umgangs mit Kindern und deren Familien.

Es gehört zur Professionalität, diese, manchmal verfestigten, oft unbewussten Bilder, Konstruktionen, Einstellungen und Verhaltensweisen hinterfragen und auch verändern zu können. Die Frage danach, ob der erste Eindruck täuscht und alles noch einmal ganz anders ist, gehört zu den wesentlichen Dekonstruktionen, die in einer Supervisionsgruppe geleistet werden können (und sollten).

Vielfalt zeigt sich demnach auch im Laufe einer Berufsbiografie in der Auseinandersetzung und der Weiterentwicklung eigener Annahmen und Hypothesen.

Verinnerlichte Einstellungen zu sich selbst und zum Leben, zur Welt und zu anderen Menschen unterliegen im Lebenslauf ebenso wie die Wahrnehmung, das Verhalten und Handeln ständiger Veränderungen und sind etwas ständig neu zu Schaffendes. Sie müssen im Zusammenhang mit der eigenen Biografie immer wieder auch reflektiert werden. „Innere Vielfalt (Pluralität) und Beweglichkeit sind, [...] eine Antwort auf die Pluralität von Lebensformen, von Werten und Kulturen; sie sind die Antwort auf die Vielfalt von Kontakten und Kontexten, in denen wir uns bewegen. Sie sind die Antwort auf die Geschwindigkeit gesellschaftlicher Veränderungen" (Bilden 1997: 228).

Auch die Berufsrollenidentität ist etwas Dynamisches und Flexibles und wird, je nach Situation, immer wieder konstruiert und unterliegt dem Prozess der Veränderung.

Vielfalt im Umgang mit Anderen zu erkennen setzt voraus, die Vielfalt im eigenen Leben wahrgenommen zu haben, sie im besten Fall auch zu leben und als Bereicherung zu erleben. Zu einer konstruktiven Zusammenarbeit gehört demnach die offene Kommunikation zwischen Eltern und pädagogischen Fachkräften, um zum einen die Situation und Bedürfnisse der Familien verstehen zu können, aber andererseits den Familien auch die Chance zu geben, die MitarbeiterInnen und deren Institution kennenzulernen und die Arbeitsweise nachvollziehen zu können. Die eigene und fremde Vielfalt als Bereicherung und nicht zur Distanzierung oder Ablehnung erleben zu können, ist uns in den Qualitätsfragen zu einem Anliegen geworden.

5.3.5. Gleichwürdigkeit

Helena Drechsler, Silke Krohne

Gleichwürdigkeit bedeutet, dass alle Menschen den gleichen Wert haben. Die Würde eines Menschen ist mit dem Menschsein gegeben und daher unveräußerlich. Sie anzuerkennen heißt, jedem Individuum mit bedingungslosem Respekt und Wertschätzung zu begegnen (vgl. Maywald 2012: 12). Gleichwürdigkeit ist aber nicht mit Gleichheit zu verwechseln:

> „Während ‚Gleichheit' eine statische, messbare Größe ist, impliziert ‚gleiche Würde' einen dynamischen Prozess, eine veränderliche Kategorie, um die man sich in jeder Beziehung stets aufs Neue bemühen muss. Gleichwürdigkeit unterscheidet sich von Gleichheit darin, dass sie keiner bestimmten Rollenverteilung bedarf" (Juul 2010: 43).

Dies lässt sich auf die Beziehung zwischen pädagogischer Fachkraft und Familie übertragen. Sie sind in verschiedenen Rollen und mit je unterschiedlichen Persönlichkeiten, manchmal auch mit anderen Interessen und Bedürfnissen in der Einrichtung. Es geht konkret um die Anerkennung dieser Vielfalt, und darum, sie als eine Bereicherung und nicht als eine Bedrohung wahrzunehmen.

Die Herausforderung besteht darin, die Fähigkeit zu erlangen und zu erhalten, Beziehungen aufzubauen, die gleichwürdig sind. Dies ist immer dann schwierig, wenn sich eine Fachkraft den Eltern gegenüber in einer Experten- und Machtposition sieht, sich ihnen also überlegen und eben nicht gleichwürdig fühlt. Die Verlockung, sich genau in einer solchen „Expertenposition" zu sehen, ist groß, da Fachkräfte, im Gegensatz zu den meisten Eltern, u.a. eine pädagogische Ausbildung abgeschlossen haben und sich mit allen Abläufen in der Einrichtung auskennen und diese möglicherweise als ihr Hoheitsgebiet betrachten. Da gleichwürdige Beziehungen aber zu einer fruchtbaren und erfolgreichen Zusammenarbeit beitragen, ist es für die Fachkraft unerlässlich, sich in einem fortwährenden Prozess der Selbstreflexion, Beziehungs- und Biographiearbeit zu befinden, der anstrengend und zeitintensiv sein kann. Das Prinzip der Gleichwürdigkeit aufrechtzuerhalten, bedarf der kontinuierlichen Erarbeitung und Einübung. Dafür sind Supervision und Weiterbildung zwingend erforderlich.

Zentrale Elemente des Prinzips der Gleichwürdigkeit sind Selbstwertgefühl und Würde. Das bedeutet, sich selbst treu bleiben zu können, seinen Gefühlen Ausdruck zu verleihen, die eigenen Grenzen wahrnehmen und setzen zu können. Dies ist von entscheidender Bedeutung sowohl für die Professionalität als auch für das psychosoziale Gleichgewicht. Gelingt es einer Einrichtung durch die konzeptionelle Ausrichtung und die gelebte Haltung, Selbstwertgefühl und Würde zu fördern, so kann sie zusammen mit Familien eine gleichwürdige Gemeinschaft werden, die zu einem psychischen, physischen und sozialen Wohlbefinden aller in der Einrichtung beiträgt. (siehe Kapitel 3: Über die Bedeutung des Wohlbefindens in der Zusammenarbeit mit Familien)

In der Interaktion mit Eltern meint Gleichwürdigkeit, dass eine Begegnung mit Respekt vor der Würde und Integrität der/des Anderen stattfindet. Der Pädagoge bzw. die Pädagogin nimmt Gedanken, Wünsche, Meinungen und Bedürfnisse der Eltern, also deren Realität, ernst und reagiert angemessen darauf. Gleichzeitig kennen die Fachkräfte ihre eigenen Ansichten und Gefühle und drücken diese authentisch und angemessen aus. In dieser Haltung werden die Bedürfnisse beider berücksichtigt. Pädagogen und Pädagoginnen bleibt dabei die Führungsrolle inne. Entscheidungen werden nicht über die Köpfe der Eltern hinweg gefällt, sondern ihnen wird vielmehr Mitgestaltung ermöglicht. Fachkräfte mit einer Haltung der Gleichwürdigkeit interessieren sich also für die Ansichten und Bedürfnisse der Eltern, sie treten mit ihnen in einen dialogischen Austausch (siehe Kapitel 2: Bedeutung der Haltung in der Zusammenarbeit mit Eltern), scheuen keine Konflikte und beziehen die Eltern in Entscheidungen ein. Die Fachkräfte belehren die Eltern auch nicht, sie theoretisieren nicht oder sagen, was richtig ist (vgl. Voelchert). Vielmehr wissen sie, dass sie auch von den Eltern lernen. „Gleichwürdigkeit wird damit dem fundamentalen Bedürfnis aller Menschen gerecht, (ge)sehen (sic!), gehört und als Individuum ernst genommen zu werden" (Voelchert).

Gleichwürdigkeit ist gelebte Erziehungs- und Bildungspartnerschaft zwischen pädagogischen Fachkräften und Eltern, ein dynamischer Prozess auf Grundlage des Dialogs, der Selbstreflexion und der Beziehungs- und Biographiearbeit.

5.3.6. Kommunikation

Silke Krohne

> „Wir alle leben in einem Geflecht sozialer Beziehungen. Diese Beziehungen sind dadurch gekennzeichnet, dass sie auf einem komplexen System von Kommunikation beruhen" (Institut bildung elementar 2013).

Kommunikation ist also ein wesentlicher Bestandteil zwischenmenschlicher Interaktion. Die Fähigkeit, kommunizieren zu können, ermöglicht es Menschen, mit anderen in sozialen Kontakt zu treten und unterschiedliche Arten von Beziehungen zu gestalten. Dies gilt auch für die Verständigung zwischen pädagogischen Fachkräften und Eltern: „[...] alles ist wertlos, wenn die Kommunikation im Alltag und in besonderen Situationen nicht gelingt. Umgekehrt: Wenn die Kommunikation gelingt, fällt das Fehlen von einzelnen Angeboten und Beteiligungsformen nicht ins Gewicht" (Klein/Vogt 2008: 86).

Dieser großen Bedeutung von der Verständigung und ihres Gelingens zwischen pädagogischen Fachkräften und Eltern wird in unseren Qualitätsfragen Rechnung getragen; und zwar insofern, als dass der „Kommunikation" eine Doppelfunktion zukommt, da sie auch als eigene Qualitätsfrage (Nr. 2) Raum erhält.

Grundlegend für eine gelingende Verständigung und auch einer Bildungs- und Erziehungspartnerschaft mit Eltern ist die Vorstellung, die Fachkräfte sowohl von Eltern als auch von ihrer eigenen Rolle haben. Das den Qualitätsfragen zugrunde liegende Bild von und die Haltung zu Eltern ist, dass sie (auch) Experten für ihr Kind sind. In der Kommunikation mit Eltern bedeutet das z.B., dass pädagogische Fachkräfte Elterngespräche mit Respekt und Anerkennung führen und die Erfahrungen, Kompetenzen, Erziehungsstile und -ziele der Eltern ernst nehmen.

Die Haltung ist folglich entscheidend und steuert das Verhalten, auch das Gesprächsverhalten. Hier stehen das Miteinander, also gemeinsame Ziele (das Wohl des Kindes u.a.) und ein gemeinsames Finden von Lösungen, im Fokus.

Woran zeigt sich eine gelingende Kommunikation konkret? Um ein Kind verstehen und individuell begleiten und fördern zu können, ist es wichtig, dass die Fachkräfte persönliche Eigenarten des Kindes (Interessen, Bedürfnisse etc.), die familiäre Realität und aktuelle Gegebenheiten kennen; dies erfahren sie sowohl durch die eigene Wahrnehmung als auch durch offene Gespräche mit den Eltern.

Damit sich auch die Eltern mit der jeweiligen Einrichtung verbunden und wohl fühlen – was sich indirekt auch auf das Wohlbefinden des Kindes auswirkt, das maßgeblich ist für seine Handlungs- und Entwicklungsimpulse – ist eine gute

Interaktion zwischen pädagogischen Fachkräften und Eltern wesentlich; diese wird in erster Linie durch Kommunikation gestaltet.

Mittels Kommunikation werden aber nicht nur Sachinformationen weitergegeben, sondern auch Gefühle, Werte, Haltungen und Meinungen (z.B. die Einstellung zu dem/der GesprächspartnerIn) übermittelt (vgl. Schulz von Thun 1981: 13ff.) und, wie oben bereits erwähnt, Beziehungen gestaltet. D.h. durch die Art und Weise der Verständigung kann eine pädagogische Fachkraft Wertschätzung, Verbindlichkeit und Vertrauen zu Eltern herstellen oder dies erschweren bzw. verhindern. Hierbei ist wichtig zu sehen, dass nicht nur die aktuelle Situation, sondern auch Befindlichkeit und Persönlichkeitsstruktur (vgl. Liebmann 2008: 172f.), gesellschaftliche Normen etc. die Form und Inhalte verbaler und nonverbaler Botschaft beeinflussen, und dies nicht nur bei der/dem SenderIn der Botschaft, sondern auch bei der/dem Empfängerin.

Dabei können unbewusst Widersprüche, sogenannte inkongruente Botschaften gesendet werden und Missverständnisse entstehen (vgl. Textor 2011: 89). Ein Beispiel hierzu ist folgendes: Eine Erzieherin sagt zu einer nicht erwerbstätigen Mutter, die ihr 2-jähriges Kind in die Einrichtung bringt und erzählt, dass sie mit ihrer Freundin heute einen Wellness-Tag macht: „Na dann wünsche ich einen schönen Tag!" Mit einem abfälligen Tonfall drückt die Erzieherin statt guter Wünsche eher Neidgedanken aus. Das registriert die Mutter und ist zumindest irritiert.

Diese Komplexität der Kommunikation, die teilweise unbewusst verläuft, zeigt, dass Wahrnehmungs- und Analysefähigkeiten, Flexibilität und Empathie (vgl. Liebmann 2008: 222) für ein Gelingen der Bildungs- und Erziehungspartnerschaft mit Eltern unabdingbar sind. Hier wird auch deutlich, dass die Verantwortung für die Kommunikations- und Beziehungsgestaltung in erster Linie bei den Fachkräften (und nicht bei den Eltern) liegt (vgl. Klein/Vogt 2008: 86), wenn auch die Pädagoginnen und Pädagogen nicht für die Deutungen der Eltern, die automatisch durch ihre persönlichen Vorerfahrungen, Werte, Meinungen etc. entstehen, verantwortlich sind.

Diesen hohen Ansprüchen näher zu kommen und ein solches förderliches (Gesprächs-)Verhalten und innere Haltung zu entwickeln und gerade auch in Konfliktsituationen umzusetzen, kann nur mit regelmäßiger Reflexion und Arbeit an der Persönlichkeit (allein und/oder im Team) erreicht werden. Hierzu ist oft auch Weiterbildung und/oder Supervision notwendig.

Hilfreiche Ansätze wären u.a. die dialogische Haltung, die personenzentrierte Gesprächsführung, Kommunikationsmodelle, wie die nach Schulz von Thun oder nach Satir und die gewaltfreie/wertschätzende Kommunikation.

Dialogische Haltung in Kitas und Familienzentren bedeutet, dass sich pädagogische Fachkräfte und Eltern in einem Austausch befinden, bei dem sie als gleichwertige und gleichwürdige (siehe Kapitel 5.3.5.: Gleichwürdigkeit) Partner agieren. Das bedeutet, dass die Pädagogin nicht als Expertin auftritt, die Wissen und Fakten vermittelt, sondern dass Fragen und verschiedene Sichtweisen im Vordergrund stehen, die Andersheit als Bereicherung wertgeschätzt wird und echte Begegnung zwischen Menschen stattfindet. Hierzu braucht es von Seiten der Fachkraft nichtwertende Aufmerksamkeit, Achtsamkeit und Wahrhaftigkeit und ihre Bereitschaft, sich auf Neues, Unbekanntes einzulassen, und auf die Sicherheit zu verzichten, zu wissen wie der Prozess endet (vgl. Schopp 2010: 55ff.). Bestenfalls werden durch den Dialog Kräfte frei gesetzt, die neue Antworten/Perspektiven eröffnen und am Ende haben beide/alle am Dialog Beteiligten etwas hinzu gelernt und ihre Erziehungs- und Bildungspartnerschaft vertieft.

Es ist wichtig, dass die Fachkräfte für Gespräche mit Eltern grundsätzlich offen sind; dies setzt auch ein positives Selbstbild der Pädagogin/des Pädagogen und genügend Fachkompetenz voraus. Dadurch können Anregungen und Kritik von Seiten der Eltern aufgegriffen und ernst genommen und Veränderungen und Entwicklungen in der Einrichtung im Sinne einer „lernenden Organisation" grundsätzlich begrüßt werden. Fragen, die hiermit im Zusammenhang stehen, sind:

- Gibt es für Gesprächsanlässe genug Zeit und Raum?
- Wird zwischen sofortigem Handlungsbedarf und abwarten können klar unterschieden? Gibt es genügend Zeit und Flexibilität, um ggf. sofort reagieren zu können?
- Werden Eltern nicht als Gruppe, sondern individuell gesehen und angesprochen?
- Kann mit Eltern – je nach deren individuellen Bedürfnissen und Fähigkeiten – auf verschiedene Weise kommuniziert werden?
- Gibt es einen regelmäßigen Austausch und eine Bildungs- und Erziehungspartnerschaft mit allen Eltern?

Zu erwähnen ist, dass die auf diese Weise arbeitenden pädagogischen Fachkräfte die Eltern auch in deren Eigenständigkeit und Selbstverantwortung sehen und wissen, dass sie nicht alle Probleme lösen müssen und können. Sie akzeptieren das Gesagte und spiegeln es, vor allem die emotionalen Inhalte, wider, übernehmen die Verantwortung für das eigene Erleben und (Gesprächs-)Verhalten und senden „Ich-Botschaften" (vgl. Textor 2011: 92). Sie wissen, dass sie Fehler machen dürfen und gestehen das auch den Eltern zu.

Der Förderung von Kontakten und Verbindungen zwischen den Eltern, besonders für „neue" Eltern, kommt eine große Bedeutung zu, damit sich Eltern in der Einrichtung austauschen und gegenseitig unterstützen können. Eine Bereicherung ist auch die Öffnung zu AkteurInnen und Institutionen des Sozialraums, die für die Familien weitere Informationen und (Lebens-)Gestaltungsmöglichkeiten bieten können.

Schließlich: Die Erwachsenen sind bezüglich der Kommunikation und dem Umgang miteinander Vorbild für die Kinder.

Die Kommunikationsformen in der Einrichtung und das eigene Gesprächsverhalten zu reflektieren und weiterzuentwickeln ist folglich für Fachkräfte unabdingbar. Das hat Auswirkungen auf die Gestaltung der Erziehungs- und Bildungspartnerschaft mit den Eltern, und damit auch für das Wohl der Kinder. Anregungen hierzu finden sich fortlaufend in den folgenden Qualitätsfragen und besonders in der Qualitätsfrage Nummer 2.

5.3.7. Weiterbildung und Supervision

Helena Drechsler

Qualität und Professionalität pädagogischer Fachkräfte in Kindertageseinrichtungen sind spätestens seit der Bildungsdebatte rund um die Ergebnisse der Pisa-Studie (2002) in den öffentlichen Aufmerksamkeitsfokus geraten. In der Folge wurde die Zusammenarbeit mit Familien zu einem Schwerpunktthema für pädagogische Einrichtungen, was sich aus der gesetzlichen Verankerung des Themas (etwa im KJHG und KiBiz) und dessen verstärkter Implementierung in unterschiedliche Bildungspläne der Länder ersehen lässt. Gesteigerte Anforderungen an pädagogische Fachkräfte ergeben sich aus unterschiedlichen Perspektiven, die einerseits eine Antwort auf die Qualitätsdebatte im Allgemeinen sind, sich andererseits aus den veränderten Lebensbedingungen von Familien in Deutschland ergeben. So wird auf der einen Seite im 11. Kinder- und Jugendbericht der Bundesregierung (2002) zu der Übernahme einer verstärkten öffentlichen Verantwortung für das Aufwachsen von Kindern und Jugendlichen in Deutschland aufgerufen, was sich unmittelbar auch auf die Arbeit in pädagogischen Einrichtungen und damit auf die Professionalisierung der Fachkräfte bezieht (BFSFJ 2013: 63). Auf der anderen Seite rückt die Familie als Ort der Erziehung und Bildung von Kindern in den Fokus der Öffentlichkeit, indem „[...] wieder verstärkt auf die Bedeutsamkeit der familiären Leistungen und Aufgaben für die Gesellschaft hingewiesen [wurde]" (Tschöpe-Scheffler 2009: 6). Gleichzeitig wird mit der Betonung der Bedeutung der Familie für die Erziehung und Bildung von Kindern, die komplexer gewordenen Lebensumstände der Familien und die daraus resultierenden möglichen Erziehungsschwierigkeiten diskutiert (vgl. ebd.). Wachsende Anforderungen im Alltag durch erwartete Mobilität und Flexibilität etwa im Berufsleben, demographische Veränderungen und die sich als Folge daraus auflösenden verwandtschaftlichen und nachbarschaftlichen Unterstützungssysteme können schnell auch zu Überforderung führen (vgl. Tschöpe-Scheffler 2009: 5).

Darum ist eine Professionalisierung der Einrichtungen und damit der Fachkräfte im Allgemeinen und speziell bezogen auf die Zusammenarbeit mit Familien unabdingbar.

Weiterbildung und Supervision stellen in diesem Zusammenhang Möglichkeiten dar, als Einrichtung, Team und Individuum flexibel und in „Bewegung" zu bleiben, und damit auf veränderte Lebenswelten und Bedürfnisse von Familien reagieren zu können. Dabei muss sich jede Einrichtung die Frage stellen, inwiefern sie sich als eine „Lernende Organisation" sieht und Weiterbildung im Sinne eines lebenslangen Lernens begreift, denn:

> „angesichts des schnellen gesellschaftlichen Wandels, angesichts der steigenden Menge des zu lernenden Wissens, dessen Veralterungsrate ebenso rasch zunimmt, ist ein Lernen während des gesamten Lebens [der Einrichtung] notwendig, dass der Verbesserung von Wissen, Qualifikation und Kompetenzen dient“ (Klein 2010: 52).

Bezogen auf die Weiterbildung sind hier im Wesentlichen Angebote gemeint, die die Einrichtung, das Team oder auch einzelne Fachkräfte zu bestimmten Themen oder Themenbereichen in Anspruch nehmen. Dabei ist es wichtig Angebote nicht willkürlich, sondern so auszuwählen, dass sie zu den Leitbildern der Einrichtung, den Interessen der Fachkräfte, den Bedarfen und Lebenswirklichkeiten der Familien und zum Umfeld der Einrichtung passen. Es wäre auch denkbar, gemeinsam mit Familien und Kooperationspartnern Weiterbildungsangebote zu bestimmten Themen in Anspruch zu nehmen.

Bei der Supervision geht es um eine angeleitete fachliche Reflexion der pädagogischen Arbeit, die sich sowohl auf das berufliche Handeln der einzelnen Personen als auch auf die Kommunikation und Kooperation innerhalb und außerhalb des Teams bezieht und so ebenfalls zur Professionalisierung beitragen kann (vgl. Klein 2010: 58). Im Zentrum einer Supervision stehen die mannigfaltigen Beziehungen der Professionellen zueinander, zu den Eltern und Kindern der Einrichtung sowie zu den Akteuren im Sozialraum. Gerade in der Zusammenarbeit mit Familien ist es notwendig, das berufliche Handeln im Hinblick auf die eigene Biografie und den daraus resultierenden Einfluss auf die Beziehung zu den Eltern zu reflektieren. In der Zusammenarbeit im Team ist zudem wichtig, die eigene berufliche Rolle und die daran geknüpften Vorstellungen, Erwartungen und deren Auswirkungen auf die gemeinsame Arbeit zu reflektieren, um damit möglichen Konflikten entgegnen zu können (vgl. ebd.). Die Supervision als beratendes und begleitendes Verfahren stellt dafür ein geeignetes Instrument dar, welches immer auch dazu anleitet die zugrundeliegende Haltungen zu hinterfragen, evtl. neu zu justieren, um so zur eigenen Persönlichkeitsbildung und damit zur Professionalisierung beizutragen.

Weiterbildung und Supervision tauchen in den jeweiligen Qualitätsfragen nicht explizit als Schlüsselbegriff auf, da sie als Querschnittsthemen in allen Bereichen mitgedacht werden. Generell gilt, dass durch beide Instrumente nicht nur die kontinuierliche „Arbeit an der eigenen Haltung“ unterstützt wird, sondern auch die Zusammenarbeit im Team, mit den Kooperationspartnern und den Familien im Sinne eines Miteinanders statt Gegeneinanders gefördert wird. Gemeinsam können so die erhöhten und sich immer verändernden Anforderungen an Familien und pädagogische Einrichtungen gemeistert werden.

An dieser Stelle sind auch die Träger gefragt und in die Verantwortung zu nehmen, die finanzielle und zeitliche Ressourcen zur Verfügung stellen sollten, um die Wahrnehmung von Weiterbildungsangeboten und Supervisionen gewährleisten zu können. Zeit spielt für Weiterbildung und Supervision eine zentrale Rolle, wenn es um das Verarbeiten und Verknüpfung von Wissen und Erleben geht, auf dessen Grundlage neue Erfahrungen entstehen können. Fachkräfte müssen durch ausreichend Zeit die Möglichkeit haben, Erfahrungen zu sammeln, damit sich neues Wissen festigen kann. Doch scheint Zeit in einer Gesellschaft des raschen Wandels, in dem sich Fachkräfte immer neues und mehr Wissen aneignen müssen ein rares Gut zu sein. Dies führt nicht nur dazu, dass Gelerntes sich nicht festigt, sondern auch zu Unsicherheiten. Fachkräfte sind von diesen Unsicherheiten in mehrfacher Hinsicht betroffen. Zum einen sind sie in ihrer persönlichen und beruflichen Identität davon betroffen, müssen aber zusätzlich den Unsicherheiten von Eltern und Kindern begegnen, die von diesen in die Kindertageseinrichtung hineintragen werden, und die sie versuchen müssen aufzufangen. Die Aufgabe der Fachkraft ist es gewissermaßen, der beschleunigten Gesellschaft und den dadurch entstehenden Unsicherheiten entgegenzuwirken, damit Bildungsprozesse stattfinden, die nicht beschleunigt werden können. Das braucht in erster Linie Zeit, aber auch professionelle Wissens- und Handlungskompetenz, entsprechende Arbeitsbedingungen und vor allem eine allgemeine gesellschaftliche Wertschätzung für die Arbeit von pädagogischen Fachkräften, die sich auch in einer entsprechenden Bezahlung und der Arbeitsbelastung ausdrückt (vgl. Ballusek 2008: 17ff.). So ist es an der Zeit nicht nur zu fragen, was pädagogische Fachkräfte leisten und können müssen, um ihren gesellschaftlichen Beitrag durch die Unterstützung und Förderung des „Bildungskapitals" zu leisten, sondern zu fragen, was ihnen die Gesellschaft dafür eigentlich zur Verfügung stellt und wie sie dieses wertschätzt.

Literaturverzeichnis

Bachelard, Gaston (2003): Poetik des Raumes. 7. Aufl. Frankfurt am Main: Fischer Taschenbuch Verlag.

Ballusek, Hilde v. (2008): Frühpädagogik als Beruf und Profession. In: Dies. (Hrsg.): Professionalisierung in der Frühpädagogik. Perspektiven – Entwicklungen – Herausforderungen. Opladen: Barbara Budrich , S. 15–36.

Becker-Textor, Ingeborg (2013): Raumgestaltung und pädagogische Wirkung. http://www.kindergartenpaedagogik.de/1674.html. [Zugriff: 15.03.2013].

Behn, Michael (2013): Vision. http://www.blueprints.de/anregungen/beruf/vision.html [Zugriff: 06.09.2013].

Bilden, Helga (1997): Das Individuum – ein dynamisches System vielfältiger Teil-Selbste: Zur Pluralität in Individuum und Gesellschaft. In: Keupp, Heiner/Höfer, Renate(Hrsg.): Identitätsarbeit heute: klassische und aktuelle Perspektiven der Identitätsforschung. Frankfurt am Main: Suhrkamp Verlag, S. 227–249.

BMFSFJ (Hrsg.) (2013): Bericht über die Lebenssituation junger Menschen und die Leistungen der Kinder- und Jugendhilfe in Deutschland – 14. Kinder- und Jugendbericht. Berlin. http://dip21.bundestag.de/dip21/btd/17/122/1712200.pdf [Zugriff: 02.04.2013].

Bollnow, Otto Friedrich (2010): Mensch und Raum. 11. Aufl. Stuttgart: Kohlhammer.

Flade, Antje (2008): Architektur psychologisch betrachtet. Bern: Verlag Hans Huber.

Hess, Simone (Hrsg.) (2012): Grundwissen: Zusammenarbeit mit Eltern in Kindertageseinrichtungen und Familienzentren.1. Auflage, Berlin: Cornelsen Verlag.

Institut Bildung elementar (2013): Kitas im Dialog. Die Internetplattform für Kitas in Sachsen-Anhalt: Elternarbeit – Arbeit mit Eltern – mit Eltern Arbeit haben: http://www.kitas-im-dialog.de/download/fachbeitrag_elternarbeit012.pdf. [Zugriff: 30.03.2013].

Juul, Jesper (2010): Dein kompetentes Kind. Auf dem Weg zu einer neuen Wertgrundlage für die ganze Familie. Reinbek bei Hamburg: Rowohlt Taschenbuch Verlag.

Klein, Lothar/Vogt, Herbert (2008): Eltern in der Kita. Schwierigkeiten meistern-Kommunikation entwickeln. Seelze-Velber: Klett Kallmeyer.

Klein, Ursula (2010): Supervision und Weiterbildung. Instrumente zur Professionalisierung von ErzieherInnen. Wiesbaden.

Korczak, Janusz (1999): Sämtliche Werke: Wie liebt man ein Kind. Erziehungsmomente. Das Recht des Kindes auf Achtung. Fröhliche Pädagogik. Bd. 4. Bearbeitet und kommentiert von Beiner, F./Ungermann, S. Gütersloh: Gütersloher Verlagshaus.

Liebmann, Elke (2008): Kommunikation mit System und Struktur – Organisationsentwicklung in einer Kindertagesstätte. In: Herzog, Sylvia et al. (Hrsg.): Konzepte für Kindertageseinrichtungen – Kommunikation, Personalauswahl, Beobachtung und Dokumentation. Köln/Kronach: Wolters Kluwer, S. 167–224.

Maywald, Jörg (2012): Kinder haben Rechte! Kinderrechte kennen – umsetzen – wahren. Weinheim und Basel: Beltz Verlag.

Roth, Xenia (2010): Handbuch Bildungs- und Erziehungspartnerschaft. Zusammenarbeit mit Eltern in der Kita. Freiburg im Breisgau: Verlag Herder GmbH.

Schopp, Johannes (2010): Eltern stärken. Die dialogische Haltung in Seminar und Beratung. Ein Leitfaden für die Praxis, 3. völlig überarb. Aufl. Opladen/Farmington Hills: Verlag Barbara Budrich.

Schroer, Markus (2006): Räume, Orte, Grenzen – Auf dem Weg zu einer Soziologie des Raumes. Frankfurt am Main: Suhrkamp Verlag.

Schulz von Thun, Friedemann (1981): Miteinander reden 1: Störungen und Klärungen. Reinbek bei Hamburg: Rowohlt Taschenbuch Verlag.

Strätz, Rainer/Hermens, Claudia/Fuchs, Ragnhild (2003): Qualität für Schulkinder in Tageseinrichtungen (Quast) – Ein nationaler Kriterienkatalog. Weinheim, Basel, Berlin: Beltz.

Textor, Martin (2011): Bildungs- und Erziehungspartnerschaft in Kindertageseinrichtungen. Norderstedt: Books on Demand.

Tschöpe-Scheffler, Sigrid (2009): Familie und Erziehung in der Sozialen Arbeit. Schwalbach/Ts.: Wochenschau Verlag.

Voelchert, Mathias (o.J.): Das Familylab-Leitbild lässt sich in einem Wort ausdrücken: Gleichwürdigkeit. http://www.familylab.de/familien.asp. [Zugriff: 29.05.2013].

Whalley, Margy und das Pen Green Centre Team (2008): Eltern als Experten ihrer Kinder. Das „Early Excellence" – Modell in Kinder- und Familienzentren. Berlin: Dohrmann Verlag.

5.4. Austausch mit den PraktikerInnen

Kathrin Stabroth

Schon zu Beginn unserer Teamsitzungen zu den Qualitätsstandards waren wir uns einig, dass ein Austausch zwischen uns und denjenigen, an die unsere Qualitätsfragen gerichtet sind, notwendig ist. Zwar konnten wir, nicht zuletzt durch die Verknüpfung von Theorie und Praxis im Studium, unterschiedliche praktische Erfahrungen vorweisen, aber wir wollten auch von den langjährigen Erfahrungen der pädagogischen Fachkräfte lernen. Aus diesem Grund wurde ein Fachtag mit MitarbeiterInnen aus Kindertageseinrichtungen, Familienzentren und der Familienbildung organisiert, um mit ihnen in einen Austausch über unsere Kriterien zu treten. Dazu bekamen sie vorab unsere Qualitätsfragen, die wir durch die Anregungen anschließend so weiterentwickelt und verändert haben, wie sie nun in dieser Publikation präsentiert werden.

Es gab einige wesentliche Punkte, die den PraktikerInnen besonders wichtig waren:

Zum einen bemerkten sie, dass es wichtig sei, zu Beginn eines Prozesses erst eine Bestandsaufnahme vorzunehmen und das auch in den Qualitätsfragen zu verorten: „Was läuft schon gut? Worauf sind wir stolz? Was leisten wir bereits? Was wünschen wir uns?" Es sollte betont werden, dass das Team bereits viel Erfahrung in der Zusammenarbeit mit Familien mitbringt. Auch das theoretische Wissen aus den Aus- und Fortbildungen sollte noch einmal gebündelt werden. Eine Wertschätzung der Fachkräfte, ihrer bisherigen Arbeit und Leistungen sollte daher an erster Stelle stehen, um die berufliche und fachliche Identität zu stärken und den Leistungsdruck zu verringern. Diesen Punkt haben wir sehr ernst genommen und ihn darum in unsere Qualitätsfragen eingebaut. Er erscheint unter der Ziffer 0 mit dem Titel „Bestandsaufnahme".

Auch die Vernetzung der Einrichtungen, vor allem der Kindertagesstätten und Familienzentren mit der Familienbildung, war ein häufig aufgegriffener Themenstrang. Wie kann eine gute wechselseitige Akzeptanz und Entlastung geschaffen werden? Es war Konsens, dass ErzieherInnen nicht immer alles (alleine) leisten können und auch nicht müssen. Gute Absprachen und vertrauensvolle Kooperationen der Einrichtungen untereinander (Familienbildung, Familienzentrum, Frühe Hilfen, etc.) können den Druck nehmen. Gleichzeitig profitieren Familien davon, da sie ein großes Angebot an AnsprechpartnerInnen und Bildungsangeboten haben. Es wurde aber auch diskutiert, dass mitunter Konkurrenzdenken oder wechselseitige Abwertungen die Zusammenarbeit erschweren und dem entgegen gewirkt werden müsse.

Die Rahmenbedingungen, mit denen sich Einrichtungen zu arrangieren haben, waren ein weiterer wichtiger Punkt.

Weder können Räumlichkeiten vergrößert werden, obwohl man gerne mehr Platz hätte, noch kann der Träger gewechselt werden, mit dessen Vorstellungen und Forderungen die Fachkräfte vielleicht nicht immer konform gehen. Auch der (zu niedrige) Personalschlüssel und die (meist zu knappe) Zeit sind nicht gerade die besten Gelingensbedingungen.

Das Gespräch nahm eine interessante Wendung, als es darum ging, einerseits das Beste oder ganz Ungewohntes aus den Situationen zu machen, aber auch die Grenzen der Möglichkeiten zu akzeptieren. Könnte das Personal durch eine engagierte Elternschaft unterstützt werden? Könnten Arbeitsgespräche häufiger mit dem Träger stattfinden, um gemeinsame Vorstellungen zu erarbeiten, auch im Hinblick auf die Entlastung und Arbeitsgesundheit (Personalschlüssel, Vertretungen,...)? Gäbe es Möglichkeiten, sich zu ungewohnten Zeiten an ungewohnten Orten mit Eltern zu treffen, z.B. an einem Samstag in dem Eiscafé am Marktplatz oder an einem Sonntag zum Familienfrühstück in der Einrichtung?

Die Entlastung der Fachkräfte war ein Thema, das immer wieder auftauchte. Nicht nur die Rechte von Eltern und Kindern sollten in der Einrichtung vertreten werden, sondern auch die der Fachkräfte. Wie können Mitarbeiterinnen den Eltern gegenüber Rechte formulieren? Wie können sie lernen, sich abzugrenzen, falls das nötig ist? Wären dadurch Klarheit, Sicherheit und Entlastung im Arbeitsalltag möglich?

Das letzte große Thema betraf die Weiterbildung der Fachkräfte, durch die sie nicht nur ihre berufliche Identität und Haltung stärken könnten, sondern sie auch an aktuellen Forschungsergebnissen, Trends und Entwicklungen teilhaben ließe. Dazu gehörten auch die Supervision und Begleitung der Fachkräften, der Träger und Einrichtungen, was als wünschenswert gefordert wurde. Wenn die oft schlechten Rahmenbedingungen nicht wären, wie z.B. die nicht vorhandene Zeit oder vor allem auch die fehlende Finanzierung, wäre manches leichter, so die Voten der Fachkräfte. Womit dann wieder, wie so oft, die Rahmenbedingungen im Mittelpunkt der Diskussion standen. Aber es gab von einigen TeilnehmerInnen das „trotzige Dennoch" und den Verweis auf noch ungenutzte Möglichkeiten, Kreativität und die Potentiale der Eltern, die oft zu wenig genutzt würden. Wie wäre es, wenn Eltern Sponsoren fänden? Wie könnten die Räume anders und besser genutzt werden? Wie viel Bereitschaft gäbe es, für eine Supervisionsstunde die Freizeit zu opfern?

Wie aus dieser Zusammenfassung zu entnehmen ist, hat es an Gesprächsstoff nicht gemangelt. Wir sind froh, dass sich diese Möglichkeit für uns ergeben hat, denn der rege Austausch war für alle Beteiligten hilfreich und wertvoll. Danke an die pädagogischen Fachkräfte, die sich an unserem Fachtag mit uns auf den Weg gemacht haben.

5.5. Eltern und Fachkräfte im Dialog: Eine Doppelperspektive auf die Zusammenarbeit

Sarah Hoffmann

Die Ergründung und Klärung von Erwartungen, Ängsten, Wünschen und Missverständnissen in der Zusammenarbeit zwischen pädagogischem Fachpersonal und Eltern erfordert einen offenen, achtsamen und respektvollen Dialog auf beiden Seiten. Wie wird Zusammenarbeit von den Beteiligten erlebt und gelebt? Wo gibt es Übereinstimmungen in der Wahrnehmung und wo unterscheidet sie sich? Welche Gedanken, Assoziationen, Bilder werden beim Thema Zusammenarbeit geweckt? Was brauchen die Eltern einerseits, die Fachkräfte andererseits, damit sie sich wirklich auf eine Erziehungs- und Bildungspartnerschaft einlassen können? Und schlussendlich: Welche Grenzen werden von beiden Seiten wahrgenommen und gesetzt?

Diese Fragen stehen im Fokus des folgenden Artikels, der anhand transkribierter Aussagen aus zwei Dialogrunden mit Eltern und Erzieherinnen aus einem Familienzentrum in Bergheim sowohl die Perspektive der Eltern als auch die der pädagogischen Fachkräfte in den Blick nehmen und diese mit den vom Forschungsteam erarbeiteten Qualitätsfragen in Verbindung setzen wird.

Ausgangspunkt

Im Mai 2013 hat die Autorin im Familienzentrum Abenteuerland an zwei aufeinanderfolgenden Tagen Dialogrunden durchgeführt, also Gesprächskreise, die u.a. nach den vier Praktiken des Dialogs – Zuhören, Respektieren, Suspendieren, Artikulieren (Isaacs 2011: 84) – geleitet und begleitet werden. Methodisch wird in Dialogrunden u.a. oft ein Redegegenstand genutzt, der in die Mitte des Stuhlkreises gelegt und von der Person aufgenommen wird, die sprechen möchte. Dieser ermöglicht ihr, sich in Ruhe und Zeit auszudrücken, ohne dabei unterbrochen zu werden. Außerdem wird durch den Einsatz des Sprechsteins automatisch eine Verlangsamung des Dialogs herbeigeführt.

Für die erste Dialogrunde konnten drei Mütter mit unterschiedlichen Migrationshintergründen gewonnen werden. Angemeldet hatten sich zehn Mütter, die aber aus verschiedenen privaten Gründen absagen mussten – eine nicht beeinflussbare Variable, die häufiger in der Arbeit mit Familien vorkommt und verständlicherweise bei den pädagogischen Fachkräften zu Frustrationsgefühlen führen kann. Die anfängliche Enttäuschung über die geringe Teilnehmerzahl verwandelte sich aber schnell in große Dankbarkeit gegenüber den drei anwesenden Müttern, die den Dialog durch ihre offenen Aussagen sehr bereicherten und dadurch die Größe der Gruppe unerheblich werden ließen. Zu der zweiten Dialogrunde fanden sich neun Teammitglieder ein, unter ihnen auch die Leitung der Einrichtung. Die Runden wurden offen gestaltet, d.h. als einzige Anregung wurde darum gebeten, sich auf das Thema Zusammenarbeit zu konzentrieren. Um die Ergebnisse nicht durch wechselnde Rahmenbedingungen zu beeinflussen, wurde auf möglichst identische Bedingungen und Abläufe geachtet.

Abb. 1: Die Mitte

Quelle: eigenes Foto

Die Mitte bestand aus ausgewählten Gegenständen[1], die allesamt als Sprechstein benutzt werden konnten. Diese Vielfalt an Objekten sollte Assoziationen wecken und dadurch einerseits einen leichteren Einstieg ins Gespräch ermöglichen und die Teilnehmerinnen anderseits zu einem symbolischeren, weniger formalen Denken anregen.

Nach dem Ankommen der Teilnehmerinnen bat die Autorin diese, sich nacheinander jeweils einen Gegenstand zu nehmen, ihn kurz zu benennen und frei zu erzählen, was ihnen zu dem Thema Zusammenarbeit einfällt. Anschließend sollte der Gegenstand wieder in die Mitte zurückgelegt werden. Nach der Dialogrunde hatte jede Teilnehmerin die Möglichkeit, in einem persönlichen Schlusswort zu erzählen, wie sie die Runde erlebt hat.

Die unterschiedlichen Redegegenstände erwiesen sich als wertvolle Gedankenanreger und -stützen. Sowohl bei den Eltern als auch bei den Fachkräften entwickelte sich ein vielseitiger Austausch mit unterschiedlichen Ideen und Visionen, welche wiederum weiter- und umgedacht wurden. Es manifestierte sich das, was Isaacs als „die Kunst, gemeinsam zu denken" umschreibt, nämlich „die eigenen

1 Ball, Boxhandschuh, Tüte mit Blumensamen, Seil, Netz, Schloss mit Schlüssel, Schildkröte, Kästchen, Kerze, Blumen, Legosteine, Amboss, Stein aus Katzengold, Puzzlestück „Zusammenarbeit", Buch mit dem Titel: „Bitte nicht helfen, es ist auch so schon schwer genug", Bungeeseil, Kanone, Maschendrahtzaun, Karton mit einem Ausrufezeichen, Steuerrad mit Kompass.

Meinungen in der Schwebe zu halten und sie zu überprüfen, sich die Ansichten aller anderen Teilnehmer anzuhören, sie in der Schwebe zu halten und zu sehen, welchen Sinn sie haben“ (Bohm 2005: 66).

Vorstellung der Einrichtung

Das Familienzentrum Abenteuerland befindet sich in Bergheim Süd-West, einem sogenannten „Stadtteil mit besonderem Erneuerungsbedarf“. Die Bevölkerungsstruktur ist geprägt von einem hohen Anteil an Zuwandererfamilien aus insgesamt 62 Nationen. Viele Einwohner beziehen Leistungen nach SGB II (vgl. Grant 2011: 1).

Der größte Teil der Familien aus dem Abenteuerland können ebenfalls als finanzschwach bezeichnet werden: 70% derjenigen, die die Einrichtung besuchen, sind vom Elternbeitrag befreit (vgl. ebd.: 2). Mit einem Anteil von 68% Familien mit Migrationshintergrund (ebd.: 1) ist das Familienzentrum außerdem ein Begegnungsort unterschiedlicher Kulturen, Traditionen, Werten und Ordnungen. Dieser Reichtum ermöglicht es einerseits, Vielfalt, Komplexität, Unterschiede, aber auch Gemeinsamkeiten und Verbindungen zwischen den Menschen zu erfahren. Der Umgang mit anderen Kulturen und der Fremdheit, die damit einhergeht, kann aber auch Angst, Misstrauen und Abgrenzung auslösen.

Vor diesem Hintergrund wurde eine Reihe von Angeboten und Prinzipien entwickelt, die die Arbeit vor Ort und die Philosophie der Einrichtung ausmachen, u.a.:

- Interkulturelle Öffnung als durchgängiges Prinzip der pädagogischen Arbeit
- Alle Familienangebote zielen auf die Begegnung, den Abbau von Vorurteilen, interkulturellen Dialog und Stärkung der Deutschkenntnisse
- Angebote der Kooperationspartner, wie beispielsweise Deutschkurse, Integrationskurse, Alphabetisierungskurse, Beratung Arbeitsloser, Schuldnerberatung, Bewerbungstraining etc.
- Beratungsnetz Bergheim Süd-West, Sozial- und Lebensberatung (eine gemeinsame Initiative des Familienzentrums mit vielen weiteren Partnern vor Ort) zur anonymen und kostenlosen Erstberatung (vgl. ebd.: 1)

Durch Fortbildungen und Supervisionen besitzt das Team außerdem umfassende Kenntnisse und Erfahrungen in der Arbeit mit dem Dialog und der positiven Familienberatung: Eine wertschätzende, ressourcenorientierte, offene und vorurteilsbewusste Haltung gegenüber den Familien gehört zum beruflichen und fachlichen Selbstverständnis der Teammitglieder. Diese Haltung wird, wie im folgendem feststellbar, von den Müttern wahrgenommen und geschätzt.

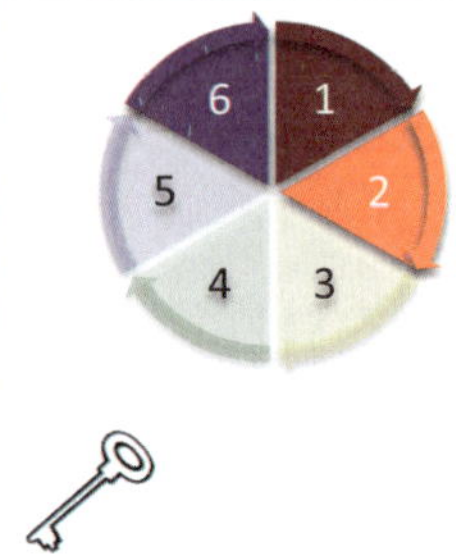

Vielfalt
Transparenz
Kommunikation
Gleichwürdigkeit
Raum und Zeit

Alle drei Mütter sind begeistert von der Offenheit, der Wärme, der Toleranz und Akzeptanz, die das pädagogische Fachpersonal ausstrahlt. Jede(r) würde so genommen, wie er/sie sei, ohne wenn und aber, so eine Teilnehmerin. Die Erzieherinnen hätten immer Antworten auf ihre Fragen. *„Ich persönlich, wenn ich ein Problem habe, gehe ich erst hier zu meinen Erzieherinnen. (...) ich finde, auch außerhalb des Kindergartens kann ich mit den Erzieherinnen über andere Sachen sprechen."* Die Kita fungiert dabei als Container, also als geschützter Raum, in dem nichts nach außen dringt und die Anonymität der Hilfesuchenden gewahrt bleibt. Die Frauen beteuern, dass sie dem Fachpersonal vor Ort dadurch hundertprozentig vertrauen. Besonders beeindruckt zeigt sich dann auch eine Mutter über den großen persönlichen Einsatz der unterschiedlichen Erzieherinnen und ihr Interesse an den jeweiligen Familiengeschichten: *„Jede Familie, die Geschichte, auch die aktuellen Ereignisse im Kopf zu haben, helfen zu wollen, immer dabei zu sein, das ist schon eine enorme Anstrengung, eine enorme Arbeit."* Sie erwähnt eine schwierige Familienphase, in der die Erzieherinnen sie begleitet, beraten und unterstützt haben. In der Dialogrunde gibt sie ihre Dankbarkeit kund, dass die Initiative damals von den Erzieherinnen ausging, da sie sich in der Situation schwer öffnen konnte und sie umgekehrt nicht auf die Erzieherinnen zugegangen wäre.

Die Mütter fühlen sich außerdem meist verstanden und in ihrer kulturellen Vielfalt akzeptiert und wertgeschätzt. Sie führen dies auf das Wissen des Fachpersonals und deren Erfahrungen in der Zusammenarbeit mit Menschen, u.a. mit Migrationshintergrund, zurück. *„Da wird keiner benachteiligt, weil er jetzt noch kein Deutsch kann, weil er jetzt die islamische Religion hat, weil er schüchtern ist oder weil er irgendwie ängstlich ist. Es wird auf diese Person nochmal extra eingegangen und man wird auch, ich zumindest, immer wieder motiviert, zu einem Angebot zu kommen, ständig immer wieder informiert, immer wieder daran erinnert."* Eine Mutter erzählt, dass sie in dem vorherigen Kindergarten mit keiner Erzieherin sprechen konnte, da diese ihr immer signalisiert haben, sie hätten keine Zeit zum Reden. Da sie der deutschen Sprache noch nicht so mächtig ist, fällt ihr im Abenteuerland besonders positiv die Geduld auf, die die Erzieherinnen im Kontakt mit ihr aufbringen: „Manchmal ich frage ein Wort dreimal, viermal: *„Was? Ich habe nicht so verstanden." (...) Die erzählen wieder und wieder und wieder, das finde ich so toll."*

Auch die Wünsche bezüglich der Erziehung der Kinder werden ernst genommen und umgesetzt, Missverständnisse im Dialog zwischen den betroffenen Personen geklärt: *„Wenn ich einen Fehler sehe und ich den anspreche, und nehmen wir mal an, diejenige ist jetzt nicht da, worum es geht, wird es weiter gegeben. Am nächsten Morgen komm' ich hierhin, dann kommt die Person auf mich zu und sagt dann: „Ja, hör' mal zu,*

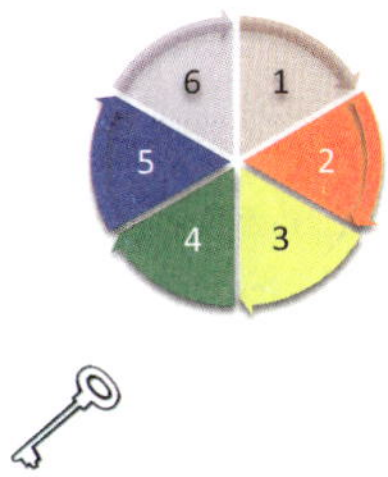

Vielfalt
Transparenz
Kommunikation
Gleichwürdigkeit
Raum und Zeit
Reflexion

das wusste ich nicht, tut mir leid. Also, die lassen das quasi nicht unter den Tisch fallen, sondern die erzählen das weiter, geben das weiter, das finde ich hat auch viel mit Zusammenarbeit zu tun, weil wenn die ja nichts wissen von meinem Kind, dann kann man nicht zusammenarbeiten.“

Dass die Erzieherinnen immer wieder auf die Eltern zukommen, sie ansprechen, an Termine erinnern und zur Teilnahme an Angeboten motivieren, wird von den Müttern ebenfalls als sehr positiv empfunden. Sie würden nicht müde, immer wieder nachzufragen, so ein Mutter, aber ohne dass dies jemals in Zwang ausarte. Dabei bezeichnen die Mütter die Angebotsstruktur als sehr gelungen: „*Die machen nicht nur für die Kinder was, sondern auch für die Mütter. Für die Familie.*“ Durch immer neue Angebote könnte die Zusammenarbeit immer weiter leben und blühen, so behauptet eine Teilnehmerin.

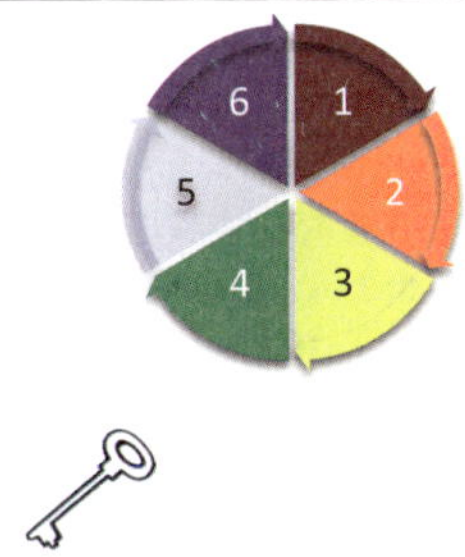

Vielfalt
Transparenz
Kommunikation
Raum und Zeit

Zusammenarbeit aus Sicht der Fachkräfte

Blühen ist auch ein Thema bei den Erzieherinnen, die unter anderem das Samentütchen als Symbol nutzen, um die Zusammenarbeit mit den Eltern zu beschreiben. In einer Metapher weist eine Fachkraft darauf hin, dass nicht alle Samen, auch nicht bei gleicher Voraussetzung und Pflege, identisch aufgehen würden. Außerdem, so eine andere Teilnehmerin, handele es sich bei dem Tütchen ja um eine Samenmischung, und so vielfältig wie die unterschiedlichen Blumen seien auch die Eltern: „*Bei den Samen sind auch schnellwachsende dabei, da sind welche dabei, die drücken die anderen an die Seite, es gibt zarte Pflänzchen, die müssen gehegt und gepflegt werden (...) Jede Pflanze braucht auch unterschiedliche Pflege. Die einen brauchen hier noch einen Dünger, die anderen da, und manchmal auch gar keinen, genau, (...) sie sprießen von alleine.*“ Eine andere Erzieherin spinnt dieses Bild weiter und gibt zu bedenken, dass sie hier in der Partnerschaft mit den Eltern dafür sorgen können, dass bestimme Samenkörner ausgelegt werden, sie aber nicht für die Früchte verantwortlich seien: „*Und das ist mir nochmal ganz deutlich geworden, dass ich in erster Linie verantwortlich bin, was ich fühle, was ich sage, wie ich mich verhalte, aber was die Eltern annehmen, welcher Samen jetzt aufgeht und welche Früchte sich entwickeln, das liegt auch in der Verantwortung der Eltern. Und ich kann da wertschätzend begleiten, aber ansonsten ist es das Leben des Anderen.*“

Vielfalt
Reflexion
Verantwortung zutrauen und abgeben

Auch die Schildkröte erwies sich als Gegenstand mit vielen Interpretationsmöglichkeiten. Für die eine Teilnehmerin steht sie symbolisch für das unterschiedliche Tempo, mit denen das Band der Zusammenarbeit mit den Eltern geknüpft werden kann. Für die andere ist sie eine Erinnerung daran, dass sie sich im Kontakt mit Eltern Zeit lassen muss: *„Ich muss wirklich langsamer werden und nicht sofort meine Gedanken oder meine Meinung bilden über jemanden, sondern mich auch zurücknehmen, hinterfragen. Und deswegen auch die Schildkröte."*

Überhaupt steht die kritische Selbstreflexion, die Überprüfung von Annahmen und Erwartungen im Vordergrund der Dialogrunde. Eine Teilnehmerin gesteht, sie habe manchmal damit zu kämpfen, dass die Eltern wenig Rückmeldungen geben, auch dann nicht, wenn sie darum gebeten werden. Das sei dann sehr anstrengend und gäbe ihr das Gefühl, nicht ernst genommen zu werden. Außerdem fühle sie sich oft als die Gebende, ohne dass viel zurückkäme. (Interessanterweise wird das wiederholte „Anwerben" und Informieren von den Müttern selbst als positive Unterstützung gewertet und durchaus wertgeschätzt). Weiterhin kritisiert eine Erzieherin, dass zum Beispiel bei gemeinsamen Feiern wenig Unterstützung von Seiten der Eltern käme. Im gleichen Atemzug gibt sie aber zu bedenken, ihre Erwartungshaltung noch einmal überprüfen zu müssen, da ihr Anspruch vielleicht einfach zu hoch sei.

Die Erzieherinnen nutzen Supervisionen, um positive und negative Erfahrungen in der Zusammenarbeit mit Eltern zu reflektieren und sich so als Team gemeinsam weiterzuentwickeln. Diese lernende Haltung hilft dem pädagogischen Fachpersonal, mit (eigenen) Grenzen und Störungspotentialen umzugehen und sie bzw. sich zu hinterfragen. Eine Teilnehmerin erwähnt einen Austausch mit einer Kollegin, der ihr geholfen hat, *„mal auf mich zu schauen, auf meine Vergangenheit, wie ich gelebt habe, was mich stört an mir, (...). Und da konnte man dann auch sehen: Woran arbeite ich eigentlich? Und dann konnte ich auch sehen, dass ich einige Annahmen widerrufen konnte"*.

Gegen Abschluss kam die Idee auf, auf Stadtebene einen Dialogaustausch zu organisieren, bei dem sich Eltern und ErzieherInnen offen über ihre jeweiligen Erfahrungen, Bedürfnisse, Überforderungen und Grenzen austauschen können. Auch das Forschungsteam misst der Kommunikation und der Reflexion eine bedeutsame Rolle bei der Aufrechterhaltung einer gelingenden Zusammenarbeit bei. Zusammenarbeit als Prozess verlangt eine ständige Überprüfung dessen, was gut läuft und was nicht und warum das so ist. Dabei ist die Kenntnis der Perspektive aller Beteiligten ein wichtiger Schlüssel für die weitere Gestaltung und Zielsetzung der pädagogischen Arbeit. Aus diesem Grund sei den Teilnehmerinnen der beiden Dialogrunden herzlichst gedankt. Ihre Offenheit hat es der Forschungsgruppe ermöglicht, ihre Arbeit mithilfe realitätsnaher Aussagen zu überprüfen und zu erweitern, sich aber auch in ihren Reflexionen und Ergebnissen bestärkt und bestätigt zu fühlen.

Erläuterung

Qualitätsfragen:

- 1: Familien in der Einrichtung willkommen heißen
- 2: Achtsam und konstruktiv kommunizieren
- 3: Erziehungs- und Bildungspartnerschaft gestalten
- 4: Partizipation praktizieren
- 5: Gemeinsam für die Rechte des Kindes eintreten
- 6: Gemeinsam soziale Netzwerke knüpfen und pflegen

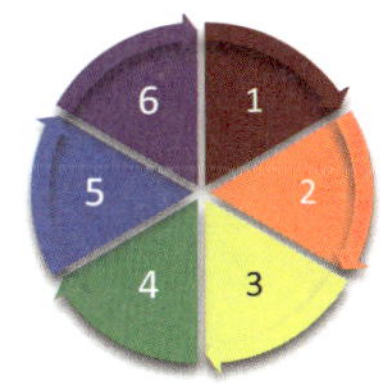

Schlüsselbegriff

Grenze

Literaturverzeichnis

Bohm, David/Nichol, Lee (Hrsg.) (2005): Der Dialog: Das offene Gespräch am Ende der Diskussion. 4. Aufl. Stuttgart: Klett-Cotta.

Grant, Hella (2011): Sozialraumanalyse der Kita Abenteuerland (unveröff.).

Isaacs, William (2011): Dialog als Kunst gemeinsam zu denken: Die neue Kommunikationskultur in Organisationen. 2. Aufl. Bergisch Gladbach: EHP.

Teil 2
Zusammenarbeit mit Familien – weitere Perspektiven

Überblick

Anna Bairuk

Im Rahmen meines Masterstudiums „Pädagogik und Management in der Sozialen Arbeit“ habe ich mich besonders auf die Zusammenarbeit mit Familien spezialisiert. Als wissenschaftliche Mitarbeiterin in dem Lehr- und Lernforschungsprojekt von Prof. Dr. Sigrid Tschöpe-Scheffler zum Thema „Qualitätsfragen und Haltung in der Familienbildung“ habe ich u.a. meinen Schwerpunkt auf die aktuelle Diskussion und die Auswertung der Literatur gelegt. Von daher lag es nahe, dass ich im Folgenden die Beiträge im zweiten Teil des Buches kurz zusammenfasse, damit der Leserin und dem Leser vorab ein Überblick zur Verfügung steht.

Im zweiten Teil des Buches werden weitere fachliche Perspektiven im Hinblick auf die Qualität der Zusammenarbeit mit Eltern präsentiert, u. zw. aus der Sicht der Autorinnen und Autoren Johannes Schopp und Jana Marek, Rainer Strätz, Christiane Solf und Verena Wittke, Xenia Roth sowie Karolin Königsfeld, die sich mit den Themen Dialog, Qualität, Partizipation, Erziehungs- und Bildungspartnerschaft und der Umsetzung der Qualitätsstandards in den Frühen Hilfen auseinandersetzen.

Rainer Strätz widmet sich in seinem Beitrag der besonderen Rolle des Qualitätsmanagements im pädagogischen Sektor, dabei betont er die Unabdingbarkeit klarer Vereinbarungen sowie strukturierter Ablaufprozesse für die erfolgreiche Durchführung von Projekten sowie für die Entwicklung von qualitativ wirkungsvollen Konzepten. Strätz hebt verschiedene Punkte der Qualitätsbestimmung hervor, wie „Kundenzufriedenheit“, „statische“ und „dynamische Qualitätsauffassung“, „Qualitätsbereiche und -dimensionen“, „Qualitätskriterien und -indikatoren“. Dabei unterscheidet Strätz zwischen fünf verschiedenen Qualitätsbereichen: Orientierungs-, Struktur-, Prozess-, Entwicklung- und Ergebnisqualität, die er jeweils mit anschaulichen Beispielen verdeutlicht. Er weist darauf hin, dass Qualität von allen der im Prozess beteiligten Akteurinnen und Akteuren bestimmt wird. Demzufolge ist die Qualität der Zusammenarbeit mit Eltern für eine Einrichtung ebenso wesentlich wie die Qualität des Umgangs der pädagogischen Fachkräfte mit den Kindern. Für die drei Schritte des Qualitätsmanagements – Feststellung, Weiterentwicklung, Sicherung – differenziert Strätz im Hinblick auf die pädagogischen Instrumente zwischen externer und interner Evaluation. Abschließend stellt er nicht nur Transparenz, Verbindlichkeit und Reflexion als die drei wesentlichen Ziele dar, sondern beschreibt auch die Voraussetzungen sowie die Herausforderungen des pädagogischen Qualitätsmanagements.

Johannes Schopp und Jana Marek stellen in ihrem Beitrag das Lernen im Dialog mit Eltern vor. Im Mittelpunkt steht die dialogische Haltung, die fern von Belehrung und Diagnose zu einer inspirierenden Kommunikation zwischen den Eltern und der Dialogbegleiterin einlädt. Der Dialogprozess ermöglicht einen Raum jenseits von ‚richtig' und ‚falsch', da jede Familie einzigartig ist. Ihre jeweiligen Herausforderungen lassen sich nicht mit vorbereiteten Referaten, Erklärungsmodellen, Konzepten und Methoden lösen. Schopp und Marek beschreiben als Basics für den Dialog, die „Kernfähigkeiten" von Freemann Dorithy und Martina Hartkemeyer. Die Autoren sehen im radikalen Respekt vor den eigenwilligen Lebensentwürfen der Eltern und deren Kinder den Ausgangspunkt für gelingende Dialoge.

Unter dem Abschnitt „Schatzsuche statt Fehlerfandung" beschreiben sie, wie die Theorie der Saltuogenese von Antonowsky praktisch umgesetzt wird und wie die Fragen und Themen der Eltern in den Mittelpunkt des Dialogprozesses gestellt werden. Der Dialogprozess eröffnet einen Raum für Selbstwirksamkeit, in dem die Eltern ihre eigenen Antworten finden. Das gemeinsame Lernen im Dialog ermöglicht so die Stärkung der Führungsverantwortung der Eltern. Dieser Prozess führt zu verblüffenden Entwicklungsschritten und Veränderungen in der Interaktion zwischen Eltern und Kindern. Ihren Beitrag schließen Schopp und Marek mit der Rolle des Humors im Dialog ab.

In ihrem Beitrag stellt **Xenia Roth** die Bedeutung der Erziehungs- und Bildungspartnerschaft heraus, die sie als „eine Herausforderung" bezeichnet. Im Weiteren erläutert sie das Ziel einer Erziehungs- und Bildungspartnerschaft, das in der Kooperation zwischen den Eltern und pädagogischen Fachkräften sowie in ihrer gegenseitigen Unterstützung zur bestmöglichen Förderung der betroffenen Kinder liegt. Darüber hinaus zählt Roth die verschiedenen Institutionen auf, in denen sich eine Erziehungs- und Bildungspartnerschaft mit Eltern ergibt (z.B. ASD des Jugendamtes oder in einer OGS). Sie unterscheidet zwischen: Elternarbeit/Zusammenarbeit/Partnerschaft. In ihrem Beitrag betont sie die Notwendigkeit der gegenseitigen Wertschätzung und geht auf die rechtlichen Rahmenbedingungen der Zusammenarbeit mit Eltern ein. Auch werden weitere Voraussetzungen im Hinblick auf die Rolle der pädagogischen Fachkräfte thematisiert. Es handelt sich beim Aufwachsen von Kindern und Jugendlichen um eine gesamtgesellschaftliche Aufgabe und um eine geteilte Verantwortung, die von den Eltern und vom Staat erbracht werden müssen. Abgeleitet wird diese These aus der Gerechtigkeitsfrage und dem Gebot der ökonomischen Effizienz. Abschließend unterstreicht Xenia Roth, dass öffentliche Institutionen als Dienstleister Eltern zu unterstützen haben sowie ihre Kompetenzen stärken müssen.

In ihrem Beitrag stellen **Verena Wittke** und **Christiane Solf** die Bedeutung der „Partizipation als Strukturmaxime und Handlungsprinzip" in der Eltern- und Familienbildung dar. Sie beziehen sich u.a. auf die Ergebnisse einer Studie zu den Beteiligungsmöglichkeiten von Eltern in Tagesgruppen. Sie gehen u.a. folgenden Fragen nach: Worin bestehen Wert und Ziel einer auf Partizipation gerichteten Familienbildung? Welche Rollen nehmen die beteiligten AkteurInnen ein? Wie kann ein Mehr an Partizipation in der Familienbildung umgesetzt werden und welche

Konsequenzen ergeben sich daraus? Des Weiteren beleuchten Wittke und Solf die Bedürfnisse von Eltern, die aus ihrer Sicht eine Triebfeder des Wunsches nach Partizipation darstellen. Thematisiert werden

- „das Bedürfnis nach Wertschätzung/Anerkennung/Zugehörigkeit;
- das Bedürfnis nach Entlastung und Unterstützung;
- das Bedürfnis nach Selbstbestimmung und Autonomie sowie
- das Bedürfnis nach Kompetenzerfahrung“.

Ferner erörtern die Autorinnen die wesentliche Bedeutung des ehrenamtlichen Engagements in einer partizipativen Familienbildung und formulieren Anregungen für eine beteiligungsorientierte Zusammenarbeit mit Eltern und Familien. Abschließend machen die Autorinnen deutlich, dass Partizipation für alle AkteurInnen eine Herausforderung darstellt und bestimmte Bedingungen auf struktureller wie auch fachlich-institutioneller Ebene voraussetzt. Sie ziehen ein prägnantes Fazit, in dem Partizipation als gemeinsamer (und bereichernder) Lernprozess aller beteiligten AkteurInnen verstanden wird, der die Entwicklung einer lebendigen Beteiligungskultur auf allen Ebenen ermöglicht und notwendig macht.

Karolin Königsfeld befasst sich in ihrem Artikel „Mit Eltern zusammenarbeiten in einem System früher Hilfen“ in erster Linie mit dem Begriff der „Frühen Hilfen“ und mit der Bedeutung sowohl für Kinder und Eltern als auch für Fachkräfte. Sie verweist besonders auf die Notwendigkeit und Wichtigkeit einer Förderung von Bindung, Bildung, Gesundheit und Erziehung in der Familie, dabei legt sie vor allem Wert auf die Unterstützung der Eltern bereits ab der Schwangerschaft und in den ersten drei Lebensjahren des Kindes. Neue Formen interdisziplinärer und partizipatorischer Zusammenarbeit auf der Kommunal-, Landes- und Bundesebene sollen einen Paradigmenwechsel hin zu proaktiver Entwicklungs- und Erziehungsförderung, präventivem Schutz des Kindeswohls und zur Wahrung der kindlichen Rechte bewirken. Sie betont die Vielzahl und Vielfalt der Angebote im Netzwerk Früher Hilfen und hebt im Hinblick auf einen leichten Zugang für Familien die Bedeutung des persönlichen Kontaktes aller Beteiligten hervor. In ihrem Beitrag unterstreicht sie die Rolle einer guten Verständigung zum Kindeswohl und transparenter Verfahren zum Schutzauftrag bei Kindeswohlgefährdung für die vertrauensvolle Zusammenarbeit, insbesondere im Hinblick auf psychisch belastete oder erkrankte Eltern und dem Jugendamt. Nach ihrer Auffassung sollen erfahrene Fachkräfte möglichst frühzeitig und auf Augenhöhe mit den Familien in die Planung passender Hilfen einbezogen werden. Sie plädiert für eine fundierte Thematisierung der Hauptbelastungslagen (Armut, psychische Erkrankung und soziale Isolation) mit Fachkräften und Familien im Netzwerk, damit ein konstruktiver Bürgerdialog „zum Wohle von Kindern, Familien und Gesellschaft“ entstehen kann.

1. Qualitätsmanagement im pädagogischen Bereich? Ja, aber...

Chancen und Tücken eines relativ neuen Instruments

Rainer Strätz

„Qualitätsmanagement" ist eine der vielen Möglichkeiten, pädagogische Institutionen zu verbessern – nicht mehr und nicht weniger. Als allerdings der Begriff und die ersten Instrumente vor etwa fünfzehn Jahren in den Bereich der Tageseinrichtungen für Kinder eingeführt wurden, waren große Erwartungen und vollmundige Versprechungen damit verbunden: Die Stärken und Schwächen jeder Einrichtung würden schnell und objektiv festgestellt, Schritte zur Verbesserung punktgenau und wirksam eingeleitet. Der Wortteil „Management" weist allerdings deutlich darauf hin, dass es nur um Methoden, Verfahren und Instrumente geht, von denen jede(s) einen bestimmten Anwendungsbereich, Stärken und ebenso Schwächen hat und von denen keine(s) die entscheidenden Fragen nach den zentral wichtigen pädagogischen Zielsetzungen und den bedeutsamen Inhalten beantwortet, sondern deren Beantwortung implizit voraussetzt.

„Management" hat im pädagogischen Raum traditionell einen schlechten Ruf; viele glauben, dass gute Dinge schon „von selbst" laufen. Allerdings zeigt die Erfahrung, dass Planungen, Konzepte oder Projekte oft nicht an unrealistischen Zielsetzungen oder an fachlichen Mängeln scheitern, sondern an schlichten organisatorischen Unzulänglichkeiten. Klare Vereinbarungen und strukturierte Abläufe, wie sie das Qualitätsmanagement vorsieht, vermindern auch in pädagogischen Berufen Stress und kommen der Qualität der Arbeit zugute.

1. 1. Grundfragen der Bestimmung pädagogischer Qualität

Das Wort „Qualität" bedeutet eigentlich nur „Beschaffenheit" – ohne jede Bewertung. Diese Bedeutung gibt es heute fast nur noch bei Kartoffeln; ob jemand lieber eine „festkochende Qualität" isst oder die mehligere Sorte vorzieht, ist ihm überlassen. In allen anderen Fällen ist „Qualität" gleichbedeutend mit „guter Qualität", wodurch umgehend die Frage entsteht, wo im pädagogischen Bereich der Bewertungsmaßstab herkommen soll: Lassen sich hier überhaupt Maßstäbe festlegen, die allgemein gelten könnten? Es scheint so, als ob drei Argumente dagegen sprächen:

1) *„Pädagogisches Handeln lässt sich nicht messen, d.h. von außen nicht beurteilen!“*

Früher war häufig zu hören, dass pädagogisches Geschehen grundsätzlich nicht messbar sei, ein grundsätzlicher Unterschied zu den Abläufen in Betrieben wurde betont. Als Erfahrung mit Führungskräften in Betrieben formuliert jedoch Phil Crosby: „Sicher werden Sie Einwände hören, dass einige Aufgaben schlechterdings unmessbar seien. Hier müssen Sie mit der Frage kontern, wie sich dann überhaupt beurteilen lasse, welche Leute sich für welche Arbeit am besten eignen, welche Leute entlassen und welche besonders ausgezeichnet werden sollten. *Alles ist messbar, wenn es sein muss*“ (Crosby 1986: 15, kursiv R.S).

Auf Tageseinrichtungen für Kinder übertragen hieße das: Alle ErzieherInnen haben – zumindest unausgesprochen – Maßstäbe dafür, was für sie eine „gute“ Leiterin oder Kollegin, eine „gute“ Einrichtung und „gute“ pädagogische Arbeit bedeuten. Jede Erzieherin, die einen Vormittag lang in einer fremden Einrichtung hospitiert, würde danach sagen können, ob Sie in dieser Einrichtung selbst gern arbeiten würde oder nicht.

ErzieherInnen *bewerten* also Einrichtungen und KollegInnen. Die Bewertungsmaßstäbe mögen zwar recht verschwommen und sehr unterschiedlich sein, aber das sind dann zwei weitere Fragen: Wie lassen sich Bewertungsmaßstäbe präzisieren und worüber können wir uns einigen? Grundsätzlich aber gilt: Auch aus der Sicht der Fachkräfte selbst gibt es Bewertungsmaßstäbe für pädagogisches Handeln.

2) *„Jeder Tag ist anders!“*

Die Abläufe in einer Einrichtung sind von Tag zu Tag, von Fachkraft zu Fachkraft, von Kind zu Kind unterschiedlich – was kann da vergleichbar bewertet werden? „Oft wird die Meinung vertreten, Dienstleistungen sind individuelle Einzelleistungen, die nicht planbar und systematisierbar sind. Dies trifft zwar auf die *Inhalte* vieler Dienstleistungen zu, nicht jedoch auf die *Abläufe*. Selbst bei kundenindividuellen Leistungen wie der Unternehmensberatung lassen sich immer wiederkehrende Teilleistungen und Ablaufschritte identifizieren, z.B. die Angebotserstellung, die Projektdokumentation und das Projektmanagement. Die systematische Planung auch individueller Leistungen erhöht die Professionalität der Leistungserbringung“ (Eversheim 1997: 6f., kursiv R.S.).

Das bedeutet für die Arbeit in einer Tageseinrichtung für Kinder zum Beispiel:

- *Projektarbeit* mit Kindern hat unterschiedliche Anlässe, Inhalte und Verläufe. Aber es gibt immer wiederkehrende Schritte der Planung, Durchführung und Reflexion bei Projekten, und um deren Qualität geht es.
- *Gespräche mit Eltern* haben alle möglichen Anlässe, betreffen unterschiedliche Themen und haben sehr verschiedene Ergebnisse. Aber es gibt bewährte allgemeine Regeln für die professionelle Vorbereitung, Durchführung und Auswer-

tung solcher Gespräche, und es kann festgestellt werden, inwieweit diese Regeln befolgt wurden.

Damit wird auch deutlich, warum das Qualitätsmanagement nur einen Beitrag zur Verbesserung pädagogischer Institutionen leisten kann und andere Instrumente nicht außer Kraft setzt: Weder vermittelt es die genannten Regeln professionellen Handelns oder verbessert ihre Anwendung (das ist die Aufgabe der *Aus- und Fortbildung*), noch geht es der Frage nach, warum im Einzelfall das pädagogische Handeln nicht so realisiert wurde wie gewünscht (das ist eine Frage an *Supervision* oder *Coaching*). Allgemein formulierte Regeln sind zudem abstrakt; erst anschauliche Beispiele (zum Beispiel in *Konsultationskitas* oder durch Praxisbeispiele in der *Fachliteratur*) zeigen, was konkret gemeint ist. Die ständige Umsetzung von Theorie in Praxis und zurück ist schließlich der Grund, weshalb der *fachliche Diskurs* zum Beispiel im Team oder auf Leitungskonferenzen nach wie vor ein zentrales Instrument der fachlichen Weiterentwicklung ist.

3) *„Erziehung geschieht arbeitsteilig!"*

Tageseinrichtungen für Kinder arbeiten familienergänzend, die Entwicklung von Kindern hängt von den familiären Gegebenheiten wahrscheinlich stärker ab als von der Förderung in der Tageseinrichtung, wir können und dürfen die Eltern aus ihrer Erziehungsverantwortung nicht entlassen. Auch dies ist nichts Besonderes; die Mitwirkung des Empfängers bzw. Nutzers und sein Einfluss auf das Ergebnis gelten für *alle* Dienstleistungen: „Wenn z.B. der Mandant eines Anwalts seinen Fall nicht richtig schildert, kann dieser ihn nicht optimal vertreten. Wenn ein Patient seinem Arzt Symptome verschweigt, kann dieser keine richtige Diagnose stellen" (Eversheim 1997: 101). Das bedeutet zweierlei: Erstens ist die Qualität der Zusammenarbeit mit Eltern ein ebenso zentraler Qualitätsgesichtspunkt wie die Qualität des Umgangs mit den Kindern, zweitens gibt es dennoch einen Bereich, für dessen qualitative Ausgestaltung die Einrichtung verantwortlich ist.

1.2. Formen der Definition

Auch im pädagogischen Sektor ist also Qualität prinzipiell bestimmbar; die Frage bleibt allerdings, *wie*.

1.2.1. „Kundenzufriedenheit" als zentraler Maßstab?

Eine (zu) einfache Definitionsmöglichkeit lautet: Qualität ist das, was die Leute erwarten oder: „Qualität ist, wenn der Kunde wiederkommt und nicht das Produkt." Erwartungen und Zufriedenheit der Nutzer fungieren als oberstes Qualitätskriterium. Das Wort „Kunden" ist im Bereich der Tageseinrichtungen irreführrend[1] und unnötig, denn damit sind in der Regel Eltern und Kinder gemeint. Deren Zufriedenheit ist zwar sehr wichtig, aber nicht allein ausschlaggebend, denn es gibt nach wie vor fachliche Gesichtspunkte und Zielsetzungen, auf die eine pädagogische Institution nicht verzichten *kann*.

1.2.2. Die statische Qualitätsauffassung

Eine „statische Definition“ von Qualität lautet im Alltagsdeutsch: Qualität ist gegeben, wenn das getan wird, was getan werden soll. Dieser Auffassung folgend gibt es einen gleich bleibenden Katalog von Anforderungen, der „abzuarbeiten“ ist: „Qualität ist die Gesamtheit von Merkmalen einer Einheit bezüglich ihrer Eignung, festgelegte und vorausgesetzte Erfordernisse zu erfüllen“ (entsprechend DIN ISO 8402). Solche „Erfordernisse“ lassen sich einerseits ableiten aus rechtlichen Vorgaben des Bundes und des jeweiligen Bundeslandes oder aus Vorgaben des Trägers, andererseits aus fachlichen Kriterien wie z.B. entwicklungspsychologischen Erkenntnissen über die Entwicklungsschritte und -aufgaben der Kinder oder solchen über kindliche Grundbedürfnisse.

Gerade im pädagogischen Bereich ist ein weiteres, viertes Moment besonders wichtig: Qualität leitet sich nicht zuletzt aus unseren Leitbildern, unseren pädagogischen Zielvorstellungen ab. Nur wenn wir uns darüber im Klaren sind, welches Bild vom Kind wir haben, welche Vorstellungen von einer menschlichen Gesellschaft und vom Zusammenleben der Menschen, können wir darüber reden, ob das, was in dieser oder jener Einrichtung geschieht, gut ist oder nicht.

Ein gutes Gespräch mit Eltern zum Beispiel muss die vier Gesichtspunkte berücksichtigen:

- Rechtliche Bestimmungen z.B. zum Daten- oder Vertrauensschutz müssen befolgt werden.
- Die Erwartungen der Eltern müssen berücksichtigt werden.
- Fachliches „Know-how“ über effiziente Gesprächsführung muss erkennbar sein.
- Und – nicht zuletzt: Ein gutes Gespräch muss unseren Vorstellungen davon entsprechen, wie Menschen miteinander umgehen sollten.

Qualitätsmaßstäbe können daher nicht „rein wissenschaftlich begründet“ werden. Fachliche Überlegungen sind zwar ein wichtiger, aber nicht der allein entscheidende Faktor – auch deshalb nicht, weil unser gesichertes Wissen über Bildungs- und

1 ErzieherInnen arbeiten so wenig für „Kunden“ wie ÄrztInnen oder RechtsanwältInnen, die spezifische Beziehung einer Erzieherin zu den Kindern wie auch zu den Eltern braucht eine andere Bezeichnung. Aber auch den Eltern wird die Bezeichnung „Kunde“ nicht gerecht; sie unterschlägt zum Beispiel den ungeheuren Vertrauensvorschuss, den Eltern den ErzieherInnen geben, denen sie ihr Kind anvertrauen. Davon unabhängig sollten alle Einrichtungen die Wünsche und Erwartungen der Eltern und der Kinder so ernst nehmen, wie viele es schon längst tun.

Entwicklungsprozesse von Kindern wie auch über Prozesse der Familienbildung oder Erziehungsberatung noch lückenhaft ist. Qualitätsmerkmale können also nur im Konsens von möglichst vielen Beteiligten *vereinbart* werden.

1.2.3. „Qualität" als dynamisches Konstrukt

Auch das gilt nur „bis auf Weiteres“: Qualitätsmaßstäbe müssen ständig überprüft und wenn nötig verändert werden. Insbesondere die Leitbilder und Orientierungen enthalten viel „Zeitgeist“; unsere Großeltern wären wahrscheinlich entsetzt, wenn sie in einer heutigen Tageseinrichtung sähen, wie die Menschen miteinander umgehen – insbesondere die kleinen Menschen mit den großen. Zu Kaisers Zeiten hatte es so etwas bestimmt nicht gegeben...

Die „dynamische“ Auffassung betont daher, dass die pädagogische Qualität in erster Linie bestimmt wird durch die Fähigkeit, auf Veränderungen angemessen und schnell zu antworten. Von Tageseinrichtungen als „lernenden Organisationen“ ist die Rede, die für ihre eigene Weiterentwicklung sorgen und ständig reflektieren, was angesichts sich ändernder Lebensbedingungen von Kindern und Familien beibehalten und was verändert werden sollte.

Dynamik ergibt sich auch durch die ständige Herausforderung, allgemeine Prinzipien mit Überlegungen im Einzelfall zu verknüpfen: Jedes Kind ist anders, jede Familie ist anders, auch ErzieherInnen erleben und handeln (ein Stück weit) unterschiedlich, und nach wie vor hat jede(r) das Recht, authentisch zu agieren. Auch das Qualitätsmanagement darf von ErzieherInnen nicht verlangen, schematisch und bis ins Detail gleich zu handeln; allerdings muss jede(r) erstens ihr Handeln selbstkritisch reflektieren, zweitens sind *bestimmte*, nachweislich oder vermutlich schädliche bzw. kontraproduktive Handlungsweisen ausgeschlossen. Allein mit einem statischen Anforderungskatalog kommt die Pädagogik jedenfalls nicht aus.

1.2.4. Qualitätsbereiche und -dimensionen

Was soll beim Qualitätsmanagement überprüft werden – ein bestimmter Aspekt oder alle relevanten? In den letzten Jahren hat sich die Auffassung durchgesetzt, dass es um einen breiten Blick gehen muss; bis zu fünf Qualitätsbereiche werden unterschieden, die jeweils wieder in verschiedene Dimension unterteilt werden können:

Orientierungsqualität

Zunächst geht es um das „Leitbild“, an dem eine Einrichtung die pädagogische Arbeit ausrichtet. Darüber entscheidet der Träger, denn in der Jugendhilfe sind Konzeptionsvielfalt und Trägerautonomie wichtige Grundsätze. „Orientierungsqualität“ entsteht zunächst, wenn die jeweiligen Zielvorstellungen ausführlich und anschaulich beschrieben, die Eltern und die Öffentlichkeit ausführlich und nachvollziehbar darüber informiert werden. Darüber hinaus gibt es mindestens sechs Zielvorstellungen, in denen sich wohl alle Träger wiederfinden können:

1) Tageseinrichtungen für Kinder haben einen Bildungsauftrag.
2) Bei dessen Erfüllung orientieren sie sich nicht an Lehrplänen, sondern an der Lebenswelt der Kinder, ihren individuellen Erfahrungen, Bedürfnissen und Interessen.
3) Tageseinrichtungen für Kinder suchen die enge Zusammenarbeit und Abstimmung mit den Eltern.
4) Sie gestalten das Alltagsleben nicht für die Kinder, sondern *mit* ihnen. Erziehung ist immer Erziehung zur Selbstständigkeit und Eigenverantwortung im Rahmen der Möglichkeiten.
5) Alle Kinder sollen erfahren, wie interessant und bereichernd es ist, verschieden zu sein. Das Zusammenleben verschiedener Kulturen, Altersstufen und Geschlechter, das gemeinsame Leben von behinderten und nicht behinderten Kindern soll im Alltag selbstverständlich sein.
6) Jede Einrichtung orientiert ihre Angebotsstruktur (z.B. die Öffnungszeiten) an den jeweiligen Bedarfslagen vor Ort.

Strukturqualität

Als „Strukturen“ werden zunächst die Rahmenbedingungen bezeichnet: das Personal (Zahl und Qualifikation), die räumliche, materielle und finanzielle Ausstattung, ferner die Kooperationspartner vor Ort.

„Strukturqualität“ betrifft also nicht nur die Einrichtung selbst, sondern auch die Strukturen des Wohnviertels – angefangen zum Beispiel mit der Frage, ob die Einrichtung mit öffentlichen Verkehrsmitteln erreichbar ist. Schließlich spielen auch gesamtgesellschaftliche Faktoren eine Rolle, die unmittelbare Auswirkungen auf die Arbeit jeder Einrichtung haben können: Solange zum Beispiel Eltern wenig Möglichkeiten haben, von der Arbeit freigestellt zu werden, wenn ihre Kinder krank sind, werden alle Einrichtungen immer wieder vor der Situation stehen, dass kranke oder gerade genesene (und nach wie vor ruhebedürftige) Kinder abgegeben werden.

Strukturqualität entsteht, wenn die unbedingt notwendigen Rahmenbedingungen vorhanden sind, die vorhandenen Ressourcen optimal genutzt werden und Kompensationsmöglichkeiten für nicht vorhandene Ressourcen gefunden werden (z.B. indem Räume von Kooperationspartnern mit genutzt werden).

Prozessqualität

Als „Prozesse“ werden die täglichen Abläufe beschrieben. Dabei geht es erstens um die Qualität der *Interaktion*, *Kommunikation* und *Kooperation*. Zweitens sind alle *in-*

haltlich unterscheidbaren Aktivitäten in der Einrichtung gemeint: Die Ausgestaltung der Bildungsbereiche ebenso wie die Fixpunkte im Tagesablauf (einschl. pflegerische Aktivitäten) bzw. im Jahreslauf (Eingewöhnungsphase, Übergang zur Schule). Die Prozesse mit den Kindern werden gerahmt durch Prozesse im Team und in der Zusammenarbeit mit Eltern oder mit der Schule, sie werden außerdem zumindest exemplarisch beobachtet und dokumentiert.

Entwicklungsqualität

Auch Tageseinrichtungen für Kinder müssen ständig reflektieren, was noch zeitgemäß ist. Formen der Zusammenarbeit mit Eltern zum Beispiel, die noch vor zehn Jahren auf große Resonanz stießen, können heute überholt sein. Entwicklungsqualität heißt also, die *eigene Weiterentwicklung* zu gestalten und dies nicht dem Zufall zu überlassen, sondern Strukturen (z.B. feste Tagesordnungspunkte bei Besprechungen im Team oder „Konzeptionstage“) zu schaffen, die Verlässlichkeit sichern.

Ergebnisqualität

Jede Einrichtung sollte prüfen, inwieweit sie das, was sie erreichen will, auch tatsächlich erreicht. Wenn zum Beispiel „Partizipation“ oder „Integration“ Ziele der erzieherischen Arbeit sind, dann müsste sich am alltäglichen Verhalten der Kinder ablesen lassen, ob dies auch tatsächlich im Alltag praktiziert wird.

Diese fünf Qualitätsbereiche können nicht gegeneinander aufgerechnet werden. Großzügige Räumlichkeiten zum Beispiel gleichen Mängel in der Qualifikation des Personals nicht aus, die besten Konzepte werden scheitern, wenn die Qualität der Interaktion im Alltag nicht stimmt.

1.2.5. Qualitätskriterien und -indikatoren

Wenn festgelegt ist, was betrachtet werden soll, muss bestimmt werden, was daran die Qualität ausmacht. In einem „*Qualitätskriterium*“ wird in allgemeiner Weise das Ziel formuliert, das erreicht werden soll. „*Qualitätsindikatoren*“ beschreiben dann, woran konkret in der Praxis zu beobachten ist, dass das Qualitätskriterium erreicht ist. Jedem Kriterium lassen sich viele Indikatoren zuordnen.

Je allgemeiner ein Qualitätskriterium formuliert wird, desto leichter ist die Zielrichtung erkennbar; ein Begriff wie „Bildungs- und Erziehungspartnerschaft mit Eltern“ ist zum Beispiel eine sehr eindrückliche Zielformulierung. Erst die Indikatoren machen allerdings deutlich, was praktisch erwartet wird. Kriterien und Indikatoren sind gleichermaßen bedeutsam und die Passgenauigkeit entscheidet über die Qualität eines Qualitäts-Feststellungsverfahrens.

Bei jedem Qualitätskriterium sollte angegeben werden, wer in erster Linie verantwortlich ist: Fachkraft? Team? Leitung? Träger? Kommune? Landes- oder Bundesgesetzgeber? Ausbildung? Fachberatung?

1.3. Beteiligte an der Qualitätsbestimmung

„Qualität“ ist eine Frage der Perspektive. Für pädagogische Fachkräfte stehen wahrscheinlich andere Aspekte im Vordergrund als für einen Träger, die Kommune oder einen Finanzminister. Für Eltern können wieder andere Dinge wichtig sein, Kinder haben vielleicht noch eine ganz andere Sicht. Es ist ein hoch interessanter Teil des Qualitätsmanagements, zu klären, inwieweit diese Sichtweisen übereinstimmen und wie mit den Unterschieden umgegangen werden soll.

Eine Einigung über die relevanten Qualitätsdimensionen wie auch über die Qualitätsmaßstäbe und -kriterien lässt sich nur auf dem Konsensweg erzielen. Qualitätskriterien sollten von möglichst vielen Beteiligten akzeptiert werden können.

Die Akzeptanz vor Ort hängt davon ab, *wie* Qualitätskriterien entwickelt werden: Wird die Praxis von vornherein einbezogen oder vor vollendete Tatsachen gestellt? Eines der interessantesten Verfahren (Ziesche 1999) sieht vor, dass mehrere Einrichtungen gemeinsam zunächst die Ansprüche diskutieren und festlegen, an denen sie sich messen lassen wollen. Das ist zeitraubend, sichert aber die Akzeptanz.

Die Fachkräfte in der Praxis wird auch sicher interessieren, welche „Entscheider“ welche Qualitätskriterien benutzen, um welche Entscheidungen zu treffen.

1.4. Schritte des pädagogischen Qualitätsmanagements

Üblicherweise werden drei aufeinander folgende Schritte unterschieden:

Zur *Feststellung* („Evaluation“) der gegebenen Qualität in einer bestimmten Einrichtung werden Listen mit Qualitätskriterien und -indikatoren unter der Frage bearbeitet, was dort gegeben ist und was nicht.

Darauf folgen Überlegungen zur *Weiterentwicklung*: Was sollte beibehalten[2], was verändert werden? Gemeinsam wird der Handlungsbedarf festgelegt und daraus eine Zielvereinbarung entwickelt.

Der dritte Schritt besteht dann in der *Sicherung* der so erreichten Qualität durch laufende Dokumentation und Überprüfung. (Ein Missverständnis besteht

2 Das Erreichte muss zunächst gewürdigt werden, statt immer nur „das Haar in der Suppe“ zu suchen!

übrigens i n der Vorstellung, dass damit der Prozess abgeschlossen sei: Qualitätsmanagement ist immer eine „unendliche Geschichte".)

Keiner dieser Schritte macht Sinn, wenn der Wunsch im Vordergrund steht, es „schnell hinter sich zu haben." Die Art, wie eine Einrichtung mit Qualitätsansprüchen und -kriterien umgeht, stellt selbst einen wichtigen Qualitätsmaßstab dar. Zur Professionalität gehört auch, sich nicht selbst unter Druck zu setzen oder setzen zu lassen. Das nächstbeste *Evaluationsverfahren* anzuwenden, ohne vorher genau zu prüfen, ob es dem Grundverständnis der Einrichtung entspricht, ist Aktionismus, aber kein Qualitätsmanagement – das gilt für Teams genauso wie für Träger.

Auch bei der *Qualitätsentwicklung* geht es darum, sich nicht auf das Nächstliegende zu stürzen, sondern zunächst bewusst einen Schritt zurückzutreten, um einen besseren Überblick zu bekommen, und daraus eine wirklich tragfähige Lösung zu entwickeln. Dabei müssen immer Prioritäten gesetzt werden: Wer sich zu viel auf einmal vornimmt, scheitert garantiert.

1.5. Pädagogische Qualitätsinstrumente

Umfangreiche „Qualitätshandbücher" sind zu detailliert und einengend; es geht um kürzere Instrumente, die das Wichtige enthalten, aber auch die notwendigen Freiräume lassen, denn Qualitätsmaßstäbe müssen auch dem Prinzip der „Kontextabhängigkeit" (vgl. Preissing/Heller 2009) gerecht werden; ein Familienzentrum in einem sozialen Brennpunkt muss sich zwangsläufig andere Ziele, zumindest andere Schwerpunkte setzen als eins in einem „gehobenen" Wohnviertel. Wegen der unterschiedlichen Lebenslagen und Bedürfnisse der Kinder kann in der einen Einrichtung genau richtig sein, was in der anderen völlig falsch wäre. Es ist also ein zentrales Qualitätskriterium, inwieweit die jeweils spezifischen Lebenslagen der Kinder erfasst, analysiert und berücksichtigt werden.

1.5.1. Interne und externe Evaluation

Entweder ist die Qualitätsfeststellung Sache der Einrichtung selbst („*interne* Evaluation"), oder sie wird durch sachverständige Personen ohne dienstlichen Bezug zur Einrichtung geleistet („*externe* Evaluation"). Wenn eine Evaluation die Weiterentwicklung der Einrichtung fördern und die Kompetenzen des Teams verbessern soll, dann bietet sich eine interne Evaluation an: Das Team muss verstehen und akzeptieren, worum es in jedem Schritt der Evaluation geht, nur das Team selbst kann für die eigene Einrichtung genaue Diagnosen stellen und zugleich sinnvolle und praktikable Ziele formulieren.

Als kritisches Korrektiv ist danach der Blick von außen wichtig. Eine externe Evaluation setzt allerdings nicht zwangsläufig Weiterentwicklungsprozesse in Gang – ein Team kann sie auch „über sich ergehen lassen" und abhaken.

Die ersten verfügbaren Verfahren waren entweder ausschließlich extern (z.B. die „Kindergarten-Einschätzung-Skala) oder rein intern (z.B. die Materialien des „Kronberger Kreises“) ausgerichtet. Mit den Materialien der „Nationalen Qualitätsinitiative im System der Tageseinrichtungen für Kinder – NQI“ wurden erstmals beide Varianten in aufeinander bezogenen Formen entwickelt, so dass auch die Kombination beider Vorgehensweisen möglich wurde.

1.6. Stärken und Voraussetzungen des pädagogischen Qualitätsmanagements

Das Qualitätsmanagement hat drei unbestreitbare Stärken: Es kann für *Transparenz* sorgen, die *Verbindlichkeit* verbessern und die *Reflexion* der Zielsetzungen, Strukturen, Prozesse und Ergebnisse fördern.

1.6.1. Transparenz

Transparenz entsteht durch Offenlegung, Begründung, fachlichen Diskurs und Dokumentation. Das dient zugleich dem Zweck, detailliert zu belegen, wie komplex, vielschichtig und verantwortungsvoll die Aufgaben von ErzieherInnen sind. Je genauer das geschieht, desto eher kann auch eine offensive Diskussion über die notwendigen Rahmenbedingungen (z.B. den Personalschlüssel) geführt werden.

1.6.2. Verbindlichkeit

Verbindlichkeit entsteht durch die gemeinsam entwickelten bzw. angewandten Qualitätskriterien – allerdings nur dann, wenn diese sich auf das pädagogische „Kerngeschäft“ beziehen und nicht auf irgendwelche Randfragen. Eine Einrichtungsleiterin berichtete, dass sie unter Anderem verpflichtet wurde, über Wochen hinweg die Temperatur des Mittagessens mit Thermometern zu überprüfen. Das mag wichtig sein, aber es gibt bestimmt Wichtigeres. Und es gibt inzwischen genügend Qualitäts-Feststellungsverfahren, die sich ausdrücklich mit der Qualität von Betreuungs-, Erziehungs- und Bildungsprozessen auseinander setzen:

Pädagogisches Handeln wird zumeist als Kreis- oder Spiralprozess beschrieben und dargestellt (vgl. Strätz et al. 2008): Aus allgemeinen Orientierungen („Leitbild“, „Konzept“) und der Analyse gegebener Voraussetzungen leiten ErzieherInnen ihre spezifischen Zielsetzungen ab, die in konkrete Prozesse umgesetzt werden. Die anschließende Auswertungsphase reflektiert die wahrgenommenen Prozesse und deren vermutete Ergebnisse. Aus dieser Auswertung können sich Rückwirkungen auf alle vier vorausgegangenen Schritte ergeben. Die Auswirkungen dieser Veränderungen müssen wiederum geprüft werden, dabei gibt es ständige Ziel-Feedback-Kreisläufe, Korrekturen sind selbstverständlicher Teil der pädagogischen Arbeit (vgl. Beywl/Schepp-Winter 1999: 9).

Mit dem Bezug auf dieses „Verlaufsmodell pädagogischen Handelns“ wird deutlich, dass die Feststellung von Qualität nach den fünf oben beschriebenen Qualitätsbereichen nichts Fachfremdes darstellt, sondern das alltägliche Planen, Handeln und Reflektieren des pädagogischen Handelns in der Einrichtung im Blick hat: „Was heißt, Qualität sicherstellen‘? ‚Die Leute dazu bewegen, dass sie all die sinnvollen Dinge tun, die sie ohnehin tun sollten‘ wäre keine schlechte Definition. ‚Die Leute‘ schließt dabei die oberste Führungsspitze ebenso ein wie die unteren Ränge der Belegschaft“ (Crosby 1986: 3).

Verbindlichkeit muss auch heißen: Die Ergebnisse binden und verpflichten *alle* Beteiligten. Es erzeugt nur Resignation, wenn eine Einrichtung Entwicklungsnotwendigkeiten feststellt und ihr anschließend die Möglichkeiten fehlen, Verbesserungen zu erreichen. Der Einrichtungsträger muss sich auch verpflichten, Hilfen für eine Weiterentwicklung bereitzustellen.

1.6.3. Reflexion

Für die Reflexion der Ergebnisse und Zielsetzungen kann gerade das scheinbar schematische „Abhaken“ und Abzählen ein Gewinn sein:

> „Jedes Ziel, das wir uns selbst setzen, sollte mit einer Zahl verknüpft sein. Wir lügen uns in die Tasche, wenn wir nur sagen: ‚Ich werde mehr lesen‘. Wir müssen spezifisch sein: ‚Ich werde jede Woche zwei Bücher und sechs Zeitschriften lesen‘, [...] Wenn ein Mensch lernt, sich gewohnheitsmäßig spezifische Ziele zu setzen, so entdeckt er plötzlich, dass er mehr erreicht. Er bemerkt, dass er eine persönliche Eigenschaft besitzt, die er vorher nicht kannte: Konzentration. Leistungen, die verschwommen oder mit nicht messbaren Zielen geplant werden, werden üblicherweise nicht erreicht“ (Crosby 1994: 237).

Öfter ist kritisch zu hören, dass zu detaillierte Beschreibungen in der Pädagogik unnötig seien. Zum Beispiel sei es nutzlos, genau aufzulisten, was mit „aktivem Zuhören“ konkret gemeint sei, wer die notwendige Haltung nicht habe, verstünde nicht, was gemeint sei, und wer sie habe, tue sowieso intuitiv das Richtige. Die Erfahrungen im Qualitätsmanagement zeigen, dass Beschreibungen und Zielsetzungen immer weiter führen, je genauer sie formuliert sind.

1.6.4. Voraussetzungen und Herausforderungen

Qualitätsmanagement hat eine entscheidende Voraussetzung: Es geht um „[...] kontinuierliche Verbesserung – die gewohnheitsmäßige Erwartung einer Organisation und der Einzelnen in der Organisation, dass sich alles, absolut alles verbessern lässt und dass der Prozess des Verbesserns einer der interessantesten, herausforderndsten und erhebensten Prozesse ist, an denen man teilhaben kann" (Kline/ Saunders 1997: 42). Erst wenn ein Team gewohnheitsmäßig die Stärken und die Schwächen der eigenen Einrichtung analysiert, die Chancen und die Risiken der absehbaren Zukunft in die Überlegungen einbezieht, sich konkrete Ziele setzt und in regelmäßigen Abständen kontrolliert, was tatsächlich erreicht worden ist, erst dann werden Qualitätsmanagementverfahren die notwendige Akzeptanz finden.

Eine Schlüsselrolle hat die Einrichtungsleitung. Warum sollten die Mitarbeiterinnen sich auch engagieren, wenn sie nicht sicher sein können, dass sie, die Leitung und der Träger an einem Strang ziehen? Die Einrichtungsleitung befindet sich schnell in einer Zwickmühle: Sie ist einerseits fachlich Beteiligte bzw. Verantwortliche, andererseits soll sie die einzelnen Evaluationsschritte moderieren. Viele LeiterInnen wünschen sich daher eine Begleitung von außen auch bei einer internen Evaluation.

Eine Evaluation nützt wenig, wenn sich eine Einrichtung auf leicht erreichbaren „Mindeststandards" ausruht. Wenn das Verfahren aber (wie die meisten heutigen) die besten vorfindbaren Qualitätsstandards („Best Practice") zugrunde legt, dann kann die Evaluation eine ernüchternde Konfrontation mit Ansprüchen sein, die nicht am Schreibtisch erdacht wurden, sondern in guten bzw. in den besten Einrichtungen tatsächlich beobachtbar waren.

Unter Umständen wird die Ruhe im Team nachhaltig gestört. Manche Teams haben „Burgfrieden" dadurch geschlossen, dass über bestimmte Dinge einfach nicht mehr geredet wird. Im Verlauf einer Evaluation wird das Gespräch unausweichlich; eine Evaluation erzeugt keine neuen Probleme, legt aber bereits vorhandene schonungslos offen. Sie ist keine „kalte Technik", sondern kann sehr schnell sehr heiß werden – und es kann nur gehofft, aber nicht garantiert werden, dass eins der Ergebnisse einer Evaluation eine bessere Streitkultur im Team ist.

Das Qualitätsmanagement lebt von *Erfolgserlebnissen*. Ein Team wird nur bei der Stange bleiben, wenn es einen Nutzen sieht, wenn z.B. Gespräche mit Eltern leichter fallen, die Zusammenarbeit im Team sich verbessert oder die Fortschreibung der pädagogischen Konzeption nicht mehr so mühsam ist.

Zuletzt: Der Boom des Qualitätsmanagements ist nicht zufällig in Zeiten leerer Kassen entstanden. Während die bisherigen Steuerungsinstrumente – Fachberatung, Fortbildung, Modellversuche – gleichermaßen auf alle Einrichtungen zielten, wurde jetzt von den Qualitäts-Feststellungsverfahren erwartet, dass sie gezielt die „schlechten" Einrichtungen dingfest machen würden, damit „geeignete" Maßnahmen getroffen werden könnten. Ein Kommunalpolitiker sagte ganz offen: „Wenn ich drei meiner Einrichtungen schließen muss, weil die Kinderzahlen zurückgehen, dann will ich auch die richtigen schließen." Es kann aber nicht um Selektion gehen, sondern um Verbesserung. Die Ergebnisse einer Qualitäts-Feststellung sind verbindlich für alle Beteiligten, also nicht nur für Team und Leitung, sondern auch für den Träger, die Kommune oder das Land: Wenn sich herausstellt, dass wichtige Ziele unter den gegenwärtigen Umständen nicht erreicht werden können, dann sind alle Beteiligten aufgerufen, diese Umstände zu ändern.

Literaturverzeichnis

Crosby, Philip B. (1986): Qualität bringt Gewinn. Hamburg: McGraw-Hill.

Crosby, Philip B. (1994): Qualität 2000. München: Hanser.

Eversheim, Walter (Hrsg.) (1997): Qualitätsmanagement für Dienstleister – Grundlage, Selbstanalyse, Umsetzungshilfen. Berlin: Springer.

Kline, Peter/Saunders, Bernard (1997): 10 Schritte zur Lernenden Organisation. Paderborn: Junfermann.

Preissing, Christa/Heller, Eva (2009): Qualität im Situationsansatz. 2. Aufl., Berlin: Cornelsen.

Strätz, Rainer/Hermens, Claudia/Fuchs, Ragnhild/Kleinen, Karin/Nordt, Gabriele/Wiedemann, Petra (2008): Qualität für Schulkinder in Tageseinrichtungen und Offenen Ganztagsgrundschulen – ein nationaler Kriterienkatalog. 2. Aufl. Berlin: Cornelsen.

Ziesche, Ulrike (1999): Werkstatthandbuch zur Qualitätsentwicklung in Kindertagesstätten. Neuwied, Berlin: Luchterhand.

2. Die Bedeutung des Dialogprozesses für die Zusammenarbeit mit Eltern

Johannes Schopp, Jana Marek

Wir leben in einer Zeit, in der es für Eltern wie für Kinder als auch für die Profis existentiell ist, im Kontakt mit sich selbst zu sein. Wir müssen lernen, wer wir selbst sind, denn das stärkt unsere innere Autorität und gibt uns inneren Halt. Wie können wir lernen unserem Menschsein und Tiefenwissen zu vertrauen und uns mit anderen Menschen zu verbinden, statt Einzelkämpfer zu sein?

Der dialogische Prozess schafft Raum für die Erfahrbarkeit dieser Qualitäten. In der Beratung und im Seminar hilft der Dialog, Eltern, Großeltern, Kindern und Jugendlichen, sich selbst und andere besser kennen zu lernen und eigens ihren Weg im Miteinander zu finden. Auf der anderen Seite macht er die Profis, die sich als Teil des Dialogprozesses sehen, sensibel und hilft ihnen, ihre eigene Menschlichkeit zu finden und zu spüren. Das wiederum trägt in der Begegnung mit Menschen zu tieferem Verständnis und Verbundenheit bei und es schützt sie vor Hochmut und vor Besserwisserei. Dieser radikale Paradigmenwechsel verändert unser Denken und unsere Haltung zu Eltern und Kindern vollständig.

Was bitte ist „dialogisch"? – Versuch einer Annäherung

Der hier beschriebene Dialogprozess verlangt, dass wir immer wieder wahrnehmen und reflektieren, wie wir auf Menschen zugehen, wie wir sie sehen ebenso wie unsere persönlichen Bilder und Sichtweisen zu den Menschen und unserer Welt entstanden sind und wie diese wirken. Dialog ist ein Weg, alte, gewohnte, lange geübte Reaktionsweisen in Frage zu stellen, mit dem Ziel, das „Sich-ausgeliefert-Fühlen" in „Selbst-Verantwortung" zu wandeln. Durch Verlangsamung haben wir die Möglichkeit zu bemerken, wann wir einmal wieder aus dem alten ‚Wissensvorrat' heraus blitzschnell reagieren. Der Dialog kann so heilsam wirken gegen vorschnelle und scheinbar einfache Lösungen, gegen Machbarkeitswahn und die Illusion, alles im Griff zu haben. Er bedeutet Verzicht auf Bevormundung, grundsätzlich und radikal.

Wir wollen so Gelegenheit für echte Begegnung im Buberschen Sinn und für gemeinsames Lernen auf „Augenhöhe" schaffen. Wohl auch deshalb verbinden Menschen mit dieser Art der Begegnung und gemeinsamem Lernen ein Wohlgefühl.

Dieser Perspektivwechsel erfordert eine entsprechende Kultur des Umgangs miteinander. Was konkret heißt das und wie soll es gelingen, als BegleiterIn eines Dialogprozesses, einen Ort jenseits von „richtig" und „falsch" zu schaffen, einen Raum für angstfreies, inspiriertes Lernen und Kreativität, in dem sich achtsames

Zuhören, erkundendes Fragen und gemeinsames Nachdenken entfalten können? Wie identifiziere und vermeide ich die Fallen der Belehrung, der Wissensvermittlung, des Besser-Wissens und des Recht-haben-Wollens? Wissensentstehung kann nicht gemanagt werden, es können lediglich Bedingungen geschaffen werden, die diese fördern (vgl. Scharmer 2011: 93) oder wie Hans Trüb (Trüb 1971: 103) schrieb: „Man kann dem Anderen die Wahrheit nicht bringen, man findet sie miteinander."

> „Der Dialog braucht Menschen, die sich von dem überraschen lassen können, was sie sagen, ihre Gedanken nicht schon geordnet haben und die Bereitschaft besitzen, sich durch das Gespräch beeinflussen zu lassen. Sie haben Fragen, ohne die Antwort zu kennen und fordern die Antwort auch nicht von anderen" (Isaacs 2011: 124).

In ihrem Buch *Miteinander Denken: Das Geheimnis des Dialogs* empfehlen Martina und Johannes F. Hartkemeyer sowie Freeman Dhority zehn grundlegende „Kernfähigkeiten" für den Dialog-Prozess. Diese Kompetenzen entwickelte Dhority aus seiner Arbeit in Peter Senges „Organizational Learning Center" des MIT (Massachusetts Institute of Technology) der Bostoner Universität und aus seiner Erfahrung als Mitbegründer des MIT „Dialogue Project". Sie sind als weitaus mehr als nur geübte Fertigkeiten zu verstehen. Sie fordern uns heraus, wesentliche Seinsqualitäten zu entwickeln und auszudrücken. Schon die erste Kernfähigkeit: „Die Haltung eines/einer Lernenden einzunehmen", konstatiert, dass es sich eben um eine *Haltung* und nicht um eine Kommunikationstechnik handelt. Wie auch bei weiteren fünf der Kernfähigkeiten, die uns herausfordern (vgl. Hartkemeyer et al. 1999: 78ff.; Hartkemeyer/Hartkemeyer 2005: 38ff.):

- die eigenen Annahmen und Bewertungen in der Schwebe zu halten und ihnen kritisch auf den Grund zu gehen,
- von Herzen zu sprechen,
- zuzuhören in einer Weise, die es dem Gegenüber möglich macht, Wahrhaftiges anstatt Oberflächliches mitzuteilen,
- die eigenen Beweggründe offenzulegen,
- der „Welt des Gegenübers mit radikalem Respekt zu begegnen" (Dhority).

William Isaacs, der Leiter des MIT Dialogue Project, betont die Wichtigkeit der Gefühlswelt für den Dialog:

> „Im Dialog lernen wir, unser Herz ins Spiel zu bringen. Das ist nicht dasselbe wie ein Schwelgen in Gefühlen. Es bedeutet, den großen Bereich reifer Perspektiven und Sensibilität zu kultivieren, den wir im beruflichen Kontext meist nicht berücksichtigen und ignorieren" (Isaacs 2011: 53).

Die dialogische Haltung hält dazu an, uns ständig um Achtsamkeit und Präsenz zu bemühen und uns für das Wesen des anderen zu sensibilisieren, sowohl für das Wesentliche im anderen als auch für die eigenen Wahrnehmungsmuster, Urteile und Bewertungen. Diese Haltung lebt von gegenseitigem Respekt, schöpferischem Zuhören und Sich-authentisch-mitteilen-Können. „Respekt bedeutet hier, auf das beste in einem Menschen zu achten und die Mitmenschen als Geheimnis zu betrachten, das man nie wirklich ergründen kann" (Isaacs 2011: 109). Unter diesen Bedingungen reifen Menschen persönlich, und in Gruppen praktiziert entfaltet sich die Intelligenz der Gruppe. Die dialogische Haltung bedeutet, auch und gerade im beruflichen Kontext, bereit zu sein, sich selbst mit seinem Menschsein in die Begegnung mit dem jeweiligen Gegenüber einzubringen. Selbst Teil der Partnerschaft mit den Eltern, Klienten, Gästen, Kunden, Patienten – wie immer wir die „anderen" auch nennen, mit denen wir arbeiten – zu sein. Wenn ich diesen Teil als zu mir gehörig erlebe, bin ich selbst Vater, Mutter, Lehrerin, Kind, Ratsuchender, eben das Gegenüber. Mit diesem Bewusstsein werde ich wahrscheinlich achtsamer und rücksichtsvoller (re)agieren. Diese Partizipation zweier Partner an einem gemeinsamen Prozess ist für Buber Teil dessen, was er mit dem Begriff „eines Menschen innewerden" beschreibt.

> „Eines Dings oder Wesens innewerden heißt ganz allgemein: es als Ganzheit und doch zugleich ohne verkürzende Abstraktionen, in aller Konkretheit erfahren. [...] Solch ein Innewerden ist aber unmöglich, wenn und solang der andere mir das abgelöste Objekt meiner Betrachtung oder gar Beobachtung ist [...]; es ist erst möglich, wenn ich zu dem andern elementar in Beziehung trete, wenn er mir also Gegenwart wird" (Buber 1997: 284).

Der Dialog lässt Raum und Zeit für menschliches Sein, für Unvollkommenheit, für Fort- und auch Rückschritte, für Langsamkeit und Anderssein, Eigensinn und Selbsterforschung. Wir verstehen den Dialogprozess als Ort der Begegnung und des Austauschs ohne Machtanspruch, als Inspirations- und Kraftquelle, als (neuen oder anderen) Weg zu einer aufbauenden, salutogenen Kommunikation[1] und als Ort für Vertrauen, für Heimat und Selbstreflexion. Im Dialog lassen wir zu, irritiert und erschüttert zu werden um den Preis und die Chance, dass unser Denken, unser Glauben und unsere Überzeugungen über Konzepte, die Natur, die Gesellschaft und die Welt zusammenstürzen, aber auch erweitert werden können.

1 Theo Petzold, der die Theorie der Salutogenese von Antonovsky weiterentwickelt, versteht aufbauende oder auch „salutogene Kommunikation"® als Suche nach dem Gelingenden, nach dem, was einem nachhaltig gut tut, und danach, was die eigene Stimmigkeit und die der jeweiligen anderen Menschen im Umfeld fördert, ihnen Kraft gibt etc. Es ist ein Unterschied, ob ich frage, warum es mir gerade schlecht geht, oder ob ich den Blick darauf richte, was ich tun kann, damit es mir wieder gut geht.

Die Kraft innerer Bilder

Im Dialog erzählen sich die Teilnehmer „echte“ Geschichten ihres eigenen Lebens, Geschichten aus der Kindheit, aus der Gegenwart, kuriose Geschichten, die unter die Haut gehen, die Gefühle aktivieren. Gerade dieses Erzählen unter Zeugen schafft innere Bilder, die je nach dem den Eltern Kraft verleihen oder auch schmerzen können. Das Gefühl von Zugehörigkeit, das so entsteht, wirkt sich heilsam aus, weil sie das Vertrauen und die Zuversicht der Einzelnen in sich selbst, in andere Menschen und in die Welt fördert. Auch Geschichten aus Büchern, Metaphern und Aphorismen können die Beteiligten zu existentiellen Themen und Fragen führen, nach dem eigenen Sinn, nach dem Sinn des Lebens allgemein und nach der eigenen Perspektive. Antony de Mello hat einmal sinngemäß gesagt: *Kinder brauchen Geschichten zum Einschlafen, Erwachsene dagegen zum Aufwachen*. In gewisser Weise geht es im Dialog mit Eltern um ein Aufwachen, um ein Aussteigen aus der Spirale, die sich ausschließlich um die Kinder dreht.

Das Prinzip der Gleichwürdigkeit als Basis in der Arbeit mit Kindern und Erwachsenen

Der Familientherapeut Jesper Juul führte den Begriff der Gleichwürdigkeit ein (vgl. Hartkemeyer/Hartkemeyer 2005: 99ff.). Dieser lässt erahnen, dass es im Dialog um wesentlich mehr geht als um einen besonders freundlichen und wertschätzenden Umgang miteinander. In „Gleichwürdigkeit“ stecken die Begriffe „gleich“ und „Würde“. Im Dialog begegnen sich alle in Würde und Anerkennung für ihr Mensch-sein, wichtige Bedingungen für Lernen und Wachstum: weder ein einseitiger Akt noch eine herablassende Geste. Im Dialog, wie ihn Buber meint, geschieht Beziehung in der Begegnung in wechselseitiger Anerkennung der Einmaligkeit. In diesem, wenn auch nicht zu erzwingenden, Moment, lassen sich beide Seiten aufeinander ein. Dieser Augenblick der bedingungslosen Anerkennung wird häufig von den Beteiligten als Verbundenheit erlebt. Es mag widersprüchlich klingen, aber gerade das Gefühl der Verbundenheit bringt dem Einzelnen ins Bewusstsein, dass wir sowohl verschieden als auch getrennt voneinander sind. Und ist nicht gerade die Getrenntheit eine wichtige Voraussetzung für eine echte Begegnung? Sich dem Anderen radikal respektvoll zuzuwenden ist die Basis für eine vorurteilsbewusste Begegnung.

Die Kraft gegenseitiger Würdigung

> „Dialogisches Leben ist nicht eins, in dem man viel mit Menschen zu tun hat, sondern eins, in dem man mit den Menschen, mit denen man zu tun hat, wirklich zu tun hat“ (Buber 1998: 44).

Begegnung und Kontakt braucht der Mensch existentiell, schreibt Buber. Kontakt bedeutet zuerst menschliche Bindung. „Der Mensch braucht die anderen Menschen, um sein Selbstwissen in Bewegung zu bringen", heißt es bei Cornelia Muth (Muth 1998: 57). In der Lernpraxis offenbart sich diese Haltung u. a. dadurch, dass der „Lehrer" die „Schüler" nicht belehrt, sich und sein Wissen nicht über sie stellt, sondern ihnen „von Wesenskern zu Wesenskern „ (Buber) begegnet. Die würdige(nde) Begegnung, den konstruktiven Austausch von Erfahrungen, erleben die Beteiligten als persönlichkeitsstärkend, mitunter sogar als heilend. Für Martin Buber ist es geradezu „unerläßlich", sich auf das „Einandergegenüber" einzulassen, auf die „Sphäre des Zwischenmenschlichen". Deren „Entfaltung nennen wir das Dialogische" (Buber 1997: 276).

Deshalb beschreiben wir unsere Arbeit heute so: die Menschen sehen, sie würdigen, mit besonderer Achtsamkeit hinhören, erfassen, was sie zu sagen oder zu verschweigen haben, immer wieder hinsehen und radikal respektieren, wie und für was sie sich entscheiden (wollen). Eine besondere Herausforderung für Menschen in helfenden und lehrenden Berufen: Sich auf ein Kind oder einen Erwachsenen persönlich einzulassen, sich von der Begegnung berühren zu lassen, scheint vielen zunächst gewöhnungsbedürftig. Sich mit dem ganzen Wesen einzubringen rührt an den Grundfesten eines auf professioneller Abstinenz basierenden Selbstverständnisses helfender, heilender oder lehrender Berufe. Die Begriffe „persönlich" und „privat" werden synonym verwendet, und das führt häufig zu Missverständnissen. Im Dialog jedoch unterscheiden wir: „Persönlich" heißt für uns, sich mit seinem ganzen Wesen zu zeigen, sich selbst nicht vorzuenthalten, sich als Mensch in die Begegnung einzubringen. „Privat" konnotieren wir mit der Veröffentlichung von Details des eigenen Lebens. Dialogisch agierende Menschen spalten (sich) nicht „in ein privates noch in ein öffentliches Selbst", kommentiert Muth. Denn sie halten Zwischenmenschlichkeit überall und nicht nur im Privaten für erlebbar. Die Zwischenmenschlichkeit soll zu Hause und in der Öffentlichkeit gleichermaßen gelten. „Der Mensch kann nicht allein im privaten Kreise sein dialogisches Leben verwirklichen" (Muth 1998: 67).

Ob und wie es mir als Begleitendem gelingt, mit meinem Gegenüber in Kontakt zu treten, hängt wesentlich von meiner Einstellung und meinen Motiven ab. Um eine Person in ihrer Ganzheit zu sehen, bedarf es des zweiten Blicks da, wo ich noch einmal genau hinschauen sollte. Als Unterstützung/Erinnerung für diesen immer wieder notwendigen Prozess des Hin -Schauens setzen wir die „Goldene Brille" auf. „Der Ausdruck *‚Ich sehe dich'* bedeutet, den andern in der Welt zu halten" (Isaacs 2011: 105). Dieser kraftvolle und heilsame Akt wird im Dialogprozess erfahren und kann in das Leben integriert werden. „Aktiver Respekt ist im Grunde die Aufforderung andere *zu legitimieren*" (ebd.).

Jemanden im Kern zu „erreichen" heißt also vor allem, eine Beziehung mit ihm aufzubauen. Die Qualität dieser Beziehung wird für Menschen dadurch spürbar, wie sie in ihrer Einzigartigkeit wahrgenommen und bestätigt werden. Im besten Falle bedeutet es: Jeder Einzelne fühlt sich uneingeschränkt respektiert und gewürdigt für alles, was ihn als Menschen ausmacht. Diesem Anspruch steht bei vielen Professionellen ihr Selbstverständnis entgegen, als Person mit Wissensvorsprung zu helfen und gegebenenfalls das Verhalten Einzelner „positiv" zu beeinflussen. Nicht selten müssten sich LehrerInnen, PädagogInnen, TherapeutInnen die für sie bange Frage stellen: „Wer bin ich denn (noch), wenn ich nicht im klassischen Sinn meine Hilfe, mein Wissen, meine Erfahrung dem anderen *vermitteln* soll? Woraus ziehe ich meinen Selbstwert, wenn nicht (mehr ausschließlich) ich es bin, der oder die stärkt bzw. hilft? Gebe ich meinen gesellschaftlichen Habitus als Wissende auf, wenn ich sage: „Ich weiß nicht, welcher jetzt der richtige Weg ist."?

Trotz aller idealen Motive, zeigt der Dialogprozess immer was ist, d.h. wie es um meine dialogischen Qualitäten bestellt ist. Die Beteiligten werden sich ihrer undialogischen Anteile und Verhaltensweisen bewusst. In welchen Situationen bin ich mir selbst oder meiner Partnerin bzw. meinem Partner gegenüber respektlos, höre nicht wirklich hin, bin in meinen Urteilen und Bewertungen gefangen? Wo will ich Recht haben, kann ich nicht vergeben, kann ich nicht wirklich offen sein und gebe stattdessen dem Anderen die Schuld für diese oder jene Situation? Das im-Dialog-sein ermöglicht tiefe Reflexionsprozesse, die Wandlung und Heilung von undialogischen hin zu dialogischen Aspekten bewirken, damit ich selbst und die Beziehung zu den anderen wieder in den Fluss kommen.

Eltern begleiten, statt sie abzuholen

> „Ich weiß nicht und kann nicht wissen, wie mir unbekannte Eltern unter mir unbekannten Bedingungen ein mir unbekanntes Kind erziehen können – ich betone ‚können' nicht ‚wollen' und auch nicht ‚sollen'" (Korczak 1999: 10).

Im Ringen darum, die Menschen unterschiedlicher Gruppen zu erreichen, wird immer wieder die zunächst positiv konnotierte Redewendung bemüht: „Wir holen die Leute da ab, wo sie stehen." Haben Sie schon mal jemanden sagen hören: „Wir holen den Chef, die Therapeutin, den Sozialarbeiter oder die Ärztin da ab, wo sie oder er steht"? Das klingt merkwürdig. In der Symbolik des „Abholens" steckt auch, davon überzeugt zu sein zu wissen scheint, wohin es gehen soll. Wer Subjekt und wer Objekt ist, ist klar definiert. Wenn wir diesem hierarchischen Gedanken folgen, ergeben sich Wortpaare wie: Wissende – Unwissende, Willige – Unwillige, Bildungsträger – Bildungsferne, Leistungsträger – Leistungsverweigerer, Diagnosesteller – Diagnostizierte, Lehrer – Belehrte, oben und unten.

DialogbegleiterInnen vermeiden dementsprechend, von einem eigenen „Wissensvorsprung" auszugehen. Sie erkennen an, dass jeder Mensch über eigenes, je anderes Wissen und eigene und je unterschiedliche Erfahrungen verfügt, keine höheren und keine niederen. Wer für sich einen Vorsprung deklariert, distanziert sich und schafft eine hierarchische Ordnung.

Notwendig ist an dieser Stelle die grundsätzliche Auseinandersetzung mit Macht, „Behandlung" und Kontrolle auf der einen und Handeln und erlebter Selbstwirksamkeit auf der anderen Seite. Das Ziel: ein entwicklungsorientiertes Menschenbild. Dazu unumgänglich: die Abkehr vom alten autoritären, paternalistischen Bild des Hilfsbedürftigen, der zur „Mitarbeit" gebracht werden muss. Weg z.B. von der „erziehenden Elternaktivierung“ hin zum „gleichwürdigen Dialog“. Wie viel Kompetenz für eigenes Lernen und Leben traue ich mir und anderen zu? Möglicherweise würden wir als Profis sensibler, würden wir uns als Profis selbst einer „Video-Work-Analyse“ stellen, bevor wir andere mit diesem Medium zu analysieren gedenken.

Das Zusammenleben und Arbeiten in Familien hat etwas mit mutigem Experimentieren zu tun, beschrieben auch als gemeinsamer Lebens-, Lern- und Entwicklungsweg (vgl. Schopp 2013: 24f.). Erwachsene und Kinder lernen mit- und voneinander. Weil jeder Mensch einzigartig ist, sehen DialogbegleiterInnen ihre Aufgabe darin, Eltern, Großeltern und Kinder in kreativen Prozessen auf der Suche nach deren eigenen Wegen und Entscheidungen zu begleiten, anstatt sie mit fertigen Lehr-, Lern- und Verhaltensprogrammen oder Argumenten zur Anpassung zu lenken oder gar zu drängen. DialogbegleiterInnen schaffen einen geschützten Rahmen zum Auf-sich-selbst-Besinnen und zur wohlwollenden Selbstreflexion. Sie sehen sich in diesem Prozess als Gesprächspartner, die sich persönlich nicht vorenthalten. So ergänzen sich Erfahrungswissen und Expertenwissen gleichrangig.

Ein Beispiel aus der Praxis: Elternabend an einer Gesamtschule. An diesem Abend entsteht dank der dialogischen Haltung genau die Atmosphäre für ein „echtes Gespräch“. Das ermutigt im wahrsten Sinne des Wortes zwei Mütter, vor 15 „Zeugen“ zuzugeben, dass sie ihre Kinder nicht so lieben können, wie sie sich das wünschen, weil sie mit deren Fremdheit nicht zurechtkommen. Entscheidend in dieser Situation war, dass nicht nur die beiden Protagonistinnen, sondern auch die anderen Eltern eine tragfähige Sicherheit spürten, etwas „Echtes“ sagen zu dürfen. Schon durch das Aussprechen begann, deutlich spürbar bei beiden, der Prozess des Umdenkens. Sie wollten und konnten nichts beschönigen, nicht schnell eine Änderung ihrer Sicht oder ihrer Gefühle vermelden. Das einfache Symbol für den Blick durch die „goldene Brille“[2] war an diesem Abend eine große Lupe, die in der Mitte der Sitzrunde lag. Mit dieser Lupe in der Hand, gelang es beiden Müttern, mit dem Rückhalt der Gruppe unmittelbar aus ihrem gedanklichen Hamsterrad auszusteigen. Die Lupe hatte offensichtlich die Funktion eines Katalysators. Beide fanden nun doch Anhaltspunkte für Wesenszüge und Verhaltensweisen ihrer Kinder, über die sie sich freuen konnten und auf die sie sogar stolz waren. Ihr tiefes Wissen und ihre Gefühle der Liebe waren verschüttet bzw. überlagert von Erwartungen, wie ihr Kind sein sollte.

An diesem einen Abend der insgesamt fünf Treffen löste sich bei beiden Müttern ein Knoten. Sicher auch bei anderen, die miterlebten, wie heilsam es sein kann, sich auf einen offenen Prozess mit im Grunde fremden Menschen einzulassen und den Schatz in sich selbst wiederzufinden. Der Prozess des Selbst-Suchens und Selbst-Findens wurde von der Gruppe gespannt, fiebernd und Freude teilend

2 Die so genannte „goldene Brille“ ist ein Symbol des Konzepts „Ermutigung zum Dialog“. Die goldene ist nicht mit der „rosaroten“ Brille zu verwechseln, mit der etwas beschönigt oder „schöngefärbt“ werden soll.

mitgetragen. Alle waren innerlich beteiligt und erfuhren diese Verbundenheit und Stärkung ebenso wie die beiden Mütter.

Schatzsuche statt Fehlerfahndung – Eltern schauen in den Spiegel

Folgendes ereignete sich in einem Seminar mit Eltern aus einer eher „bürgerlichen" Gegend der Stadt: Eine Teilnehmerin echauffierte sich über die erste der sogenannten „Einladung zum Dialog[3] (Schopp 2013: 222), wonach jede und jeder den gleichen Respekt genießt. „Ich kann Menschen, die ihr Kind schlagen, keinen Respekt schenken. Da ist für mich eine Grenze." Zunächst zeigten sich die TeilnehmerInnen überrascht. Dann herrschte abwartende Stille im Raum. Als Dialogbegleiter dankte ich der Mutter für ihren Beitrag. Das ermutigte alle anderen Eltern, ihren individuellen Umgang mit „Erziehungsmitteln" wie Schlagen, der sogenannten „ausrutschenden Hand" und Sanktionen anderer Art offenzulegen. In dieser intensiven Atmosphäre kam es plötzlich nicht mehr auf Etikette und wohlfeiles pädagogisches Verhalten an. Niemand schloss sich aus. In diesem Moment wurde für alle spürbar, welch gespannte Aufmerksamkeit durch solche Schilderungen in der Gruppe entsteht. Dies war lebendiges, existentielles Zuhören. Wir sprachen gemeinsam, die Dialogbegleitung eingeschlossen, über gelungene und gescheiterte Versuche, ohne Verletzungen und Entwürdigungen der Kinder auszukommen. Scham und Schuldgefühle der Eltern nach ihren „untauglichen" und verbotenen „Erziehungsversuchen" nahmen einen großen Raum ein. Die Kernfähigkeit „Sprich von Herzen" erwies sich als ausgesprochen alltagstauglich. Die Mutter, die hier den Anstoß zu einem Dialog zum Thema „Respekt" geliefert hatte, fühlte sich zwar leicht beschämt, jedoch nicht ausgegrenzt oder vorgeführt. Alle konnten ihr Gesicht wahren. Auch hier galt das dialogische Prinzip, dass allen Menschen mit Würde begegnet wird.

In sich selbst nach Schätzen zu suchen anstatt nach Defiziten ist eine Herausforderung. Kaum ist ein Fehlverhalten von außen oder „oben" erkannt, wird dem Diagnostizierten eine Vereinbarung abgerungen, sich doch bitte zukünftig „besser" zu verhalten. Respektvolle Begleitung anzubieten bei der Suche nach den eigenen Qualitäten in sich selbst ist eine der großen Chancen des Dialogs. Diese Suche bedeutet nämlich nicht nur, daran zu glauben, dass etwas gelingt, sondern auch, etwas dafür tun zu können, will man neue Erfahrungen machen. Die emotionalen Erfahrungen, im Dialog-Setting geschützt durch den „Container", führen eher zu neuen Haltungen und Verhaltensweisen als die sachliche Analyse von Fehlern. Im Dialog kann sich für alle Beteiligten Wesentliches ereignen. Dialog ist das Wagnis, sich zu öffnen. Vor sich selbst und vor anderen. Die Dialogbegleiter sind für diesen „Container" verantwortlich, den Vertrauensraum, der Sicherheit und Offenheit und die Möglichkeit einer entspannten und angstfreien Atmosphäre

3 Im Dialog sind auch Begriffe im Wandel. In den ersten drei Auflagen von Eltern Stärken hieß es noch „Dialog-Regeln". Das klang zu normativ.

schafft. Innerhalb dessen forschen die Beteiligten gemeinsam nach dem Gelingenden im Leben.

> „Der Dialog ist vergleichbar mit einer musikalischen Gruppenimprovisation. Es gibt keine unpassenden Töne. Jeder Ton ist wichtig. Jeder Ton macht das Stück zu dem, was es ist. Es gibt kein Gut und Schlecht, kein Falsch und Richtig. Selbst wenn – im übertragenen Sinne – dem Cellisten an seinem Instrument eine Saite risse, gehörte dies zum Werk, wird gegebenenfalls sogar von andern aufgenommen und als Inspiration erlebt“ (Schoneberg 2012).

Das Stichwort „Schatzsuche statt Fehlerfahndung“ zeigt deutlich die grundsätzliche Haltung in der Arbeit mit Einzelnen und Familien. Die konkreten Inhalte der Beratung und des Seminars orientieren sich an den Bedürfnissen der Gruppe und der Teilnehmer. Die dialogische Haltung schafft respektvollen Raum für individuelle Antworten auf Fragen, die das Leben stellt und die persönlichen Lernwege der Einzelnen. Für einen gelingenden Dialog ist es wichtig, alle Themen zuzulassen. Dialogbegleiter achten nicht nur darauf, alle Beiträge der TeilnehmerInnen ohne Wertung nebeneinander stehen zu lassen, sondern auch darauf, Menschen mit gefühlt „merkwürdigen“ Ansichten in der Gruppe zu halten.

Kohärenz und Stimmigkeit – Salutogenese versus Pathogenese

Aaron Antonovsky entwickelte die Theorie der Salutogenese, der Entstehung von Gesundheit (*salus:* gesund, *genese:* Entstehung). Er setzt damit der pathogenetischen Sicht etwas entgegen, die vorwiegend nach Ursachen für Krankheit, Leid und soziale Auffälligkeit fahndet. Er reflektiert darüber, wie es gelingen könne, dass ein Mensch „heil“ durch Höhen und Tiefen gehe. Aus pathogenetischer Sicht sollen Menschen gerettet oder vor Unheil bewahrt werden. Antonovsky nimmt an, dass Menschen sich, nicht nur unvermeidlich, sondern *notwendigerweise* an Herausforderungen bewähren können und müssen. Seine Theorie zielt darauf ab, an Herausforderungen zu wachsen, Widerstandsfähigkeit und Überlebenstechniken zu entwickeln, was er auch „Kohärenzgefühl“[4] nennt. In vielen Fällen erscheint es ihm sogar als kontraproduktiv, jemandem eine Krise zu nehmen, einen „Krisenklau“ (Lechler 1997: 22) zu begehen, wie der Arzt und Suchttherapeut Walther Lechler es nannte. „Meine fundamentale philosophische Annahme ist“, so sagt Antonovsky,

> „daß der Fluß der Strom des Lebens ist. Niemand geht sicher am Ufer entlang. Darüber hinaus ist für mich klar, daß ein Großteil des Flusses sowohl im wörtlichen wie auch im übertragenen Sinn verschmutzt ist. Es gibt Gabelungen im Fluß, die zu leichten Strömungen oder in gefährliche Stromschnellen und Strudel führen. Meine Arbeit ist der Auseinandersetzung mit folgender Frage gewidmet: ‚Wie wird man, wo immer man sich in dem Fluß befindet, dessen Natur von historischen, soziokulturel-

4 In der Originalausgabe mit dem Titel Unraveling the Mystery of Health. How People Manage Stress and Stay Well heißt es „sence of coherence“. Die Übersetzung mit dem Begriff »Kohärenzgefühl« stammt von Alexa Franke, 1997.

len und physikalischen Umweltbedingungen bestimmt wird, ein guter ‚Schwimmer'" (Antonovsky 1997: 92)?

Dem eigenen Tempo folgen – schöpferisches Lernen

Viele kennen die Karikatur von Hans Traxler: Ein Hund, eine Robbe, ein Goldfisch, ein Elefant, zwei Vögel und ein Affe werden von ihrem Lehrer aufgefordert, auf einen Baum zu klettern (vgl. Klant 1983: 25): „Zum Ziele einer gerechten Auslese lautet die Prüfungsaufgabe für Sie alle gleich: Klettern Sie auf den Baum!", heißt es in einer Sprechblase. Diese Art der „Eignungsprüfung" hat eindeutig ihre Grenzen. Deutlicher lässt sich kaum zeigen, dass wohl jeder eine andere Herausforderung braucht, um etwas für ihn Bedeutsames zu tun oder zu zeigen. Das erahnen auch immer mehr Akteure in der Bildungsbranche. Ihnen wird bewusst, dass sie, um schöpferische Lernprozesse zu fördern und potenzialentwicklungsfreundliche Erfahrungen zu ermöglichen, ihre Art, zu führen, zu lehren, zu beraten oder zu unterrichten, neu ausrichten müssen.

Im Dialogprozess kann jeder in seinem eigenen Tempo lernen. Zugleich ist er Teilnehmer eines dynamischen Gruppenprozesses. Durch die Vielschichtigkeit des Dialogs lernen alle Beteiligten miteinander, gleichzeitig und sehr intensiv an persönlichen „Baustellen". Martin Buber beschreibt es so: Die Möglichkeit einer Begegnung zwischen einem Ich und einem Du findet nur da statt, wo sich zwei Subjekte in einem „Atemraum des echten Gesprächs" (Buber, 1997: 294) ohne Bedingungen und ohne zu erreichendes Ziel treffen.

> „Die Beziehung zum Du ist unmittelbar. Zwischen Ich und Du steht keine Begrifflichkeit, kein Vorwissen und keine Phantasie [...]. Zwischen Ich und Du steht kein Zweck, keine Gier und keine Vorwegnahme [...]. Alles Mittel ist Hindernis. Nur wo alles Mittel zerfallen ist, geschieht Begegnung" (Buber 1997: 15f.).

Dialog ohne Humor ist ein Witz[5]

Was der Dialog neben all seiner Ernsthaftigkeit braucht, ist Humor. Humor als eine Art „Schmiermittel" wirkt sich mildernd aus auf zu viel Angst, übertriebene Liebe, rigide Macht, zu strenge Ordnung und sklavisches Zeitverständnis, mit anderen Worten: auf jede Verbissenheit. Gerade lebenswichtige Themen wie Erziehung, Unvollkommenheit, Ängste, Aggressivität, Abhängigkeit, Sucht und Krankheit sowie deren Bewältigung sind zumeist angstbesetzt und werden häufig als Last empfunden. Die Enge, die manche empfinden, steigert sich, wenn Menschen, die einander nicht näher kennen, an einem unvertrauten Ort zusammen kommen. Umso heilsamer und erleichternder wirkt dann der Humor. Gemeinsames Lachen tut gut, bringt Leichtigkeit und ist befreiend. Dem Variantenreichtum auch in Sachen Humor sind keine Grenzen gesetzt, und wohl dem, dem es gelingt, den häufig dicht

5 Dieser Satz wandelt eine Aussage von Simon und Rech-Simon (1999: 284) ab und drückt aus, welche Bedeutung der Humor in Beratung und Therapie hat.

beieinanderliegenden tragischen Aspekten einer Situation die ebenso vorhandenen komischen Aspekte als Rivalen zur Seite zu stellen. Das erspart oft Zeit und Mühe und macht manchen ansonsten Energie zehrenden Prozess überflüssig. Wo Lachen möglich ist, hat Angst weniger Chancen.

> „Seine erfrischendste und heilsamste Wirkung entfaltet der Humor, wenn er deutlich mit der Liebe legiert ist. Nur dann wirkt er entspannend, einladend, ansteckend. Und nur dann entwickelt er die Kraft, die berühmten Fünfe glaubhaft gerade sein zu lassen" (W. Reifarth, zit. n. Schopp 2013: 164).

Literaturverzeichnis

Antonovsky, Aaron (1997): Salutogenese: Zur Entmystifizierung der Gesundheit. Deutsche erw. Aufl. von Alexa Franke. Tübingen: dgvt-Verlag.

Buber, M., (1997), Das Dialogische Prinzip, Gerlingen: Verlag Lambert Schneider

Buber, Martin (1998): Alles wirkliche Leben ist Begegnung. Hundert Worte. München/Zürich/Wien: *Verlag* Neue Stadt.

Hartkemeyer, Martina et al. (1999): Miteinander Denken – Das Geheimnis des Dialogs. Stuttgart: Klett-Cotta.

Hartkemeyer, Johannes/Hartkemeyer, Martina (2005): Die Kunst des Dialogs – Kreative Kommunikation entdecken. Stuttgart: Klett-Cotta.

Isaacs, William (2011): Dialog als Kunst, gemeinsam zu denken. Die neue Kommunikationskultur in Organisationen. Bergisch Gladbach: EHP.

Klant, Michael (1983) (Hrsg.): Schul-Spott. Karikaturen aus 2500 Jahren Pädagogik. Hannover: Fackelträger-Verlag.

Korczak, Janusz (1999): Sämtliche Werke: Wie liebt man ein Kind. Erziehungsmomente. Das Recht des Kindes auf Achtung. Fröhliche Pädagogik. Bd. 4. Bearbeitet und kommentiert von Beiner, F./Ungermann, S. Gütersloh: Gütersloher Verlagshaus.

Lechler, Walter H. (1997): Gesund ist, wer noch krank werden kann. Interviews. Vorträge. Aufsätze. Schriftenreihe „Ansteckende Gesundheit", Nr. 2. Goch: Santiago-Verlag.

Muth, Cornelia (1998): Erwachsenenbildung als transkulturelle Dialogik. Schwalbach/Ts.: Wochenschau Verlag.

Reichert, Thomas (1996) (Hrsg.): Buber für Atheisten: ausgewählte Texte. Gerlingen: Lambert Schneider im Bleicher Verlag.

Reifarth, Wilfried (1989): Grenzüberschreitungen – Zur Praxis und Theorie selbsterfahrungsbezogener Lernprozesse. Frankfurt am Main: Selbstverl.

Scharmer, Claus O. (2011): Theorie U – Von der Zukunft her führen. Presencing als soziale Technik. 2., erw. Aufl. Heidelberg: Carl-Auer.

Schoneberg, Ulrike (2012): Reflexion. 1. Modul. „Weiterbildung zur Dialogbegleiterin". Bonn (unveröff.).

Schopp, Johannes (2013): Eltern Stärken – die Dialogische Haltung in Seminar und Beratung. Ein Leitfaden für die Praxis. 4., überarb. Aufl. Opladen: Verlag Barbara Budrich.

Trüb, Hans (1971): Heilung aus der Begegnung. Eine Auseinandersetzung mit der Psychologie C. G. Jung. 3. Aufl. Stuttgart: Klett.

3. Was ist denn nun eigentlich Erziehungs- und Bildungspartnerschaft?

Xenia Roth

Erwartet man auf die Frage, die diesen Beitrag überschreibt, eine schnelle Antwort, dann könnte sie lauten: „Eine Herausforderung!". Sowohl in der institutionellen pädagogischen Praxis erfahrene Fachkräfte als auch lebenserfahrene Eltern könnten diesen Ausruf mit erlebten, gelungenen und misslungenen Begegnungen und Geschichten bebildern. Erziehungs- und Bildungspartnerschaft ist also eine Herausforderung für Fachkräfte und Eltern. Und die Kinder? Sie sind im engeren Sinne zwar nicht Teil dieser Partnerschaft, doch sie sind Ziel und ursächlich für die Zusammenarbeit von Fachkräften mit den Eltern. Kinder geben Antwort auf das „Warum?" dieser Partnerschaft.

Ziel einer Erziehungs- und Bildungspartnerschaft

Kinder sind intuitive Wahrnehmungskünstler. Wie Seismografen spüren sie, ob es in ihrer Umgebung stimmt oder nicht. Sie haben ein Gespür für die Beziehungen der Erwachsenen, denn diese sind elementar und existentiell für sie. Eltern haben dem Kind das Leben geschenkt. Das (Über-)Leben des Kindes hängt von den Erwachsenen ab. Die Bindungsforschung belegt diese (lebens-)wichtige Beziehung. Eine gute Bindung zu Mutter und/oder Vater ermöglicht den Kindern leichter und freier zu weiteren Personen Bindungen einzugehen, z.B. zu Großeltern, Nachbarn oder pädagogischen Fachkräften. Und für diese erweiterten Beziehungskonstellationen gilt: Kinder können sich umso freier ihre Welt zu eigen machen und diese erforschen, desto spürbarer die Erwachsenen an einem Strang ziehen oder sich zumindest respektieren und eine Kooperation anstreben. Die Kooperation der Erwachsenen miteinander, ihr gegenseitiger Respekt und ihre Wertschätzung wirken sich dergestalt positiv auf die Kinder aus, dass sie in Freiheit und Neugier der Welt begegnen, Erfahrungsschätze sammeln und von der Unterschiedlichkeit der Erwachsenen, die ihnen begegnen, profitieren können (vgl. Roth 2013: 19). Sie bleiben bildungsoffen. Kurzum: Die Kinder erfahren Bedingungen für eine ganzheitliche Bildung und Erziehung. Unter diesem Aspekt ist das Engagement von Fachkräften für eine Bildungs- und Erziehungspartnerschaft mit den Eltern zugleich eine Arbeit an und mit den Kindern.

Alle dem Kind pädagogisch begegnende Personen, ob als Mutter und Vater oder professionell Qualifizierte, nehmen Einfluss, und zwar entsprechend den gegebenen Umständen in einer prägenden und das Kind fordernden Weise. Dem Kind werden nahe beieinanderliegende oder auch weit voneinander entfernte Informations- und Identitätsinhalte angeboten, die es zu verarbeiten hat. Je jünger Kinder sind, umso entlastender wirken sich Übereinstimmungen in den vermittelten Werten der Erwachsenen aus. So formulierte der Wissenschaftliche Beirat für Familienfragen bereits 2005 in einem Gutachten, dass im Auftrag des Bundesministeriums erstellt wurde und die Stärkung familiärer Beziehungs- und Erziehungskompetenzen zum Gegenstand hatte: „Für Kinder ist es eminent wichtig, dass die Personen, die sich ihre Erziehung teilen, in der grundlegenden Ausrichtung ihres Erziehungsverhaltens übereinstimmen, dass sie ähnliche Ziele verfolgen, konkretes Erziehungsverhalten begründen und dass sie vieles von dem, was sie Kindern mit auf den Weg geben wollen, in ähnlicher Weise auch selbst vorleben. [...] Dabei kann das Verhältnis zwischen den Eltern und den außerhalb der Familie an der Erziehung beteiligten nur als ein partnerschaftliches verstanden werden, das heißt, es müssen Erziehungspartnerschaften eingegangen und gepflegt werden“ (BMFSFJ 2005: 20). Kinder spüren sehr genau, ob die Erzieherin oder der Erzieher und die Mutter oder der Vater miteinander können. Wenn die Erwachsenen „miteinander können“, dann ist es eine grundlegende Voraussetzung dafür, dass sich das Kind in der Kindertageseinrichtung neuen Erfahrungen und Lernanlässen öffnet. So erweisen sich Eltern und pädagogische Fachkräfte als Ko-Konstrukteure der kindlichen Bildung und Erziehung (vgl. Roth 2013: 204). Das Kind steht im Mittelpunkt. Alle Akteure arbeiten an dem Projekt „Erziehung, Bildung und Betreuung des Kindes“ und sind integriert in eine Bildungs- und Erziehungspartnerschaft. Das Kind erlebt, dass Familie und Fachkraft gleichermaßen an seinem Wohl interessiert sind, einander wertschätzend begegnen und sich wechselseitig bereichern.

Institutionelle Orte der Zusammenarbeit mit Eltern

Eltern sind Teil des Alltags unterschiedlichster Institutionen, die die Erziehung, Bildung, Betreuung und Förderung von Kindern zum Ziel ihres professionellen Wirkens haben. In der Geschichte der professionellen Arbeit sind Eltern vielfach dann verstärkt in den Blick genommen worden, wenn sich konflikthafte und das Kindeswohl bedrohende Familiensituationen ergeben haben. Der allgemeine soziale Dienst (ASD) des Jugendamtes hat aufgrund seines doppelten Auftrags der „Beratung und Unterstützung“ einerseits sowie dem „Eingriff bei Kindeswohlgefährdung“ und der „Kontrollfunktion“ andererseits so manche Hürde zu nehmen, wenn es darum geht, eine förderliche Zusammenarbeit mit Eltern zu etablieren.

Betrachtet man die Entwicklungen im Bereich der Kindertagesbetreuung, so besucht mittlerweile nahezu jedes Kind ein öffentlich verantwortetes Angebot und das über einen zunehmend längeren Zeitraum seines Lebens hinweg. Damit erreichen Kindertageseinrichtungen (und Kindertagespflege) bundesweit alle Kinder und ihre Eltern. Dies bietet Chancen, z.B. in der präventiven Kinder- und Jugendhilfe, die vielfach noch nicht gesehen oder aus Ressourcenmangel (noch) nicht genutzt werden können. Eltern und die Zusammenarbeit mit ihnen kommen dennoch zunehmend mehr in den Blick. Der in den vergangenen nahezu 10 Jahren erfolgte Ausbau der Kindertagesbetreuungsplätze für Kleinstkinder, insbesondere in Westdeutschland, zeigt dies z.B. am Themenfeld der Eingewöhnung der Kinder. Auch die zu Beginn des Jahrtausend erneut entfachte Bildungsdebatte und ihre Auswirkungen auf die institutionelle Förderung von Kindern nimmt die Eltern stärker in den Blick, wie es die vielfach sogar rechtlich verankerten Entwicklungsgespräche, die die kindlichen Erziehung und Bildung sowie deren Beobachtung und Dokumentation im Betreuungsalltag zum Gegenstand haben, zeigen. Ebenso die vielerorts initiierten strukturellen Veränderungen, dass sich Kindertageseinrichtungen als Orte für Familien verstehen oder als Familienzentren mit zusätzlichen Unterstützungsangeboten für Familien etablieren, zeigen auf, dass professionelles psychosoziales oder pädagogisches Handeln und familiäre Erziehungsverantwortung stärker als eine geteilte Verantwortung wahrgenommen werden.

Hinsichtlich der Intensität einer Erziehungs- und Bildungspartnerschaft mit Eltern sind allen Institutionen voran Kindertageseinrichtungen zu nennen, die bei einer Besuchsquote von nahezu 100% ein flächendeckendes und alle Gesellschaftsschichten durchdringendes Unterstützungssystem darstellen. Aber auch andere Arbeitsfelder der Kinder- und Jugendhilfe, wie die Erziehungs- und Familienberatung, die Familienbildung, die Kindertagespflege, sozialpädagogische Familienhilfe oder die vielfältigen Formen der Hilfen zur Erziehung, d. h. die unterschiedlichsten Ausgestaltungsformen familienbezogener oder kinder- und jugendhilferechtlicher Unterstützungssysteme sind gefordert, sich der Bedeutung des „Systems Eltern" für das Gelingen ihres Handeln zu vergegenwärtigen und entsprechend zu berücksichtigen. Dies gilt ebenso, wenn auch auf einer gänzlich anderen rechtlichen Basis, für die Schule. Mit dem Ausbau der Angebote an Ganztagsschulen und der damit einhergehenden längeren Verweildauer der Schülerinnen und Schüler im öffentlichen Raum, erfährt auch in diesem Arbeitsfeld, die Kooperation mit den Eltern Aufmerksamkeit.

Begriffe: Elternarbeit – Zusammenarbeit – Partnerschaft?

Hieß es früher Elternarbeit, so geht es heute stärker um die Gestaltung einer Bildungs- und Erziehungspartnerschaft, um eine Zusammenarbeit und gemeinsam geteilte mit unterschiedlichen Kompetenzen der handelnden Personen, Eltern und Fachkräfte, wahrgenommene Verantwortung. Was ist der Unterschied? Was ist neu oder anders?

In der folgenden Diskussion der Begriffe und ihrer Inhalte wird vor allem das Arbeitsfeld der Kindertagesbetreuung in den Blick genommen, da hier bundesweit alle Eltern und Familien betroffen sind. Die Diskussion lässt sich analog auf andere Arbeitsfelder übertragen.

Elternarbeit wurde überwiegend als Anhängsel einer kindbezogenen Arbeit verstanden. Jedes Kind, dem ein pädagogischer Alltag zuteil wurde, hatte eben auch noch Eltern, die man ergänzend mit in den Blick nahm. Elternarbeit war häufig nicht viel mehr als die verordnete Unterrichtung der Eltern über den Stand der Dinge: Termine der Kindertageseinrichtung, eher spontane unregelmäßige Rückmeldungen zur Entwicklung des Kindes, allgemeine Hinweise für alle Eltern. In diesem Sinne war traditionelle Elternarbeit über lange Zeit tatsächlich ein Stiefkind der Pädagogik. Schon der Begriff Elternarbeit lässt offen, ob die pädagogischen Fachkräfte an den Eltern arbeiten oder ob die Eltern für die pädagogischen Fachkräfte Einsatz zeigen.

Demgegenüber drückt der Begriff der Bildungs- und Erziehungspartnerschaft eine Begegnung der Beteiligten auf Augenhöhe aus. Angestrebt wird eine Beziehung, in der die Eltern zusammen mit den pädagogischen Fachkräften Subjekte gemeinsamen Handelns am Kind sind. Es geht darum, die Eltern so zu nehmen, wie sie sind. Ursächlich für diesen Perspektivenwechsel, der sich aus dem veränderten Verständnis der Bildungs- und Erziehungspartnerschaft gegenüber der Elternarbeit ergibt, ist das Wissen um die große Bedeutung der sich gegenseitig respektierenden Haltung von Eltern und pädagogischen Fachkräften für das Kind. Im Wissen um die geteilte Verantwortung für das Kind gestalten Kindertageseinrichtung und Eltern in gemeinsamer Abstimmung und in der Ausrichtung auf ähnliche Ziele die Erziehungs- und Bildungsthemen des Kindes, ohne dass damit die grundsätzliche Erziehungsverantwortung der Eltern in Frage gestellt wird. Kooperation vollzieht sich somit auf der Grundlage eines gleichberechtigten Dialogs (vgl. Roth 2013: 18; vgl. Textor 2011: 6f.). Hier zeigt sich eine veränderte Einstellung und Haltung der Fachpraxis: Eltern werden nicht mehr wie früher „bearbeitet“, sondern es wird die Zusammenarbeit mit ihnen gesucht. Dies verdeutlicht der Begriff „Erziehungs- und Bildungspartnerschaft“, der innerhalb von zehn Jahren das Wort „Elternarbeit“ weitgehend verdrängte und wohl in allen Orientierungsplänen der Bundesländer als Grundlage für die pädagogische Arbeit in Kindertageseinrichtungen zu finden ist (Textor 2011: 6).

Im Verständnis der Bildungs- und Erziehungspartnerschaft geht es um eine kooperative Haltung gegenüber den Eltern. Der pädagogische Alltag im Rahmen einer Bildungs- und Erziehungspartnerschaft vermag von außen betrachtet möglicherweise gegenüber der traditionellen Elternarbeit keine auffällige Veränderung erfahren, aber die innere Haltung der Beteiligten zueinander ist wesentlich unterschiedlich (vgl. Roth 2013: 19). Eine „Bildungs- und Erziehungspartnerschaft“ erhebt den Anspruch an die Fachkräfte, den Eltern auf Augenhöhe zu begegnen. Bei einer Begegnung auf Augenhöhe kann dann z.B. deutlich werden, dass manche Eltern eine enge Partnerschaft gar nicht wünschen, auch wenn sie sehr wohl an Informationen, einem Austausch und vor allem an gegenseitigem Respekt interessiert sind. „Partnerschaft“ bringt zum Ausdruck, dass beide Seiten – Eltern und Fachkräfte – „Partner“ mit Blick auf die Erziehung, Bildung und Betreuung des Kindes sind. „Erziehungs- und Bildungspartnerschaft“ kann ganz unterschiedlich gestaltet sein. Sie berücksichtigt die Lebensbedingungen und Persönlichkeiten der jeweiligen individuellen Gegenüber. Sie berücksichtigt zudem die Kompetenzen der Beteiligten. So findet sich in der Literatur auch der Begriff der „Kompetenzpartnerschaft“. „Im Gegensatz zur Erziehungs- und Bildungspartnerschaft benennt der Begriff Kompetenzpartnerschaft nicht das Ziel der Partnerschaft, nämlich Bildung oder Erziehung. Er setzt vielmehr die Ressourcen, die partnerschaftlich für gelingende Bildungs- und Erziehungsvorhaben zur Verfügung stehen, ins Zentrum und macht deutlich, dass Fachkräfte, Therapeut/innen und Eltern je andere Kompetenzen mitbringen, die in der Interaktion mit dem Kind diesem verschiedene Lernangebote und Herausforderungen bieten (vgl. Kobelt Neuhaus 2011: 33).

Pädagogische Fachkräfte als Gestalter der Partnerschaft

Wird in der Zusammenarbeit mit Eltern zwar eine Partnerschaft und ein gleichberechtigter Dialog angestrebt, so besteht dennoch eine Assymmetrie zwischen „Fachkraft“ und „Eltern“.

So sind die Eltern „Experten für ihr Kind“. Dabei ist dieses Expertenwissen oftmals überraschend fachkundig, vielfach getragen durch ein intuitives Wahrnehmen des eigenen Kindes und seiner Entwicklungen, ein empathisches Ein- und Mitfühlen und ein – nahezu immer von der Liebe der Eltern getragener – Reichtum an geteilten Alltagserfahrungen, mal freude- und lustvoll, mal sorge- und leidvoll. Diesen Schatz an Erfahrungen und Kompetenzen bringen Eltern in die Bildungs- und Erziehungspartnerschaft mit ein (vgl. Roth 2013: 81).

Während Eltern die Experten für ihr eigenes Kind sind, bieten pädagogische Fachkräfte Expertenwissen für kindliche Entwicklung im Allgemeinen, für die Bandbreite der verschiedenen Entwicklungswege und für mögliche Stolpersteine. Dabei bringen sich die pädagogischen Fachkräfte sowohl mit ihrem konkreten Fachwissen und ihrer Praxiserfahrung in die Bildungs- und Erziehungspartnerschaft mit den Eltern ein als auch als Menschen mit ihrer individuellen Persönlichkeit (vgl. Roth 2013: 61).

Die gegenseitige Wertschätzung und Anerkennung dieses Expertenwissens setzt vielfach und notwendigerweise Beziehungsarbeit voraus. Es geht um eine bewusste Beziehungsgestaltung, die der Initiative der pädagogischen Fachkräfte bedarf (vgl. Roth 2013: 23). Dies schließt die Gestaltung der Räumlichkeiten, in denen sich Eltern und Fachkräfte begegnen oder die Eltern für sich nutzen können, mit ein. Insofern ist die Partnerschaft hinsichtlich ihrer Verantwortlichkeit für die Gestaltung nicht symmetrisch, hinsichtlich ihrer inhaltlichen Gestaltung schon eher: Die Wahrnehmungen und Erfahrungen der Eltern werden bei der Ausgestaltung des Erziehungs-, Bildungs-, und Betreuungsauftrages berücksichtigt (Roth 2013: 23). „Es ist die Beziehungsqualität in der Zusammenarbeit mit Eltern, die zur Unterstützung der kindlichen Entwicklung und Bildung wesentlich beiträgt“ (Hess 2012: 12). Die Erfahrungen der Eltern und das pädagogische Fachwissen der Fachkräfte werden miteinander verbunden.

Eine rechtliche Betrachtung

Rechtliche Grundlagen prägen die fachliche Gestaltung der Zusammenarbeit mit Eltern. Auch wenn die Bedeutung und die (Aus-)Wirkungen der Rechtssetzung vielfach nicht eigens im alltäglichen Handlungsvollzug thematisiert werden, sie prägen das Miteinander von Fachkräften und Eltern.

„Pflege und Erziehung der Kinder sind das natürliche Recht der Eltern und die zuvörderst ihnen obliegende Pflicht." Dieses Elterngrundrecht bildet im Grundgesetz wie im Achten Sozialgesetzbuch (SGB VIII) die Grundlage dafür, dass der Staat den Eltern familienunterstützende Leistungen unterschiedlichster Art zur Verfügung stellt. Die rechtlichen Normierungen im Bundesgesetz und in den Ländergesetzen, aber auch privatrechtlichen Betreuungsverträge im Arbeitsfeld der Kindertagesbetreuung, bilden die Basis für die Ausgestaltung der Bildungs- und Erziehungspartnerschaft" (vgl. Roth 2013: 44f.).

Die Partizipation der Eltern findet ihre rechtliche Grundlage in § 1 Abs. 3 Nr. 2 SGB VIII, in dem leitbildartig die Jugendhilfe dazu verpflichtet wird, Eltern und andere Erziehungsberechtigte bei der Erziehung zu beraten und zu unterstützen. Die Partizipation von Eltern erfolgt in zweierlei Hinsicht: Zum einen geht es um die individuelle Zusammenarbeit mit Eltern und Erziehungsberechtigten mit Blick auf das einzelne Kind, z.B. mittels Entwicklungsgesprächen in der Kindertagesbetreuung. Zum anderen geht es um strukturell verankerte Kooperationsformen, wie z.B. Elternausschüsse oder Elternbeiräte und die Vertretung von Eltern in Jugendhilfeausschüssen. In der Kindertagesbetreuung sind entsprechend der rechtlichen Grundlagen die Eltern die originären Auftraggeber der Erziehung, Bildung und Betreuung ihrer Kinder. So wird die Kindertageseinrichtung im Auftrag der Eltern tätig (vgl. Roth 2012a: 111f.). Im Kinder- und Jugendhilferecht sind in der Regel Eltern Auftraggeber, in dem sie eine Hilfe aufsuchen oder einfordern. Nur in den seltenen Ausnahmen, bei denen der Staat zur Sicherung des Kindeswohls hoheitsrechtlich tätig wird, sind Eltern mit ihren Kindern eher „Objekt" fachlich begründeten Handelns. Und selbst dort, wo staatlicherseits in Elternkompetenzen „eingegriffen" wird, ist es das rechtliche und fachliche Ziel, die Autonomie und die Selbstständigkeit der handelnden Subjekte im Rahmen der gesetzten Möglichkeiten zu wahren oder wiederherzustellen.

Etwas anders stellt sich die Situation im Schulbereich dar: Nach Artikel 7 Grundgesetz untersteht das gesamte Schulwesen der Aufsicht des Staates. Im Rahmen dieser Aufgabenwahrnehmung durch den Staat findet das elterliche Erziehungsrecht seine Grenze an der allgemeinen Schulpflicht, die seitens des Staates vorgegeben ist und der die Eltern unterliegen (vgl. Roth 2012a: 112). Das heißt, mit Eintritt des Kindes in das Schulsystem erhält neben dem Elternrecht die öffentlich wahrgenommene Verantwortung eine besondere Bedeutung. Im Vergleich zum Arbeitsfeld der Kindertageseinrichtungen sind die Regelungen zur Beteiligung von Eltern und einer strukturell eingebundenen Elternvertretung im Schulbereich wesentlich differenzierter normiert. Aufgabenbereiche, Vertretungskompetenzen und Wahlmodalitäten sind sehr konkret und präzise rechtlich ausgestaltet. Die Ursache hierfür mag insbesondere darin gesehen werden, dass im Schulbereich nicht die Eltern den Erziehungs-, Bildungs- und Betreuungsauftrag erteilen, sondern dass der Schulbesuch eine hoheitlich formulierte Pflicht ist, die einer Entscheidung der Eltern enthoben ist (Schulpflicht). Entsprechend sorgt ein strukturell und organisatorisch differenziertes System der Elternvertretung gewissermaßen für ein Gegengewicht und verankert elterliche Mitsprache im Schulsystem. Die grundgesetzlich unterschiedlichen Verankerungen der Beteiligung von Eltern und der Zusammenarbeit mit ihnen im Kindertagesstätten- und im Schulsystem sind dort besonders erfahrbar, wo sie im pädagogischen Alltag aufeinandertreffen: beim Übergang vom Kindergarten in die Schule.

Die Bedingungen der Zusammenarbeit sind komplex

So selbstverständlich die Zusammenarbeit mit Eltern auf der einen Seite ist, betrachtet man rechtliche Rahmenvorgaben des SGB VIII, Ausführungsvorschriften der Länder, wissenschaftlich formulierte Ansprüche und Konzeptionen der Fachpraxis, so groß sind andererseits die Herausforderungen, diese Zusammenarbeit in der alltäglichen Praxis zu gestalten. Kompliziert und komplex wird das Themenfeld durch

- die Dynamik in den Beziehungen der beteiligten Personen und Persönlichkeiten – Fachkräfte – Eltern – Kinder. Individuelle Biografien und Lebensumstände prägen das Miteinander,
- die Unterschiede, die sich aus ethnischen und sozial begründeten Erziehungskulturen ergeben. Die Diversität kultureller Modelle bilden sich in den elterlichen Sozialisationszielen, Erziehungstheorien und Erziehungsstrategien ab (vgl. Keller 2011). In der Zusammenarbeit mit Migranten-Familien in der Kindertageseinrichtung treffen diese in aller Regel unbewussten Sozialisationskulturen aufeinander; dabei stehen sich insbesondere zwei Kulturen gegenüber: das „Autonomie-Ideal" bildungsnaher Kohorten sowie Erziehungsstrategien und -rituale, die dem Ziel einer Eingliederung in die dörfliche Gemeinschaft verpflichtet sind (Relationalität),
- die Unterschiedlichkeit der Sozialräume in denen sich die Zusammenarbeit konkretisiert,
- das Zusammenspiel von Auftrag, Wertekatalog, Profil und Tradition der jeweiligen Institution in der sich die Zusammenarbeit mit den Eltern konkretisiert,
- die gesellschaftlichen Erwartungen, die an Eltern ebenso wie an die jeweilige Institution gestellt werden, und die sich damit verbundenen vielfältigen Rollenerwartungen an die Fachkräfte.

Entsprechend erfordert es von den pädagogischen Fachkräften Ausdauer, Ideenreichtum, Zuversicht und eine gehörige Portion Menschenfreundlichkeit – und zwar mit sich selbst und dem Gegenüber – vielleicht auch eine stete energiegeladene Trotz-Bereitschaft, um sich immer wieder neu auf Beziehungen einzulassen, diese anzubieten und die Verantwortung für deren Gestaltung zu übernehmen. Dies ist der rechtlich, fachlich und wissenschaftlich begründete professionelle Anspruch an die Fachkraft vor Ort. Eher weniger offensiv wird die sich daraus ableitende Verantwortung an die Arbeitgeber der Fachkräfte erkennbar. Denn der Anspruch an die Arbeitgeber und Träger ist und muss immer wieder sein, Fachkräften, die die Verantwortung für die Zusammenarbeit mit Eltern in sehr unterschiedlicher Weise tragen, Mut für diese Beziehungsarbeit zu machen und sie durch Fortbildung, Supervision und Coaching zu unterstützen.

Immer wieder gilt es in der Fachpraxis aufzuzeigen und erfahrbar zu machen, warum Eltern für die Ziele der Erziehung, Bildung, Betreuung und Förderung von Kindern bedeutsam sind. Das ist anstrengend – für alle Beteiligten. Es gibt jedoch Anstrengungen, die sich lohnen und zwar in einem Sinne, dass sie nicht einseitig Kräfte kosten und „ent-kräften", sondern „kräftigen" und „erstarken" lassen. Die Investition in die Beziehungsarbeit mit Eltern darf als eine solche betrachtet werden, die letztlich systemstärkend ist. Energie, die in die Beziehungsarbeit „Erziehungs- und Bildungspartnerschaft mit den Eltern" fließt, stärkt Kinder und Eltern, Fachkräfte und Teams sowie die jeweils betroffene Institution.

Spannungsfeld: Private und öffentliche Verantwortung

Entwicklungsfördernde Lebensbedingungen für junge Menschen und ihre Familien zu schaffen und zu sichern stellt eine gesamtgesellschaftliche Aufgabe dar. Diese im Alltag zu erbringen ist zunächst einmal ein Auftrag, der – rechtlich und faktisch – in den Verantwortungsbereich der Eltern fällt. Eltern werden allerdings bei der Realisierung dieser Verantwortung durch weitere gesellschaftliche Institutionen – hier insbesondere durch die Kinder- und Jugendhilfe – unterstützt und gefördert. In der modernen individualisierten und globalisierten Gesellschaft vollzieht sich das Aufwachsen von Kindern und jungen Menschen immer weniger „naturwüchsig" und beiläufig, sozusagen im „Nebenbei" des Alltags einer Familie. Vielmehr bedarf es zunehmend gezielten Anstrengungen der Förderung und Unterstützung von Eltern (vgl. BMFSFJ 2013: 75). So wird deutlich, dass es sich beim Aufwachsen von Kindern und jungen Menschen um eine gesellschaftliche Gestaltungsaufgabe handelt.

Der 14. Kinder- und Jugendbericht weist deutlich aus, dass private und öffentliche Verantwortung für das Aufwachsen von Kindern und jungen Menschen zunehmend ineinander greift und als geteilte Verantwortung gesehen werden muss. Dabei knüpft die für die Abfassung des Berichtes verantwortliche Kommission an den Elften Kinder- und Jugendbericht (2002) an, der erstmals das Aufwachsen von Kindern und Jugendlichen in öffentlicher Verantwortung explizit zum Thema gemacht hat.

Zwei Argumente werden für die massive Ausweitung der öffentlichen Verantwortung für das Aufwachsen von Kindern vorgebracht: Die Gerechtigkeitsfrage und das Gebot der ökonomischen Effizienz (vgl. BMFSFJ 2013: 75). So wird argumentiert, dass die verstärkte Förderung von Kindern bereits in ihrer frühen Lebensphase durch ein flächendeckendes, qualitativ hochwertiges Angebot an Kindertageseinrichtungen ein Gebot ökonomischer Effizienz und gemeinwohl orientierter Politik darstelle. Denn die nachwachsenden kleineren Kohorten junger Menschen müssen mit ihrer produktiven Arbeit künftig eine immer größere finanzielle Last tragen, sowohl für die nachkommende junge Generation als auch für die spätere Generation der Ruheständler (vgl. BMFSFJ 2013:75). Darüber hinaus leistet eine solche soziale umfassende Investitionspolitik wie die Kindertagesbetreuung gleichzeitig einen Beitrag zur Beförderung sozialer Gerechtigkeit, da auf diese Weise die ungleiche Ausstattung der Familien (bzw. der Eltern) mit finanziellem, kulturellem und sozialem Kapital kompensiert und damit die Lebenschancen insbesondere der weniger privilegierten Kinder nachhaltig verbessert werden können (vgl. BMFSFJ 2013: 76). Die Gestaltung individueller Lebenschancen für junge Menschen stellt eine Aufgabe in privater und öffentlicher Verantwortung dar.

Auch das neue Bundeskinderschutzgesetz (2012) kann als Beleg für eine verstärkte öffentliche Verantwortungsübernahme genommen werden. Passgenaue Angebote früher Förderung sollen die elterliche Beziehungs- und Erziehungsfähigkeit verbessern. Reichen die Hilfen nicht aus, muss ein wirkungsvolles Eingreifen des Staates zum Schutz des Kindes sichergestellt sein; aber auch dieses muss die Bedeutung elterlicher Einflussnahme berücksichtigen. Eltern werden als Erziehungspartner systematisch einbezogen und damit bei der Wahrnehmung ihrer privaten Erziehungsverantwortung unterstützt und durch öffentlich verantwortete Angebote und Maßnahmen in ihren Erziehungskompetenzen gestärkt bzw. „befähigt“ (vgl. BMFSFJ 2013: 70).

Hier nicht weiter ausgeführt, aber hinsichtlich seiner Bedeutung notwendig erwähnenswert, ist der Aspekt, dass Eltern als Motor einer Qualitätsentwicklung gesehen werden müssen. Je selbstverständlicher es für Eltern ist, dass sie seitens der Gesellschaft mit Unterstützung rechnen dürfen, desto mehr werden sie an diese Unterstützung Qualitätsansprüche stellen (vgl. Roth 2012b: 74f.). Eltern werden sich weniger scheuen, ihre Erwartungen oder Beschwerden vorzubringen. Hinter all diesem steht: Eltern wollen ernst genommen werden. Das ist ein berechtigtes Anliegen.

Grenzlinien der Verantwortung

Im öffentlichen und wissenschaftlichen Diskurs finden sich Anforderungen, die an Fachkräfte in der Zusammenarbeit mit Eltern gestellt werden, die im Spannungsfeld eines Miteinanders privater und öffentlicher Verantwortung kritisch zu diskutieren sind. So findet sich die Aussage, dass Fachkräften in Kindertageseinrichtungen die Aufgabe zukommt, „eine ‚geschwächte Erziehungskompetenz‘ der Eltern aufzufangen, zu kompensieren und gegebenenfalls dabei mit Erziehungsberatungsstellen und Psychologen zu kooperieren“ (Hess 2012: 15; ebenso Textor 2011: 2). Doch das Miteinander privater und öffentlicher Verantwortung muss die Grenzlinien zwischen Familien unterstützenden und Familien ersetzenden Leistungen erkennbar bleiben lassen. Öffentliche Verantwortung versteht sich in erster Linie als Dienst an und für die Familie, diese in ihrer eigenen Verantwortung zu stärken. Denn obwohl sich die öffentliche Verantwortung für das Aufwachsen junger Menschen in den vergangenen Jahren ausgeweitet hat und Kinder keine reine „Familienkindheit“ mehr erleben, bleibt die Familie das mit Abstand einflussreichste „Soziotop“ für das Aufwachsen von Kindern und Jugendlichen (vgl. BMFSFJ 2013: 38f.).

In sozialpädagogischen und pädagogischen Arbeitszusammenhängen findet sich durchaus hin und wieder die Haltung, dass sich Fachkräfte als bessere Eltern sehen oder den Kindern die Familie ersetzen oder wahrgenommene Defizite ohne Einbeziehung der Eltern ausgleichen möchten. Doch eine kompensatorische Erziehung kann zur Hypris werden; die Gefahr einer Anmaßung und Überforderung aller Beteiligten ist groß (vgl. Roth 2013: 77). Die wichtigsten Personen für Kinder sind und bleiben in aller Regel die Eltern. Die Familie erweist sich als die pädagogisch nachhaltig wirksamere Institution (vgl. Roth 2013: 204). Und so handelt es sich um eine konsequente Haltung des Staates, den Eingriff in die Familie als Ultima Ratio zu sehen.

Pädagogische Fachkräfte können durch ihren Einsatz für eine gelingende Erziehungs- und Bildungspartnerschaft Eltern darin unterstützen, für ihre Kinder die bestmöglichen Eltern zu sein (vgl. Roth 2013: 77). Im „Index für Inklusion", einem Instrument zur kritischen Selbstevaluation von Teams in Kindertageseinrichtungen und zur Weiterentwicklung der pädagogischen Arbeit der Einrichtung wird hierzu die Auseinandersetzung mit dem Indikator gefordert: „Die Einrichtung hilft den Eltern, mit sich zufrieden zu sein" (Booth 2004: 87). Die Arbeit an einer gelingenden Erziehungs- und Bildungspartnerschaft mit Eltern trägt dazu bei, Elternkompetenz zu stärken.

Literaturverzeichnis

BMFSFJ (2005): Stärkung familialer Beziehungs- und Erziehungskompetenzen. Kurzfassung eines Gutachtens des Wissenschaftlichen Beirats für Familienfragen beim Bundesministerium für Familie, Senioren, Frauen und Jugend. Berlin. http://www.bmfsfj.de/RedaktionBMFSFJ/Broschuerenstelle/Pdf-Anlagen/St_C3_A4rkung-familialer-Beziehungs-und-Erziehungskompetenzen,property=pdf,bereich=bmfsfj,sprache=de,rwb=true.pdf [Zugriff: 20.08.2013].

BMFSFJ (2013): 14. Kinder- und Jugendbericht. Bericht über die Lebenssituation junger Menschen und die Leistungen der Kinder- und Jugendhilfe. http://www.bmfsfj.de/RedaktionBMFSFJ/Broschuerenstelle/Pdf-Anlagen/14-Kinder-und-Jugendbericht,property=pdf,bereich=bmfsfj,sprache=de,rwb=true.pdf [Zugriff: 18.08.2013].

Booth, Tony/Ainscow, Mel/Kingston, Denise (2004): Index für Inklusion (Tageseinrichtungen für Kinder). Lernen, Partizipation und Spiel in der inklusiven Kindertageseinrichtung entwickeln. Deutschsprachige Ausgabe hrsg. v. Gewerkschaft Erziehung und Wissenschaft (GEW). Frankfurt. http://www.eenet.org.uk/resources/docs/Index%20EY%20German2.pdf [Zugriff: 18.08.2013].

Hess, Simone (2012): Zusammenarbeit mit Eltern als Basis für die kindliche Entwicklung und Bildung. In: Hess, Simone (Hrsg.): Grundwissen Zusammenarbeit mit Eltern in Kindertageseinrichtungen und Familienzentren. Berlin: Cornelsen, S. 12–30.

Keller, Heidi (2011): Kinderalltag. Kulturen der Kindheit und ihre Bedeutung für Bindung, Bildung und Erziehung. Berlin u. Heidelberg: Springer.

Kobelt Neuhaus, Daniela (2011): Im Dialog mit den Eltern 0- bis 3-Jähriger. Wie Erziehungspartnerschaft gelingen kann. Berlin: Cornelsen.

Roth, Xenia (2012a): Im Blick: Die Zusammenarbeit mit Eltern. Mit den Familien im Dialog. In: Förster, Charis/Hammes-Di Bernado, Eva/Wünsche, Michael (Hrsg.): Dialog gestalten. Kommunikation im pädagogischen Kontext. Weimar, Berlin: Verlag das netz, S. 106–115.

Roth, Xenia (2012b): Die Zusammenarbeit mit Eltern in Kindertageseinrichtungen: Fachpolitische Aspekte und Perspektiven. In: Kalicki, Bernhard/Ilse Wehrmann/Wüst, Jürgen (Hrsg.): Familien- und Bildungspolitik im Wandel. Eine Zwischenbilanz. Weimar, Berlin: Verlag das netz, S. 71–77.

Roth, Xenia (2013): Handbuch Bildungs- und Erziehungspartnerschaft. Zusammenarbeit mit Eltern in der Kita. Freiburg: Herder.

Textor, Martin.R. (2011): 25 Jahre Elternarbeit: Rückblick, Draufblick und Ausblick. In: Kindergartenpädagogik-Online-Handbuch. http://www.kindergartenpaedagogik.de/2174.pdf [Zugriff: 05.09.2013].

4. Partizipation als Strukturmaxime und Handlungsprinzip in der Eltern- und Familienbildung

Verena Wittke, Christiane Solf

Angebote der Elternbildung, -begleitung und -beratung haben in den vergangenen Jahren, insbesondere durch den Beschluss der Jugendministerkonferenz von 2003, einen maßgeblichen Bedeutungszuwachs erfahren. Familienbildung als ein durch das Kinder- und Jugendhilfegesetz geregeltes Handlungsfeld (§ 16 SGB VIII) unterliegt ebenso wie andere Arbeitsfelder der Kinder- und Jugendhilfe Strukturmaximen, wie sie seit etwa Mitte der 1980er Jahre als Standards einer zeitgemäßen Jugendhilfe formuliert und konkretisiert wurden (vgl. BMFFJG 1990, Münder 2006: 89f.): Primäre und sekundäre Prävention, lebensweltorientiertes Handeln der Träger der Jugendhilfe, Dezentralisierung und Regionalisierung, Alltagsorientierung, Existenzsicherung/Alltagsbewältigung, Integration, Partizipation und Einmischung.

Mit dem Wesen und der Bedeutung der Strukturmaxime „Partizipation" in der Eltern- und Familienbildung setzt sich dieser Beitrag auseinander.

Partizipation als demokratietheoretischer Begriff bezeichnet die Beteiligung von Einzelnen oder Gruppen an Entscheidungen und Entscheidungsprozessen und dient einer Beförderung und Stärkung demokratischer und zivilgesellschaftlicher Strukturen. Partizipation erfolgt in konkreten Kontexten, immer aber auch in Hierarchien: So gibt es eine Instanz, die über die Macht verfügt, Partizipation zuzulassen oder zu hemmen, und es gibt Betroffene, die unter bestimmten Bedingungen partizipieren. Ihre Teilhabe kann in sehr unterschiedlichen Beteiligungsformen realisiert werden: von der Konsultation über das Recht zur Mitgestaltung und Mitentscheidung bis hin zur vollständigen Selbstverwaltung.

Unsere Überlegungen zur Partizipation in der Eltern- und Familienbildung leiten sich aus den Ergebnissen einer Studie ab, die sich mit den Partizipationsmöglichkeiten von Eltern in Tagesgruppen als einer Hilfe zur Erziehung (§§ 27 ff. SGB VIII) auseinandersetzt (Solf/Wittke 2007). Die Erkenntnisse, die sich aus der Begleitung zahlreicher verschiedener Bildungs-, Beratungs- und Freizeitangebote, aus unterschiedlichsten Situationen im pädagogischen Alltag wie auch aus Interviews mit Eltern ergeben haben, werden im Folgenden mit Erfahrungen aus dem Feld der Eltern- und Familienbildung verbunden und für eben dieses Arbeitsfeld modifiziert und weiterentwickelt. Dabei nehmen wir zunächst Eltern und Kinder als Teilnehmende in Angeboten und Gäste in den Einrichtungen in den Blick und erweitern dann die Perspektive um einen Blick auf Familienbildung, die maßgeblich durch ehrenamtliche LaienmitarbeiterInnen getragen wird und so noch einmal andere Möglichkeiten für Partizipation eröffnet. Unsere Überlegungen sind grundsätzlicher Art, ihre Konkretisierung kann ausschließlich über eine Umsetzung in die Praxis und eine Weiterentwicklung fachlichen Handelns vor Ort erfolgen.

Partizipation in der Familienbildung – weshalb?

Unabhängig von den unterschiedlichen Auffassungen, gesetzlichen Grundlagen und Förderstrukturen von Familienbildung in den einzelnen Bundesländern versteht sich Eltern- und Familienbildung in ihrem Kern als ein Handlungsfeld, welches Angebote für Eltern und Familien bereitstellt, die durch Austausch, Aufklärung, Information und Vermittlung die Kompetenzen von Familien stärken und zu einem gelingenden Zusammenleben innerhalb der Familien beitragen wollen. Sie können sich z.B. auf Themen aus den Bereichen Erziehung, Gesundheit, Beziehung, Kommunikation, Medien, Alltag oder Freizeit- und Erholungsgestaltung beziehen. Dabei orientieren sie sich an Alltagsfragen, Lebens- und Familienphasen und den Interessen und Bedürfnissen von Eltern, Kindern und Jugendlichen und ggf. anderen Bezugs- oder Erziehungspersonen. Familienbildung richtet sich prinzipiell an alle Familien und nicht ausschließlich an Familien in schwierigen Lebenslagen. § 16 SGB VIII beauftragt darüber hinaus Dienste und Einrichtungen der Familienbildung, Familien in ihren Fähigkeiten zur Selbsthilfe wie auch zur Vertretung ihrer Interessen zu aktivieren und zu stärken.

Trotz ihres grundsätzlich unterstützenden und wertschätzenden Charakters und eines ressourcenorientierten Ansatzes in fast allen Konzepten dient auch Familienbildung nicht selten dem Zweck einer Veränderung und der Behebung angenommener oder tatsächlicher Defizite in Familien. Auch wenn Partnerschaftlichkeit, eine Begegnung „auf Augenhöhe" und damit Gleichwertigkeit postuliert werden, befinden sich die beteiligten AkteurInnen – professionelle, mit einem Bildungsauftrag betraute Personen auf der einen, Eltern und Familien auf der anderen Seite – zumeist in einem hierarchischen Verhältnis, welches die Familien durch einen den Fachkräften zugewiesenen Kompetenz- und Wissensvorsprung eher in einer weniger aktiven Rolle bei der Gestaltung von Bildungsangeboten belässt. Definitions- und Entscheidungsmacht verbleiben bei den ExpertInnen – sie sind es, die Art, Umfang und Gegenstand einer Beteiligung von Eltern und Familien zum Beispiel bei der Gestaltung eines Angebotes oder einer Einrichtung definieren. Der Umfang der Ungleichheit wie auch der Mitwirkungsmöglichkeiten variiert mit Konzeption und Form der Angebote.

Beteiligung von Eltern und Familien in der Familienbildung beinhaltet die freie Wahl von Möglichkeiten, das selbstständige Herstellen und Verändern von Situationen und die selbstbestimmte Entscheidung darüber, ob und wie ein Angebot genutzt wird. Haben Mütter und Väter, Frauen und Männer, Kinder oder Jugendliche im Rahmen von Eltern- und Familienbildungsmaßnahmen die Möglichkeit, tatsächlich Einfluss zu nehmen auf Prozesse und Entscheidungen, die sie selbst betreffen, können sie sich als gleichberechtigt erleben in Strukturen, die durch gegenseitige Anerkennung, Aushandlung und Kooperation geprägt sind. Wenn sie die Auswirkungen ihres Engagements sehen, nachvollziehen und sich damit identifizieren können, machen sie die Erfahrung von Selbstwirksamkeit, die sie in ihrem Bedürfnis nach Autonomie und in ihrem Vertrauen in die eigenen Fähigkeiten zur Bewältigung von Schwierigkeiten stärkt. Dies ist insbesondere für jene Eltern eine wichtige Erfahrung, deren Selbstvertrauen durch die alltäglichen Widrigkeiten und Konflikte in Erziehung, Partnerschaft oder Beruf leidet.

Eine partizipationsorientierte Eltern- und Familienbildung kann als ein als Anregungs- und Lernprozess verstanden werden, innerhalb dessen Erwachsene, aber auch Kinder und Jugendliche, grundlegende Kompetenzen wie z.B. kommunikative Fähigkeiten, Teamfähigkeit, Fähigkeit zur konstruktiven Konfliktlösung und Organisationskompetenzen erwerben und trainieren können.

Partizipationsorientierte Eltern- und Familienbildungsarbeit kann zu einer veränderten Orientierung von Eltern im Hinblick auf ihr Erziehungsverhalten und die innerfamiliale Kommunikation und Interaktion beitragen: Eltern, die sich ernst genommen fühlen und selbstwirksam Entscheidungs-, Beratungs- und Argumentationsprozesse mitgestalten, können auch ihren Kindern eher Mitwirkungsmöglichkeiten in Angelegenheiten, die sie selbst oder die Familie betreffen, einräumen. Dies ist insbesondere für die Kinder von weitreichender Bedeutung, denn im geschützten Bereich der Familie erworbene und trainierte Möglichkeiten des Gestaltens und der Mitbestimmung beeinflussen partizipatorisches Handeln auch in anderen Lebensbereichen, z.B. in der Schule und anderen Bildungseinrichtungen, positiv (vgl. Alt et al. 2005).

Auch die Fachkräfte in ihrer Rolle als BegleiterInnen der Eltern und Kinder werden sich nicht nur als Lehrende begreifen, sondern sich in Anbetracht der vielfältigen Herausforderungen, die ein Mehr an Partizipation mit sich bringt, gleichermaßen als Lernende erleben.

Partizipation kann nicht im eigentlichen Sinne gelehrt werden: Zwar können Partizipationsstrategien gezeigt und auch Kompetenzen für erfolgreiche Partizipation gestärkt werden, die Erfahrung, Verantwortung zu übernehmen, eigenständig zu handeln und die Verarbeitung der damit einhergehenden Gefühle von u.a. Angst, Hoffnung, Selbstzweifel, aber auch Selbstwirksamkeit müssen jedoch selbst handelnd erworben werden. Die Erfahrung von Partizipation wird somit zu einem wichtigen Moment von Selbstbildung.

Partizipation in der Familienbildung – wie?

Punktuelle Beteiligung von Eltern und Familien in der Form einfacher Bedarfsabfragen und Interessenermittlungen wie auch projektorientierte Verfahren der Partizipation, z.B. Zukunftswerkstätten, finden bereits ihren Raum in der Familienbildung. Partizipative Familienbildung bietet Eltern und Familien darüber hinaus Möglichkeiten, Entscheidungen zu treffen, Verantwortung zu übernehmen, Prozesse zu kontrollieren und Sanktionen auszuüben.

Grundsätzlich ist zu unterscheiden zwischen *direkten Beteiligungsformen*, in denen Erwachsene, Kinder und Jugendliche sich unmittelbar beteiligen, und *indirekten Beteiligungsformen*, bei denen es zwischen Teilnehmenden und Entscheidungsträgern eine vermittelnde Instanz gibt, sogenannten Delegationsverfahren.

Eine weitere Differenzierungsmöglichkeit besteht in der *formalen Verankerung von Partizipation* innerhalb der Organisationsstruktur des Trägers bzw. der Konzeption der Einrichtung oder des konkreten Angebotes. Verfasste, d.h. durch Festschreibung in der Konzeption gewährleistete Formen von Beteiligung stellen eine verbindliche kontinuierliche Möglichkeit der Mitsprache für Eltern, Kinder und Familien dar, wohingegen nicht verfasste Formen sich jeweils auf zeitlich und thematisch begrenzte Projekte beziehen. Diese nicht verfassten Beteiligungsformen werden in der Regel nur im Bedarfsfall aktiviert.

Mit dem Begriff *„Partizipationsgrad“* ist es möglich, sich den tatsächlichen Einflussmöglichkeiten der NutzerInnen, ihrem Kontrollrecht, ihren realen Entscheidungschancen und ihren Möglichkeiten zur Übernahme von Verantwortung anzunähern. Für Angebote der Eltern- und Familienbildung sind z.B. folgende, hinsichtlich ihres Partizipationsgrades differierende Stufen von Beteiligung denkbar (vgl. Gernert 1993: 116f.):

- *Teilnahme*: TeilnehmerInnen sind anwesend und konsumieren die gebotenen Informationen, ohne den Verlauf der Veranstaltung zu beeinflussen.
- *Teilhabe*: TeilnehmerInnen bringen im Verlauf des Angebotes ihre Meinung ein, reflektieren das Angebot.
- *Aktive Beteiligung*: z.B. durch Übernahme von Verantwortung für Gestaltungsprozesse innerhalb des Angebotes durch die TeilnehmerInnen.

Beteiligung etwa von Eltern in der Familienbildung kann bedeuten, dass Mütter und Väter, die ihre individuellen Kompetenzen und Erfahrungen einbringen möchten, eigenverantwortlich Angebote oder Projekte planen und durchführen oder dass sie in die Entwicklung pädagogischer Konzeptionen und in die Bestimmung pädagogischer Zielsetzungen einbezogen werden.

Für die OrganisatorInnen, Veranstaltungs- oder AngebotsleiterInnen bedeutet dies, dass sie einen kleineren oder größeren Teil ihrer Gestaltungsmacht, ihrer Entscheidungskompetenz und ihrer Verantwortlichkeit in die Hände der

TeilnehmerInnen legen. Daher muss schon im Vorfeld geklärt sein, ob, wie viel und an welchen Stellen eine Beteiligung von Eltern und Familien gewollt und möglich ist. Eine grundsätzliche Voraussetzung besteht darin, dass die Einrichtung differenzierte Angebote zur Mitwirkung, Mitgestaltung und Mitbestimmung bereitstellt, dass zum andern aber auch Handlungsspielräume für selbstbestimmte Elternbeteiligung auf informeller Ebene zur Verfügung stehen.

Als mögliche Dimensionen für eine Einschätzung der Beteiligungsmöglichkeiten von Familien in einer Einrichtung im Hinblick auf den Partizipationsgrad schlagen wir „Steuerung", „Strukturierung", „Verantwortung", „Macht", Verantwortung", „Bedürfnis", „Kritik" und „Entscheidung(sfindung)" vor (Solf/Wittke 2007: 220ff.).

Bedürfnisse von Eltern als Antriebsfeder für Partizipation

Partizipative Familienbildung nimmt die Bedürfnisse von Familien wahr und bietet Müttern und Vätern, Kindern und Jugendlichen und ggf. weiteren beteiligten Familienmitgliedern Räume und Möglichkeiten, ihren Bedürfnissen entsprechend mitzugestalten. Im Folgenden nehmen wir insbesondere die Eltern und ihre Bedürfnisse in den Blick.

Eine Studie zur Partizipation von Eltern in Einrichtungen der Erziehungshilfe zeigt auf, dass Eltern eine Vielzahl grundlegender Bedürfnisse haben, die sie in Einrichtungen und Angebote tragen und die dort nicht unberücksichtigt bleiben sollten (Solf/Wittke 2007, vgl. auch Deci/Ryan 1993).

Eltern haben das *Bedürfnis nach Wertschätzung, Anerkennung und Zugehörigkeit*: Eltern werden durch ihre Erziehungs- und Alltagsaufgaben in hohem Maße gefordert und geben sich meist sehr viel Mühe, allen Anforderungen gerecht zu werden. Dafür wünschen sie sich von Seiten pädagogischer Fachkräfte wie auch von anderen Eltern unvoreingenommene Annahme und wertschätzende Anerkennung als gute Mutter oder guter Vater.

Viele Eltern möchten andere Eltern aus ihrem Umfeld – z.B. der betreuenden Kindertageseinrichtung, der Schule, der Familienbildungsstätte, der Nachbarschaft – gern etwas näher kennen lernen. Hier können sie– ohne einen erhobenen Zeigefinger befürchten zu müssen – sich mit Menschen in ähnlicher Lebenssituation über Schwierigkeiten aus dem Erziehungsalltag austauschen, Fragen stellen und Meinungen einholen, aber auch gemeinsam lachen und „Spaß haben". Elterncafés und ähnliche weniger formelle Veranstaltungen ermöglichen eine gesprächsfördernde Atmosphäre und schaffen Gelegenheiten für Austausch und Kontakt.

Eltern haben das *Bedürfnis nach Entlastung und Unterstützung* insbesondere im Bereich der Erziehung und des Zusammenlebens mit ihren Kindern. Aufgrund der vielfältigen und gewachsenen Anforderungen an Eltern und Kinder und veränderten Lebens- und Familiensituationen, stehen Eltern vielfach unter erheblichem Druck. Sie wünschen sich die Unterstützung durch andere Eltern, aber auch durch Fachkräfte. Manchmal haben Eltern den Wunsch nach konkreter Anleitung und fachlichem Rat.

Eltern haben das *Bedürfnis nach Kompetenzerfahrung*: Eltern haben oftmals den Wunsch, ihre persönlichen Kompetenzen als Bereicherung in eine Maßnahme oder eine Einrichtung einzubringen und sich so als nützlich, wichtig und wirksam zu empfinden. Diesem Bedürfnis kann entsprochen werden, indem Mütter und Väter ihren individuellen Voraussetzungen, Ressourcen und Neigungen entsprechend in die Planung und Durchführung unterschiedlichster Veranstaltungen und Projekte einbezogen werden.

Eltern haben das *Bedürfnis nach Selbstbestimmung und Autonomie*: Grundsätzlich drückt sich dieses Bedürfnis in dem Bestreben aus, das eigene Leben und den eigenen Alltag selbstbestimmt, eigenverantwortlich und unabhängig, z.B. von staatlichen Transferleistungen, zu gestalten. In den Einrichtungen kann sich dieses Bedürfnis der Eltern darin ausdrücken, dass diese selbstbestimmt und nach eigenen Vorstellungen Angebote gestalten wollen, ihren Interessen entsprechend Aufgaben übernehmen und sich Freiräume ohne pädagogische Anleitung oder Begleitung schaffen.

Aus den Bedürfnissen der Eltern entsteht die Motivation zu einem stärkeren Engagement mit der – bewussten oder unbewussten – Zielsetzung, günstige Bedingungen für eine völlige oder teilweise Erfüllung dieser Bedürfnisse herzustellen. Dies findet seinen Ausdruck darin, dass Eltern Anregungen oder Wünsche äußern oder selbst ein Angebot gestalten möchten, das ihren Vorstellungen und Wünschen entspricht. Auch das Äußern von Kritik ist als eine Form von Beteiligung zu verstehen. Je nach Situation und eigenen Ressourcen wählen Eltern unterschiedliche Formen und Wege, ihre Unzufriedenheit auszudrücken: von direkter, offen geäußerter Kritik bis hin zu indirekt formulierter Kritik in Form von Befürchtungen, Selbstkritik oder Vorschlägen. Welche Wünsche, Anregungen, Kritikpunkte und Verbesserungsvorschläge Eltern im Hinblick auf Angebote der Eltern- und Familienbildung haben, können Einrichtungen zum einen systematisch z.B. durch Elternfragebögen oder einen Wunschkasten oder -baum erheben. Zum anderen können diese Wünsche bei aufmerksamem Zuhören aus den Gesprächen mit den Eltern herausgehört werden. Ein einfühlsames Nachfragen ermöglicht eine Klärung des konkreten Bedarfes.

Mitunter beteiligen sich Eltern quer zu pädagogischen Vorstellungen, ihr Handeln erscheint womöglich dysfunktional und ist auf den ersten Blick kaum als Ausdruck von Mitgestaltung zu identifizieren. Gleichwohl kann z.B. die Abwesenheit oder die schwierige Erreichbarkeit mancher Eltern als eine Form von Mitgestaltung interpretiert werden, die darauf hinweist, dass Zugang und Angebot noch nicht passend sind. Daher lohnt es sich, eine häufige Abwesenheit einzelner Familien bei Veranstaltungen und Angeboten nicht vorschnell als Desinteresse abzutun, sondern über mögliche Ursachen nachzudenken. Die Gründe für ihre Zurückhaltung könnten z.B. darin liegen, dass die Eltern bisher keine Möglichkeit gefunden haben, diese Angebote gewinnbringend für sich zu nutzen. Andere befürchten möglicherweise, in der Elterngruppe, z.B. aufgrund unterschiedlicher Lebenssituationen, Sprachschwierigkeiten, kultureller Unterschiede usw., nicht auf ausreichende Akzeptanz zu treffen oder keine geeigneten GesprächspartnerInnen zu finden. Vielleicht befürchten sie aber auch eine Offenlegung persönlicher Schwächen, eine allzu belehrende und vorwurfsvolle Haltung der Fachkraft oder anderer Eltern, die ihnen das Gefühl von Inkompetenz vermittelt oder sie fühlen sich durch die erwartete methodische oder inhaltliche Gestaltung eines Angebotes überfordert (vgl. Solf/Wittke 2007).

Partizipative Familienbildung bietet Raum für bürgerschaftliches Engagement

Spricht man von partizipationsorientierter Familienbildung, tut sich über die Beteiligung von Eltern und Familien als AdressatInnen hinaus eine weitere wichtige Seite von Partizipation in diesem Feld auf: die Unterstützung und Begleitung des bürgerschaftlichen Engagements in der Familienbildung.

Bürgerschaftliches Engagement – die Mitarbeit und Mitgestaltung aktiver verantwortungsbewusster BürgerInnen – im Bereich *Familien, Kinder und Jugendliche* stellt sich als heterogenes, lebendiges Feld dar. Ehrenamtliche Unterstützung kann sich potentiell auf alle relevanten kinder-, jugend- und familienbezogenen Themen richten und jene Ereignisse und Übergänge im Lebenszyklus einer Familie aufgreifen, die besondere Herausforderungen mit sich bringen, wie z.B. die Geburt eines Kindes, Schuleintritt und Berufswahl, aber auch Belastungssituationen wie Arbeitslosigkeit der Eltern, Krankheit oder Armut.

Bürgerschaftliches Engagement in der Familienbildung kann sowohl durch Familien selbst als auch durch andere gesellschaftliche AkteurInnen initiiert und gestaltet werden. Wenn Frauen, Männer, Familien sich im Rahmen der Familienbildung engagieren, steht ihre intrinsische Motivation für das Engagement im Vordergrund. Daher greifen sie genau jene Themen auf, die für sie selbst relevant sind, und setzen sie auf eine Weise um, die ihrer derzeitigen Lebenssituation und ihren Kompetenzen entspricht. So bauen Eltern selbstständig themenbezogene Gruppen auf, wie dies im Rahmen der Selbsthilfe üblich ist, sie schließen sich solidarisch in Vereinen zusammen oder gründen Netzwerke.

Wenn Menschen mit und für Familien tätig werden, z.B. indem sie Familien nach der Geburt eines Kindes begleiten oder als Paten Kinder, Jugendliche und Familien alltagspraktisch und beratend unterstützen, hat dies eine andere

– sicherlich noch genauer zu differenzierende – Wirkung auf die Familien, als wenn die Dienstleistung im Rahmen einer professionellen Arbeitsbeziehung durch professionelle HelferInnen erbracht wird: Aufgrund ihres ähnlichen kulturellen Hintergrundes und eigener Erfahrungen können sich Ehrenamtliche oftmals sehr gut in die Lebenssituation der von ihnen unterstützten Menschen einfühlen und sie genießen aufgrund des privaten Charakters der Beziehung deren Vertrauen. Die Bereitschaft, eigene Zeit und Erfahrung quasi zu „verschenken", überzeugt viele Familien, Mütter und Väter von der ehrlichen Bereitschaft, sie zu unterstützen – sie fühlen sich dadurch auf besondere Weise wertgeschätzt. Es kann eine persönliche, nichtprofessionelle Beziehung im Sinne einer Alltagsbeziehung entstehen. Die Zusammenarbeit mit den Familien geschieht „auf Augenhöhe". Um fundierte Begleitung und Hilfe innerhalb einer nicht-hierarchischen Beziehung anbieten zu können, wurden bundesweit spezielle Ehrenamtsprojekte entwickelt wie z.B. das „Netzwerk Gesunde Kinder" in Brandenburg oder die „Erziehungslotsen" in Niedersachsen. Obgleich aus einer Beziehung die Machtfrage selten ganz ausgeklammert werden kann, sind die Rollen in dieser Beziehung doch keineswegs eindeutig verteilt. Auch die AdressatInnen verfügen über ein hohes Maß an Definitionsmacht und können z.B. eine weitere Zusammenarbeit ablehnen, selbst wenn der/die ehrenamtlich Tätige sich eine Fortsetzung wünschen würde. Insbesondere diese eher freundschaftliche Beziehung zwischen bürgerschaftlich Engagiertem und Unterstütztem, die Unterlassung von Bewertung und Verurteilung, die Freiwilligkeit des Engagements und der Inanspruchnahme, die intrinsische Motivation und Bedürfnisorientierung in der Zusammenarbeit zwischen Ehrenamtlichen und AdressatInnen machen die qualitative Besonderheit ehrenamtlich getragener Familienbildung aus.

Ehrenamtliches und bürgerschaftliches Engagement kann hauptamtlich Tätige nicht ersetzen, aber ihre Arbeit ergänzen. Dabei bedarf es der institutionellen Anbindung im Hinblick auf professionelle Unterstützung durch Beratung, fachliche Begleitung und Schulung. Ehrenamtliches Engagement kann sich dort gut entwickeln, wo Institutionen über sowohl flexible und offene Strukturen als auch MitarbeiterInnen verfügen, die ehrenamtliches Engagement und die damit verbundenen Ideen, Kritikpunkte und Anforderungen zulassen, Raum und Unterstützung bieten und bereit sind, Ehrenamtlichen Verantwortung zu übertragen (vgl. Zinner 1999: 12).

Anregungen für eine beteiligungsfördernde Praxis

Partizipation in der Familienbildung, ob durch Teilnehmende innerhalb von Angeboten der Familienbildung oder ehrenamtliches und bürgerschaftliches Engagement, bedarf einer sorgfältigen Klärung und Vorbereitung, denn Partizipation bedeutet immer auch eine Verschiebung der Definitions- und Entscheidungsmacht. Für Angebote der Eltern- und Familienbildung heißt das, dass TeilnehmerInnen als gleichberechtigte PartnerInnen in einem gemeinsamen Lernprozess auch Mitverantwortung übernehmen (wollen) für das Gelingen einer Veranstaltung. Für den oder die Lehrenden wiederum bedeutet dies, einen Teil der Gestaltungsverantwortung, aber auch der Kontrolle über den Verlauf und das Gelingen des Angebotes abgeben zu müssen. Von vornherein sollte daher Klarheit darüber hergestellt werden, wie, in welchem Umfang und in welchen Bereichen Eltern und Familien Einfluss nehmen können, welche Rechte, Pflichten und Konsequenzen sich aus der Veränderung ergeben und welche diesbezüglichen Handlungsspielräume die gesetzlichen, konzeptionellen und fachlichen Voraussetzungen überhaupt zulassen. Scheinbare Beteiligung oder fehlende Konsequenzen von Mitgestaltung oder Mitwirkung können zu Ärger und Frustration führen. Ein Weg, in diesem Zusammenhang Transparenz herzustellen, besteht darin, Art und Umfang der Partizipation in die Angebotskonzeption aufzunehmen und Mitwirkungsräume klar zu kommunizieren, um so unrealistische Erwartungen möglichst zu vermeiden. Gleichzeitig aber bedeutet Partizipation aber auch ein immer neues Aushandeln von Möglichkeiten und Grenzen. Konflikthafte Situationen sind programmiert, z.B. wenn Partizipationswünsche der einen auf die Ablehnung der anderen stoßen. Doch gerade diese Situationen bieten gute Chancen, Kompetenzen für konstruktive Konfliktlösung und für Partizipation zu erwerben.

Insbesondere wenn Eltern oder Ehrenamtliche sich eine aktive Beteiligung (noch) nicht zutrauen oder unsicher sind hinsichtlich ihrer Beteiligungswünsche, ist eine Begleitung und angemessen „dosierte“ Unterstützung durch die Fachkräfte notwendig. Diese erfordern ein hohes Maß an Empathie und Bereitschaft zur Selbstreflexion. Um Kompetenzen, aber auch Partizipationshemmnisse und möglichen Unterstützungsbedarf zu erkennen, benötigen die Fachkräfte die Fähigkeit zu guter Beobachtung und die Bereitschaft, die aus der Beobachtung gezogenen Schlüsse zu reflektieren und kritisch zu hinterfragen. Dialogbereitschaft, die Bereitschaft, gemeinsam beteiligungsfördernde Strukturen in der Kommunikation zwischen Eltern, Kindern und Fachkräften zu entwickeln wie auch ein sensibler, vorurteilsbewusster und verstehender Umgang mit kulturellen Identitäten und kulturellen Unterschieden erweisen sich als partizipationsförderlich und ermöglichen auch Eltern und Kindern aus anderen Herkunftsländern und mit anderem kulturellen Hintergrund Mitwirkung und Mitgestaltung.

Dennoch muss Partizipation als ein Angebot verstanden werden, dass von Eltern und Familien angenommen, den eigenen Bedürfnissen entsprechend verändert oder aber auch abgelehnt werden kann, denn nicht immer ist ein Mehr an Verantwortung und notwendigem Engagement von ihrer Seite erwünscht oder möglich.

Bedingungen für Partizipation auf der strukturellen Ebene:

- Kontinuierliche Beteiligung von Eltern und Familien ist nur möglich, wenn sie formal, d.h. konzeptionell verankert ist. Durch die formale Verankerung in der Konzeption wird Partizipation als selbstverständlich definiert und ein Fehlen entsprechender Partizipationsmöglichkeiten sanktionierbar. Darüber hinaus wird Partizipation durch ihre formale Verankerung unabhängig vom Engagement und guten Willen Einzelner.
- Partizipation erfordert von pädagogischer Seite Offenheit und Verhandlungsbereitschaft in Bezug auf Abläufe und Verhaltensregeln. Das Festhalten an aufgestellten Verhaltensregeln dient manchmal weniger dem Erreichen festgelegter pädagogischer Zielsetzungen als vielmehr einem Erhalt pädagogischer Kontrolle und pädagogischen Einflusses auf das Handeln der beteiligten Eltern und Kinder. Partizipationsgrenzen, die einseitig und nicht nachvollziehbar von Seiten der Einrichtung bzw. der Fachkräfte festgelegt werden, können die Freude und Motivation zur Mitbestimmung oder Mitarbeit bei den Familien sehr schnell mindern.
- Fortbildungen und Zusatzqualifikationen ermöglichen es Fachkräften, das für eine erfolgreiche Partizipation von Eltern notwendige Know-how zu erwerben und die Praxis zu reflektieren. Anwendungsbezogene Kenntnisse unterschiedlicher Partizipationsmethoden und -verfahren erleichtern ihnen die Wahl einer den Ressourcen der Zielgruppe angemessenen Form und Methode.
- Partizipation erfordert ausreichende personelle und materielle Ressourcen, da größere Beteiligungsprojekte oftmals mit zeitintensiver Vor- und Nachbereitung und finanziellen Aufwendungen verbunden sind. Grundlegend sind Förderstrukturen, die ausreichend Handlungsspielraum lassen, um partizipative Ansätze in der Familienbildung umzusetzen.

Bedingungen auf der fachlich-institutionellen Ebene

- Gelingende Partizipation erfordert Partizipationsmethoden, die den Ressourcen und Erfahrungen der Teilnehmenden entsprechen. Passende Partizipationsangebote können solche Angebote sein, die – zielgruppenangemessen und gendersensibel – individuelle Stärken besonders betonen und im Bereich individueller Schwächen Unterstützung bieten.
- Aushandlungsprozesse müssen ergebnisoffen geführt werden: Die Beteiligung von Eltern und Familien ist nicht selten eine Gratwanderung zwischen tatsächlicher Mitbestimmung und Manipulation. Haben Fachkräfte den Wunsch nach einem bestimmten Ergebnis, können sie versucht sein, den Entscheidungsprozess in ihrem Sinne zu steuern.

- Partizipation muss Selbstwirksamkeit erfahrbar machen, d.h. die Folgen der eigenen Entscheidungen müssen für die beteiligten Eltern und Kinder möglichst zeitnah sichtbar und spürbar werden, die Resultate des Beteiligungsprozesses müssen sich tatsächlich als Veränderung in der Lebenswelt der Beteiligten auswirken. Nur so wird Beteiligung glaubhaft und erfahren sich die Beteiligten als aktiv handelnde und selbstwirksame Menschen.

Fazit: Beteiligung als Herausforderung annehmen!

Die Beteiligung von Eltern, Kindern und Familien in der pädagogischen Arbeit kann nur gelingen, wenn ein Team sich als Ganzes für Partizipation als Strukturmaxime des fachlichen Handelns in der Einrichtung entscheidet. Die Erprobung unterschiedlicher Formen von Partizipation setzt eine alltagsdemokratische Grundstimmung, eine etablierte Partizipationskultur und beteiligungsfördernde Kommunikationsstrukturen voraus, die die MitarbeiterInnen der Einrichtung einschließt. Machtverschiebung und Machtabgabe sind elementare Bestandteile ernstgemeinter Partizipation. Diese Prozesse dürfen sich jedoch nicht nur auf eine Beteiligung der jeweiligen AdressatInnen beziehen. Vielmehr müssen auch auf der Ebene der Mitarbeitenden, also zwischen Fachkräften und Einrichtungsleitung, zwischen Einrichtungsleitung und Träger Aushandlungsprozesse und Verschiebung von Macht und Verantwortung möglich sein, denn nur so kann sich eine lebendige Beteiligungskultur in einer Einrichtung entwickeln.

Beteiligung von Eltern, Familien und Ehrenamtlichen stellt – unabhängig von der Art der Einrichtung – eine Herausforderung für alle pädagogischen Fachkräfte dar. Beteiligung bedeutet, dass sich die eigene pädagogische Rolle verändert. Partizipation von Familien in einer Einrichtung setzt die Bereitschaft der dort tätigen pädagogischen MitarbeiterInnen zur Abgabe von Entscheidungsmacht, Entscheidungsbefugnissen und Verantwortung voraus. Gleichzeitig erfordert es von ihnen auch ein großes Maß an Vertrauen in die Kompetenzen der beteiligten Eltern und die Bereitschaft, zu experimentieren und Fehler – auf beiden Seiten – zuzulassen. Notwendig ist eine Atmosphäre, die anregend wirkt und in der Fehler nicht verurteilt, sondern als Ausdruck von Kreativität, Suche und Weiterentwicklung gewertet werden. Partizipation ist ein gemeinsamer Lernprozess und weder Fachkräfte noch Eltern noch Ehrenamtliche müssen von Beginn an alles können.

Literaturverzeichnis

Alt, Christian/Teubner, Markus/Winklhofer, Ursula (2005): Partizipation in Familie und Schule – Übungsfeld der Demokratie, APuZ1/2005, http://www.bpb.

de/apuz/28786/partizipation-in-familie-und-schule-uebungsfeld-der-demokratie?p=1 [Zugriff: 06.08.2013].
BMJFFG(Hrsg.) (1990): Achter Kinder- und Jugendbericht. Bonn.
Deci, Edward L./Ryan, Richard M. (1993): Die Selbstbestimmungstheorie der Motivation und ihre Bedeutung für die Pädagogik. In: Zeitschrift für Pädagogik, 39, 2, S. 223–238.
Gernert, Wolfgang (1993): Zur Beteiligung der Betroffenen in der Jugendhilfe. In: Zentralblatt für Jugendrecht, 80, 3, S. 116–125.
Jugendministerkonferenz in Ludwigsburg (2003): TOP 4: Stellenwert der Eltern- und Familienbildung – Stärkung der Erziehungskompetenz der Eltern http://www.familienbildung.de/download/pdf/Jugendministerkonferenz%202003.pdf [Zugriff: 06.08.2013].
Münder, Johannes et al. (2006): Frankfurter Lehr- und Praxiskommentar zum SGB VIII: Kinder- und Jugendhilfe. Weinheim und München: Juventa Verlag.
Solf, Christiane/Wittke, Verena (2007): Elternbeteiligung in Tagesgruppen. Frankfurt am Main: IGFH-Eigenverlag.
Wittke, Verena (2008): Partizipation als Bedingung, Mittel und Zielsetzung für aktivierende Angebote in Eltern- und Familienbildung. In: AWO Bundesverband e.V. (Hrsg.): Schauplatz Familienbildung. Handreichung zu Bildungs- und Beratungsangeboten für Eltern und Familien. http://www.mobile-familienbildung.de/hr/hr.html [Zugriff 30.04.2012].
Zinner, Georg (1999): Ehrenamt II: Es geht um ein Grundrecht. In: SOCIALmanagement, 9, 2, S. 11–13.

Eine längere Version des vorliegenden Artikels wurde abgedruckt in: Theorie und Praxis sozialer Arbeit, 63. Jg. (2012), Heft 4, S. 262–271

5. Mit Eltern zusammenarbeiten in einem System früher Hilfen

Karolin Königsfeld

Und jedem Anfang wohnt ein Zauber inne, der uns beschützt und der uns hilft zu leben. (Hermann Hesse)

„Frühe Hilfen“ – dieser neue Fachbegriff verspricht Zeit, Raum und Kompetenz für Säuglinge, Kleinkinder und ihre Eltern. Er hat das Potential, das Sozialwesen zu verändern und bei den Fachkräften einen neuen Habitus der Zusammenarbeit auszubilden. Über die Systemgrenzen hinweg soll der Mensch am Anfang seines Lebens im Mittelpunkt des gemeinsamen Interesses stehen. Interdisziplinäre Zusammenarbeit und Partizipation sind gefragt, um allen Kindern einen guten Start ins Leben zu ermöglichen. Vielleicht sind es die Babys selbst, die uns lehren, einander wohlwollend, feinfühlig und interessiert zu begegnen, respektvoll zu kommunizieren und füreinander da zu sein. Zum Wohle der Kinder sollen nun fehlende Angebote ergänzt, Netzwerke geknüpft und eine Kultur der Beteiligung entwickelt werden.

Unabhängig von der individuellen Lebenssituation junger Familien geht es in den Frühen Hilfen darum, die Geburt eines Kindes zu schätzen, die Freude und manchmal auch das Leid zu teilen, Neubeginn als Chance wahrzunehmen und auf Wunsch der Eltern für ausreichende Unterstützung zu sorgen. Bei allem, was auf werdende Mütter und Väter zukommt, sollen sie wissen: *Ich bin nicht alleine und kann auf Hilfe zurückgreifen. Als Mutter oder als Vater erfahre ich Anerkennung und Wertschätzung. Ich kann es schaffen, die Herausforderungen zu bewältigen!* Sehr junge, unsichere, traumatisierte, von Armut betroffene oder sozial isolierte Eltern sind in dieser Phase besonders auf freundliche Verlässlichkeit, spiegelnde Selbstvergewisserung und feinfühlige Ermutigung angewiesen. Familienhebammen, die auf diese Aufgabe durch ein spezielles Curriculum vorbereitet sind, stehen ihnen auf Wunsch während der Schwangerschaft im ersten Lebensjahr des Kindes bei. Auch die Fachkräfte aus Kindertagesstätten und Familienzentren begleiten sie im Rahmen von Erziehungspartnerschaften und vermitteln auf Wunsch Informationen, Kontakte und Angebote aus dem reichen Fundus des Netzwerkes Früher Hilfen. Eine zentrale Stelle im örtlichen Jugendamt koordiniert die Zusammenarbeit, sorgt für den Informationsfluss und organisiert regelmäßige Treffen zur persönlichen Kontaktpflege.

Prävention: Angebotslücken schließen und früher helfen

Schwangerschaft und Geburt kennzeichnen den Beginn eines neuen Lebensabschnittes, der für Eltern und Kind mit intensiven Gefühlen, radikalen Umbrüchen und großen Herausforderungen verbunden ist. Nicht umsonst ist in Artikel 6 des Grundgesetzes verbrieft, dass jede Mutter Anspruch auf den Schutz und die Fürsorge der Gemeinschaft hat (GG Artikel 6). Die rasante Entwicklung der Frühen Hilfen, ihre Betonung im neuen Bundeskinderschutzgesetz und ihr Weg in die kommunale Praxis zeugen von einem gewachsenen gesellschaftlichen Bewusstsein um die hohe Bedeutung der ersten Lebensjahre. Hier werden entscheidende Weichen für den weiteren Verlauf der kindlichen Entwicklung und den Aufbau elterlicher Beziehungs- und Erziehungskompetenzen gestellt. Tschöpe-Scheffler bemerkt: „Kinder und deren Familien sollten so früh wie möglich gestärkt werden, um zum einem Belastungen entgegenzuwirken und zum anderen dabei zu helfen, den erfolgreichen Umgang mit schwierigen Lebenssituationen oder Krisen zu erlernen“ (Tschöpe-Scheffler 2009: 109).

Mit der Einrichtung des Nationalen Zentrums Frühe Hilfen (NZFH) im Jahr 2007 setzte die Bundesregierung ein Zeichen für mehr Prävention. Sie forcierte damit eine systemübergreifende Zusammenarbeit zur aktiven Förderung und Unterstützung von werdenden Müttern und Vätern und Familien mit Säuglingen und Kleinkindern bis zum dritten Lebensjahr. Schwangerenberatung, Frühförderung, Gesundheitshilfe und die Kinder- und Jugendhilfe bilden nun ein *inklusives System früher Förderung und Hilfe* für die Gesundheit und Entwicklung in der frühen Familienphase. Den Anstoß gaben dramatische Todesfälle von vernachlässigten und misshandelten Kleinkindern, die auf Systemlücken und behördliches Versagen hinwiesen, dazu alarmierende Erkenntnisse zur Kindergesundheit, z.B. die Zunahme von chronischen und psychischen Erkrankungen im Kindes- und Jugendalter und nicht zuletzt ein erheblicher Kostenanstieg in der Kinder- und Jugendhilfe, besonders in den erzieherischen Hilfen (vgl. Paul 2012: 6f.).

Zentrales Anliegen der Frühen Hilfen ist, Eltern schon ab der Schwangerschaft und in den ersten drei Jahren darin zu unterstützen, gut für ihr Kind zu sorgen und tragfähige Bindungen zu entwickeln. Je nach Lebenssituation, Alter und eigener Geschichte ist dies keine Selbstverständlichkeit. Viele alltagspraktische Fragen wollen beantwortet und Aufgaben ganz unterschiedlicher Art gelöst werden. So steht z.B. eine junge allein erziehende Mütter ohne Schulabschluss und ohne eigenes Einkommen, vielleicht auch ohne familiäre Unterstützung, vor ganz anderen, aber auch ganz ähnlichen Herausforderungen wie ein junges Paar, das aus beruflichen Gründen den Wohnort wechseln und sich kurz vor der Niederkunft neu orientieren muss.

Gleichzeitig hält das neue Leben für Eltern und Kind auf der emotionalen Ebene jede Menge Entwicklungsoptionen bereit, die genutzt werden wollen. Brisch erklärt hierzu:

> „Es zeichnet sich immer mehr ab, dass bereits der Fetus – aber noch mehr der Säugling – über extrem ausgeprägte Kompetenzen verfügt, die ihn als menschliches Wesen kennzeichnen, das auf allen Wahrnehmungskanälen auf Erfahrungssuche und auf Interaktion und Beziehung mit seinen Mitmenschen ausgerichtet ist“ (Brisch 2008: 7).

Diese Fülle von Leben und Energie verändert die Eltern als direkte Bezugspersonen fundamental, sie öffnet ihnen neue Entwicklungsfenster und fordert sie heraus, sich ganz auf die Interaktion mit ihrem Kind einzulassen. Das Gelingen dieses Zusammenspiels hat prägenden Einfluss auf die Bindungsentwicklung des Kindes, die nach Resch „nicht eine Eigenschaft des Kindes oder der Mutter allein darstellt, sondern eine zwischenmenschliche Qualität ist, die von beiden Interaktionspartnern getragen wird“ (Resch 2000: 25).

Übertragen wir dieses Bild einmal auf das Verhältnis zwischen der staatlichen Gemeinschaft und der Familie als Keimzelle, erkennen wir die Bedeutung, die auch hier eine sensible Wahrnehmung, Einbindung und ausreichende Unterstützung für beide Seiten hat: Vernachlässigte, von Armut betroffene Familien am Rande der Gesellschaft können ihre Potentiale kaum entfalten. In der Folge gefährden gesundheitliche Belastungen, Entwicklungsstörungen, Ausbildungsprobleme und erzieherische Überforderung ihr Wohlergehen sowie das Wohl ihrer Kinder und verursachen hohe Kosten in den Sozialsystemen.

Vater Staat scheint sich jedoch erst seit wenigen Jahren seiner Mitverantwortung für neugeborene Familien und Kinder in den ersten Lebensjahren deutlicher bewusst zu werden. So konstatiert der 14. Kinder- und Jugendbericht zum Einzug der Frühen Hilfen in die Regelpraxis mit leichter Verwunderung:

> „Staatliche, kommunale, aber auch zivilgesellschaftliche Akteure richten ihre Aufmerksamkeit und ihre Bemühungen zunehmend auf eine Lebensphase, die noch wenige Jahre zuvor als ureigenes Feld privater, elterlicher Verantwortung betrachtet worden wäre“ (BMFSFJ 2013: 300f.).

Kein Wunder, dass bei dieser Sichtweise ärmere Bevölkerungsschichten von Familienbildung und -erholung bisher weitgehend ausgeschlossen blieben, obwohl auch diese Kinder schon lange ein Recht auf Förderung ihrer Entwicklung und Erziehung und auf Angebote zur Vermeidung ihrer Benachteiligung hatten (vgl. § 1 SGB VIII). Jugendämter sahen es jedoch ganz überwiegend nicht als ihre Aufgabe an, Familien in Armutslagen ergänzend zum bestehenden überregionalen System der Familienbildung passende, wohnortnahe und günstige Angebote zum Aufbau von Beziehungs- und Erziehungskompetenz und zur Förderung der Kinder, z.B. in Spielkreisen oder Familienausflügen etc. anzubieten, geschweige denn solche in eigener Leistungsverantwortung zu finanzieren. Dieser Umstand konservierte das vorherrschende Image des Jugendamtes als vornehmlich zuständig für Krisenberatung, Kindeswohlgefährdungen und Hilfen zur Erziehung bei fortgeschrittenen Problemen. Eltern kamen deshalb nicht auf die Idee, beim Jugendamt nach Entlastungs- und Erholungsmöglichkeiten zu fragen. Eine Zusammenarbeit entstand erst, wenn Probleme weit fortgeschritten, aktuelle Krisen zu bewältigen oder Kindeswohlgefährdung eingetreten war.

Wie steht es aber um die Säuglinge, die in psychosozial belastete Familien hineingeboren werden und ein erhöhtes Vernachlässigungsrisiko tragen? Zur Wahrung ihrer Entwicklungschancen sind sie in ihren ersten Lebensjahren besonders auf zusätzliche Spiel- und Kontaktmöglichkeiten, Ferienerlebnissen sowie tatkräftige ergänzende Versorgung und Betreuung angewiesen, denn, so Hüther,

> „die von seinen Eltern gestalteten Entwicklungsbedingungen und die in der jeweiligen Herkunftsfamilie herrschenden Rahmenbedingungen haben (also) einen ganz entscheidenden Einfluss darauf, wie sich das Gehirn eines Kindes entwickelt" (Hüther/Krens 2005: 10).

Nach wie vor ist eine lückenhafte Leistungserbringung in dem, so Schone „deutlich unterbelichteten Bereich der Förderung der Erziehung in der Familie, für den heute weniger als ein Prozent der Jugendhilfemittel ausgegeben werden" (Schone 2012) traurige Realität. Offenbar haben Bund, Länder und Kommunen es bisher nicht vermocht, die Chancen einer frühzeitigen und inklusiven Förderung von Bindung und Erziehung in der Familie für Gesundheit, Bildung und Teilhabe ihrer Bürger zu erkennen. Dabei bietet die Pflichtaufgabe der Allg. Förderung der Erziehung in der Familie gemäß § 16 SGB VIII die passende gesetzliche Grundlage und ist in die Jugendhilfeplanung einzubeziehen.

Das Bundeskinderschutzgesetz zeugt nun von einem Umdenken, setzt auf Prävention und präzisiert in Artikel 1 die proaktive Förderung von familialer Erziehungsleistung in aller Deutlichkeit:

> „Aufgabe der staatlichen Gemeinschaft ist es, soweit erforderlich, Eltern bei der Wahrnehmung ihres Erziehungsrechts und ihrer Erziehungsverantwortung zu unterstützen, damit [...] sie im Einzelfall dieser Verantwortung besser gerecht werden können" (Artikel 1 § 1 Absatz 3 BKiSchG).

Nicht vom Notfall oder dem Scheitern ist hier die Rede, sondern von einer erfordernisorientierten, generellen Unterstützung der Eltern durch die staatlichen Instanzen. Zusätzliche Bundesmittel helfen nun dabei, allerorts den Aufbau von Netzwerken Früher Hilfen, den Einsatz von Familienhebammen, Besuchsdiensten und anderen ehrenamtlichen Strukturen in den Kommunen nachzurüsten. Verantwortlich für diesen Prozess ist das Jugendamt als Träger der öffentlichen Jugendhilfe.

Frühe Hilfen richten sich grundsätzlich an alle Familien im Sinne einer allgemeinen Förderung von Gesundheit und Erziehung. Sie umfassen deshalb eine breite Spanne unterschiedlich intensiver Informations-, Beratungs- und Unterstützungsangebote: Von Geburtsvorbereitungskursen über Willkommensbesuche für Neugeborene, den Einsatz alltagspraktischer Unterstützung durch Familienhebammen und Familienpaten, Gruppenangebote, Müttercafés und Elternkurse bis hin zu speziellen, aber leicht zugänglichen Programmen zur Förderung von Bindungsaufbau, Feinfühligkeit und Stressregulation reichen die Serviceleistungen. Weil sie alle Eltern unabhängig vom Einkommen erreichen wollen, sind sie ganz überwiegend kostenlos oder nur mit geringen Teilnehmerbeiträgen versehen. Die Angebote finden im direkten Umfeld statt, z.B. in Familienzentren, Gemeindehäusern, Stadtteiltreffs, Familienbildungsstätten oder auch bei der Familie zuhause. Junge Mütter, selten auch Väter, nehmen grundsätzlich freiwillig teil und nutzen die Gelegenheit, Kontakte zu knüpfen, Fragen zu besprechen, Informationen zu erhalten oder einfach gemeinsam eine schöne Zeit zu verbringen, während ihre Kinder die neuen Anregungen und Erlebnisse begierig aufnehmen. Die Vorstellung von Fachkräften anderer systemrelevanter Dienste bei solchen Gruppentreffen erleichtert die Kontaktaufnahme, senkt Hemmschwellen und baut Brücken von Mensch zu Mensch.

Ein freier, unbürokratischer Angebotszugang und eine erlebnisorientierte Gestaltung informeller Lernsituationen erleichtert jungen Eltern die Inanspruchnahme deutlich. Auch feste Ansprechpersonen für Familien und Fachkräfte als zentrale Beratungsstellen (z.B. Familienbüros, Familienzentren, Präventionsstellen, etc.) mit hohem Bekanntheitsgrad und umfassendem Wissen zu vorhandenen Angeboten und Einrichtungen schaffen Orientierung im weit verzweigten System sozialer Dienstleistungen.

Allein erziehende Mütter und Eltern mit Kindern im ersten Lebensjahr können bei Bedarf, auch schon während der Schwangerschaft, auf die Begleitung durch eine Familienhebamme zurückgreifen. Sie steht ihnen als Expertin für alle Fragen rund um die Säuglingsgesundheit und -pflege zur Seite. Darüber hinaus kann sie weitere Hilfen vermitteln, die junge Mutter z.B. bei Behördengängen begleiten und entlastende Hilfen organisieren. Sie ist eingebunden in das örtliche Netzwerk Frühe Hilfen und kann so ebenfalls Kontakte zu Familienbildungsangeboten, Förderzentren und Beratungsstellen bahnen. In erster Linie aber nimmt sie sich Zeit und hilft Mutter und Kind, in einen ausgeglichenen Rhythmus zu finden. So trägt sie schon sehr früh zur notwendigen Beruhigung, zur Stressregulation und damit zum Wohlergehen junger Familien bei.

Kooperation: Brücken bauen für Begegnung und Verständigung

„Frühen Hilfen" umfassen nicht nur neue Angebote der Gesundheits- und Erziehungsförderung, als *inklusives System* sichern sie die Teilhabemöglichkeit aller Eltern und Kinder an den Leistungen der Schwangerenberatung, Frühförderung, Gesundheitshilfe und Kinder- und Jugendhilfe. Der Aufbau verbindlicher Netzwerke soll helfen, Zugangshürden zu überwinden, um auf der Basis persönlicher Kontakte eine gute Verständigung und Zusammenarbeit zwischen allen, die für das Wohlergehen von Kindern und Familien von Bedeutung sind, herzustellen. Paul erklärt dazu:

> „Durch systemübergreifende Zusammenarbeit kann zum einen wirkungsvoller für die Familien und zum anderen Ressourcen schonender für die Haushalte gearbeitet werden, in dem es zu weniger Fehlversorgung kommt und Parallelstrukturen vermieden werden" (Paul 2012: 6).

So entstehen interessante und bereichernde Dialoge zwischen Fachkräften unterschiedlicher Disziplinen, vorhandenes Wissen entfaltet einen größeren Wirkungskreis, erweitert das Problemverständnis und eröffnet neue Perspektiven und Optionen in der Zusammenarbeit mit der Familie.

Eine große Herausforderung in der Netzwerkarbeit Frühe Hilfen bildet der Auftrag, die Verfahren im Kinderschutz aufeinander abzustimmen und eine transparente Verständigungsbasis im Hinblick auf den Schutzauftrag bei Kindeswohlgefährdung gem. § 8a SGB VIII herzustellen. Hier bestehen noch große Unsicherheiten, die nicht zuletzt mit der Verwendung von Begriffen wie „Kontrolle" oder „Zwangskontext" ausgelöst werden. Sie vertiefen die Gräben zwischen Fachkräften und den Eltern, die sofort Fremdbestimmung und Eingriffe in ihr Sorgerecht befürchten. Fachkräfte erleben offenbar dann, wenn eine Kindeswohlgefährdung abgewendet werden soll, einen Widerspruch zwischen ihrem Schutzauftrag gegenüber dem Kind und dem Hilfeauftrag gegenüber den Eltern. So heißt es im Diskussionspapier der Arbeitsgemeinschaft Jugendhilfe (AGJ):

> „Zwar gelten auch in den Bereichen und Feldern, in denen Kontrollaufgaben wahrgenommen werden, weiterhin die grundlegenden Rechte der Adressatinnen und Adressaten, und die Funktionsprinzipien pädagogischen Handelns haben sich hierdurch nicht geändert, aber die Widersprüchlichkeit der Anforderungen an die Fachkräfte wird noch größer" (AGJ 2009).

Verantwortungsgemeinschaften könnten hier den Schlüssel zum Erfolg bergen und den vermeintlichen Widerspruch zwischen parteilichem Eintreten für den Schutz des Kindes und der Zusammenarbeit mit den Eltern im Sinne eines Verstehens und Einfühlens auflösen. Sich auf die Sichtweise von Eltern einlassen, ein möglichst umfassendes Verständnis zu den auslösenden Ursachen und im Hintergrund wirkenden Bedingungen zu entwickeln, bedeutet nicht gleichzeitig, Kindeswohl gefährdendes Verhalten zu dulden oder gutzuheißen. Gerade aus der Verantwortung für den Schutz des Kindes heraus ist es unerlässlich, eine respektvolle, lernende Haltung zu bewahren und elterliche Wirklichkeiten, mögen sie noch so befremdlich sein, als real existierend anzuerkennen. Johannes Schopp drückt es so aus:

> „Wer sich nicht von vornherein als „Wissender" versteht, sondern mehr Fragen als Antworten hat, hat gute Chancen, Dinge zu erfahren, die ihm vorher verborgen waren, seinen Horizont also tatsächlich zu erweitern" (Schopp 2006: 72).

Die rechtzeitige Vermittlung passender und erfolgversprechender Hilfe für den Schutz des Kindes hängt davon ab, ob wir seine Lebenswirklichkeit und die seiner verantwortlichen Bezugspersonen möglichst früh, nah und gut kennenlernen dürfen. Zugewandtes zwischenmenschliches Interesse gegenüber Kindern und Eltern, Anerkennung und Wertschätzung ihrer Einzigartigkeit sowie die Bereitschaft zur kompetenten Unterstützung können helfen, die Distanz zwischen den verschiedenen Welten zu überbrücken. Ein solides Vertrauensverhältnis verkraftet auch Konflikte in Krisensituationen und notwendige Entscheidungen gegen den Willen der Eltern.

Rolle und Auftrag von Kinderschutzfachkräften ist es, die PädagogInnen bei der Bildung von Verantwortungsgemeinschaften im Kinderschutz zu beraten und sie auf Gespräche mit Eltern bei gewichtigen Anhaltspunkten für eine Kindeswohlgefährdung vorzubereiten. Bei der Einbeziehung der Eltern und des Kindes in die Gefährdungseinschätzung hilft es, ein gemeinsames Ziel zu formulieren und den Blick auf das Kind mit seinen Schutz- und Entwicklungsbedürfnissen zu lenken. Eine partnerschaftliche, auf dialogischer Haltung gründende Zusammenarbeit mit Eltern sowie das Wissen um die vielfältigen Unterstützungsoptionen im Netzwerk erleichtert allen Beteiligten solche Gespräche und lässt Vertrauen wachsen, das auch schwierige Themen zulässt.

Stress, lass nach: Entlastende Hilfen bei nervlicher Überforderung

Problemlagen in Familien, die kindliches Wohlergehen beeinträchtigen oder gar gefährden, sind oft komplex und ihre Lösung damit nicht einem einzigen Hilfesystem, schon gar nicht einer einzigen Hilfeart „zur Bearbeitung nach Plan" zuzuordnen. Liegt einer Vernachlässigung des Kindes die nervliche Überforderung der von Armut betroffenen, allein erziehenden, an einer Depression erkrankten Mutter ohne Unterstützungssysteme zugrunde, erscheint der stereotype Einsatz von Hilfe *zur* Erziehung allein nicht unbedingt erfolgversprechend. Vernachlässigte Kinder von psychisch erkrankten Müttern oder Vätern, werden z.B. von pädagogischer Hilfe nicht satt, laufen aber Gefahr, wegen „fehlender Veränderungsfähigkeit" des entkräfteten Elternteils in Obhut genommen zu werden. Eltern und Kind könnten hier jedoch eher von einer Hilfe *bei* der Erziehung profitieren.

Das Wissen um das Krankheitsbild einer Depression und die Auswirkung auf den Erziehungsalltag fließt dank der systemübergreifenden Zusammenarbeit mit den Ärzten, Psychiatern und Psychotherapeuten inzwischen in die Einschätzung erzieherischer Überforderung ein. Wenn es gelingt, unter Einbeziehung aller Beteiligten familiäre Notlagen zu thematisieren und zu erklären, erleichtert dies Familien und Fachkräften den Umgang miteinander und weist den Weg zu wirksamer Hilfe. Das Institut für soziale Arbeit erläutert hierzu:

> „Der Begriff der Verantwortungsgemeinschaft bedeutet im Kern, dass trotz der unterschiedlichen Aufgaben und Befugnisse der Kooperationspartner niemand seine Verantwortung für ein Kind oder Jugendlichen abschieben kann. Juristisch betrachtet heißt das, dass alle an einer Hilfeleistung für eine Familie beteiligten Personen

> die sogenannte Garantenstellung haben. Sie sind gemeinsam für das Wohlergehen der ihnen anvertrauten Kinder verantwortlich" (ISA 2012: 32).

Das Wissen um die Gehirnentwicklung des Menschen, um das Zusammenspiel von Kognition und Emotion und die prägende Wirkung von emotional aufgeladenen Erlebnissen hilft uns dabei, zunächst befremdliches Verhalten zu entschlüsseln und einzuordnen. Besonders unbearbeitete traumatische Erfahrungen in der eigenen Kindheit von Müttern und Vätern wirken nachhaltig in ihren Erziehungsalltag hinein. Wiederbelebte Gefühle von subjektiv empfundener Hilflosigkeit lösen unwillkürlich depressive oder aggressive Verstimmungen aus, die im täglichen Miteinander abreagiert werden. Korittko konstatiert zu diesem Thema:

> „Es wäre ein enormer Gewinn, wenn das allgemeine Bewusstsein nicht von moralisch disqualifizierenden Bewertungen geprägt wäre, sondern die Hilfsbedürftigkeit anerkannt und angemessen eingeschätzt werden könnte, wenn Eltern in ihren parentalen Funktionen versagen" (Korittko 2011: 284).

Ob unter der Berücksichtigung solcher Erkenntnisse in jedem Fall Hilfen zur Erziehung alternativlos geeignet sind, die Not eines Kindes zu wenden, ist tatsächlich fraglich. Jugendämter setzen aber zur Abwendung von Kindeswohlgefährdung fast ausschließlich sozialpädagogische Hilfen durch einen Jugendhilfeträger ein. Erfolgt die Hilfe ambulant, wird ein Sozialpädagoge zuständig und betreut die Familie einige Stunden pro Woche. Mit der Familie werden im Rahmen der Hilfeplanung Ziele erarbeitet und deren Einhaltung kontrolliert. Unter dem Druck der drohenden Kindeswohlgefährdung geraten Hilfepläne jedoch oft zu Lebensplänen und formulieren Zielvereinbarungen, die zwar wünschenswert und notwendig, mit sozialpädagogischen Mitteln allein aber kaum zu erreichen sind. Kinder und Eltern fühlen sich in einem solchen Kontext kaum noch als Akteure ihrer eigenen Entwicklung. Erneut erleben sie das Gefühl von Hilflosigkeit angesichts der starken Definitionsmacht des Jugendamtes in der Beurteilung ihrer Situation. Hierzu bemerkt Schrapper:

> „Nicht allein elterliches Handeln oder Unterlassen gefährdet also das Wohl von Kindern, sondern erst Eltern, die trotz erheblicher Belastung in ihrer Sorge allein gelassen sind, die keinen Zugang zu Unterstützung und Hilfe finden oder diese ablehnen, bringen Kinder in Gefahren für ihr Wohlergehen" (Schrapper 2008: 64).

Irritierend wirken daher die folgenden Empfehlungen der Bundesvereinigung kommunaler Spitzenverbände zur Festlegung fachlicher Verfahrensstandards in den Jugendämtern bei Gefährdung des Kindeswohls: „Nehmen die Eltern Beratung an und wünschen unterstützende Hilfen, dann kommt das Hilfeplanverfahren als Grundlage der Entscheidung für die Gewährung der notwendigen und geeigneten Hilfe zur Erziehung nach §§ 27 ff. SGB VIII in Gang" (Bundesvereinigung der kommunalen Spitzenverbände 2009). Es kann nur vermutet werden, inwieweit diese Formulierung zu der in den letzten Jahren exorbitanten Steigerung der Fallzahlen im Bereich der Hilfen zur Erziehung beigetragen und damit einen Ausbau kompensierender Versorgung und Betreuung für Kinder in ihren Familien verhindert hat.

Die Entwicklung der Netzwerkarbeit lässt hoffen, dass in Zukunft eine regelmäßige frühzeitige Kindeswohlförderung präventive Wirkung entfaltet. Nicht erst im Gefährdungsfall sollten Hilfen greifbar sein, die eine größere Vielfalt aufweisen und allen Beteiligten, besonders Eltern und Kind, sinnvoll und nützlich erscheinen. Mit der Etablierung von Erziehungspartnerschaften und dem laufenden Austausch zur Entwicklung des Kindes werden Kindertagesstätten und Familienzentren zukünftig wertvolle Beiträge zur Jugendhilfeplanung und zum Aufbau von Präventionsketten leisten können.

Partizipation: Von der Fallbearbeitung zum Bürgerdialog

Wie leben Familien unter besonderen Belastungen? Wie fühlt sich die Herausforderungen an, Kinder zu erziehen und auf sich allein gestellt zu sein, in Armut zu leben, von Einschränkungen und Behinderungen betroffen zu sein, wenig gesellschaftliche Anerkennung zu finden und bei der Existenzsicherung täglich komplizierten, teils widersprüchlichen, Angst auslösenden behördlichen Anforderungen gegenüber zu stehen? Thyen lenkt hier den Blick auf die Veränderung systembedingter Belastungsfaktoren: „Verhaltensprävention muss durch lebensweltbezogene Verhältnisprävention ergänzt werden" (Thyen 2012: 20). Erziehungsverhalten findet immer im sozialen Kontext statt, der belastend oder unterstützend wirken kann. Dies spüren die Betroffenen selbst am deutlichsten und können wertvolle Erkenntnisse zu sozialen Ungerechtigkeiten, exkludierenden Faktoren und gesellschaftlichem Veränderungsbedarf beitragen. Einen ersten Schritt auf dem Weg zu einer gelingenden dialogischen Verständigung zwischen Bürger und Verwaltung lässt die folgende Feststellung der Arbeitsgemeinschaft für Kinder- und Jugendhilfe (AGJ) zum Status quo erkennen:

> „Im Verhältnis zwischen Jugendamt und den Adressatinnen und Adressaten der Kinder- und Jugendhilfe ist ein Dialog auf Augenhöhe aufgrund vielfältiger Gründe wie beispielsweise fachliche Überlegenheit, Kommunikationsschwierigkeiten oder beidseitigen Belastungssituationen nicht immer möglich. Dabei kann von den Kindern, Jugendlichen und ihren Familien im Kontakt mit den Fachkräften ein Machtgefälle erlebt und Unsicherheit und/oder Bedrohlichkeit empfunden werden. Dieses Machtgefälle spiegelt sich wirksam in der prinzipiellen Deutungshoheit der Verwaltung wider" (AGJ 2013).

Zu einem inklusiven System gehört selbstverständlich auch die partizipative Einbeziehung der Betroffenen bei der Ergänzung passender Angebote und leichter Übergänge. Ein konstruktiver Bürgerdialog kann auch mit den sogenannten „schwer erreichbaren Familien" in belasteten Situationen gelingen, wenn wir ihnen freundlich, wertschätzend und hilfsbereit begegnen. Mit dem gemeinsamen Blick auf das Kind lassen sich Interessen solidarisch vertreten und das, was Betroffene selbst für erforderlich erachten, regelmäßig in Planung und Netzwerkentwicklung einbeziehen. Nutzerbefragung zu vorhandenen Angeboten, Elternforen und Ideenwerkstätten zu den brennenden Themen familiärer Belastungen (Armut, psychische Erkrankung, soziale Isolation) eignen sich als Methoden der Partizipation. Auf diese Weise entsteht ein spannender und fruchtbarer Dialog, der die Perspektiven der Fachkräfte mit der Perspektive der Betroffenen zusammenführt.

Die Netzwerke Frühe Hilfen verbinden Menschen und Ideen. Sie können Lebenswelten kindorientiert und familienfreundlich zu gestalten. Wie erfolgreich werden sie erst sein, wenn sie statt *für* Familien *mit* den Familien zusammenarbeiten? Mit vereinten Kräften kann es gelingen, zugrunde liegende Probleme zu erkennen, die Themen in die Mitte zu holen, solidarisch daran zu arbeiten und ausgrenzende Wirkungen zu überwinden. Es gilt, Ideen und Visionen zu entwickeln, damit jedes Kind in seiner jeweiligen Stadt oder Gemeinde gesund und geborgen aufwachsen kann.

Bürgerfreundlichkeit bedeutet, Eltern und Kindern respektvoll, zugewandt und hilfsbereit gegenüberzutreten, Blickkontakt aufzunehmen und eine gemeinsame Sprache zu finden. Ein „Fall" bezeichnet nicht den Menschen selbst, sondern die Arbeitsleistung der Fachkraft mit der Familie für das Kind. Diese Unterscheidung verschwimmt unter dem Eindruck der Garantenpflicht gelegentlich. Fallverantwortlichkeit bedeutet, für den Dienst am Bürger Verantwortung zu übernehmen und sorgfältig nach den „Regeln der Kunst" zu arbeiten. Wolff formuliert es so: „Wir setzen neu an und sagen den Kindern, den Jugendlichen und den Eltern, den Bürgerinnen und Bürgern, der Öffentlichkeit und der Politik: Wir fördern und schützen Kinder gemeinsam und gern!" (Wolff 2010: 384). Partnerschaftlich und vertrauensvoll zu kooperieren, schützt Fachkräfte und Familien gleichermaßen vor Überforderung.

Fazit

Die vielen Projekte und Initiativen Früher Hilfen der letzten Jahre zeigen, wie sich die Zusammenarbeit mit Eltern auf der Basis solidarischer Unterstützung, wertschätzender Haltung und aktiver Beteiligung positiv verändern kann. Hiervon profitieren in erster Linie die Kinder und Eltern. Auch die beteiligten Fachkräfte erweitern ihren Blick, lernen von den AdressatInnen und können ihre Arbeit deutlich wirksamer gestalten. Zunehmend entwickeln sie kooperative, interdisziplinäre und interpersonale Kompetenz. Sie beginnen, über System- und Hierarchiegrenzen hinwegzudenken und orientieren sich gemeinsam an dem übergeordneten Ziel, jedem Kind einen guten Start ins Leben zu ermöglich. Weil Eltern diese Solidarität spüren, wächst ihr Vertrauen gegenüber den Fachkräften. Sie akzeptieren sie als ErziehungspartnerInnen und teilen mit ihnen gerne die Verantwortung für ihr Kind.

Frühe Hilfen stehen insofern für eine Kultur des achtsamen Umgangs zur Förderung von Resilienz im Sinne von Grotberg: *Äußere* Unterstützung („I have"), der Blick auf die innerer Stärken („I am") und die Erweiterung von Problemlösefähigkeit („I can") mindern im Netzwerk belastenden Stress, schaffen Raum für Begegnung und entfalten auf diese Weise eine neue Qualität in der Zusammenarbeit mit Familien (vgl. Grotberg 2008: 197). Die Investition von Ruhe, Wohlwollen und Zeit lohnt sich, denn so kann Verständigung gelingen, Hilfe ankommen und ein besseres Miteinander zum Wohle von Kindern, Familien und Gesellschaft Wirklichkeit werden.

Literaturverzeichnis

AGJ (2013): Ombudschaften, Beteiligungs- und Beschwerdeverfahren in Einrichtungen und Institutionen der Kinder- und Jugendhilfe. http://www.agj.de/Artikel.76.0.html?&tx_ttnews[tt_news]=2695&print=1&no_cache=1 [Zugriff: 22.08.2013].

BMFSFJ (Hrsg.) (2013): Bericht über die Lebenssituation junger Menschen und die Leistungen der Kinder- und Jugendhilfe in Deutschland – 14. Kinder- und Jugendbericht. Berlin. http://dip21.bundestag.de/dip21/btd/17/122/1712200.pdf. [Zugriff: 24.08.2013].

Brisch, Karl-Heinz (2008): Der Säugling – Bindung, Neurobiologie und Gene. Stuttgart: Verlag Klett-Cotta.

Bundesvereinigung der kommunalen Spitzenverbände (2009): Empfehlungen zur Festlegung fachlicher Verfahrensstandards in den Jugendämtern bei Gefährdung des Kindeswohls. http://www.deutscher-verein.de/05-empfehlungen/empfehlungen_archiv/2009/pdf/Kinderschutz_Endfassung.pdf [Zugriff: 22.08.2013].

Grotberg, Edith (2010): What is resilience? How do you promote it? How do you use it? In: Zander, Margherita: Armes Kind – starkes Kind? Die Chance der Resilienz. Wiesbaden: VS-Verlag.

Hüther, Gerald/Krens, Inge (2008): Das Geheimnis der ersten neun Monate. Weinheim: Beltz Verlag.

ISA (2012): Die Kinderschutzfachkraft – eine zentrale Akteurin im Kinderschutz. Münster: Eigene Publikation.

Korittko, Alexander (2011): Traumatischer Stress in der Familie. Göttingen: Verlag Vandenhoeck & Ruprecht.

Paul, Mechthild (2012): Was sind frühe Hilfen? In: Deutsche Liga für das Kind in Familie und Gesellschaft (Hg.): frühe Kindheit, die ersten sechs Jahre. Berlin: Eigenverlag, S. 6–7.

Resch, Franz (2000): Kinder und Jugendliche heute – viel besser als ihr Ruf. In: Maywald, Jörg/Schön, Bernhard/Gottwald, Bernd (Hrsg.): Familien haben Zukunft. Reinbek bei Hamburg: rororo, S. 21–30.

Schone, Reinhold (2012): Frühe Hilfen und Kinderschutz. In: Deutsche Liga für das Kind in Familie und Gesellschaft (Hrsg.). frühe Kindheit, die ersten sechs Jahre. Berlin: Eigenverlag, S. 56–59.

Schopp, Johannes (2006): Eltern stärken – Dialogische Elternseminare. Opladen: Verlag Barbara Budrich.

Schrapper, Christian (2008): Kinder vor Gefahren für ihr Wohl schützen. In: Institut für Sozialarbeit und Sozialpädagogik e.V. (Hrsg.): Vernachlässigte Kinder besserschützen. 2008, München: Reinhardt-Verlag, S. 56–88.

Thyen, Ute (2012): Der Beitrag der Frühen Hilfen zu früher Förderung und Bildung von Kindern. In: Deutsche Liga für das Kind in Familie und Gesellschaft (Hrsg.). frühe Kindheit – die ersten sechs Jahre. Berlin: Eigenverlag, S. 16–22.

Tschöpe-Scheffler, Sigrid (2009): Familie und Erziehung in der sozialen Arbeit. Schwalbach: Wochenschau-Verlag.

Wolff, Reinhart (2010): Kinderschutz heißt Brücken bauen. In: Kohaupt, Georg (Hrsg.): Von der Konfrontation zum Dialog. Kindesmisshandlung – Kinderschutz – BAG der Qualitätsentwicklung. Köln: Kinderschutz-Zentren, S. 373–384.

Ausblick

Sigrid Tschöpe-Scheffler

Unsere Publikation konzentriert sich auf Fragen, die die Erziehungs- und Bildungspartnerschaft zwischen pädagogischen Fachkräften und Familien betreffen. In fast allen Textbeiträgen wird deutlich, dass die Grundhaltung der pädagogischen Fachkräfte, gekennzeichnet durch Achtung, Respekt und Wertschätzung, eine wesentliche Voraussetzung für die wichtige Beziehungsarbeit mit Vätern, Müttern und Kindern, aber auch für eine gelungene fachliche und persönliche Kooperation der MitarbeiterInnen untereinander, darstellt. So haben z.B. die personale Präsenz der Fachkraft mit „Kopf, Herz und Hand" (Johann Heinrich Pestalozzi) und eine wohlwollende, einladende Atmosphäre ebenso wie eine authentische Geste oder ein wertschätzender Satz, zu einem angemessenen Zeitpunkt ausgedrückt, einen starken Einfluss auf den weiteren Verlauf der Zusammenarbeit und auf die Entwicklung der zwischenmenschlichen Beziehung.

In den unterschiedlichen Textbeiträgen wurde deutlich, dass ein Empfinden des Wohlwollens und Vertrauens die Grundlage nicht nur dafür ist, sich als Mutter, Vater, Kind, sondern auch als MitarbeiterIn, angstfrei weiterentwickeln und eigene Potentiale erproben zu können. Auch Scheitern und Fehler haben in diesem Kontext einen Raum und kritische Punkte in Entwicklungsgesprächen mit Eltern oder in MitarbeiterInnengesprächen lassen sich in einem wertschätzenden Klima besser ansprechen und können zu gemeinsamer Lösungssuche führen.

Eines der Ziele unserer Überlegungen ist es, dass alle Akteurinnen und Akteure die Chance haben, möglichst viele ihrer Ressourcen und Kompetenzen für ein entwicklungsförderndes Aufwachsen von Kindern entfalten und einsetzen zu können. Eltern, pädagogische Fachkräfte und die Kinder selbst sind dabei sich gegenseitig ergänzende, aktive Konstrukteure kindlicher Entwicklungsprozesse in der Lebenswelt Familienzentrum oder Kindertageseinrichtung. Die Auseinandersetzung mit Fragen zur methodisch-didaktischen und technischen Seite der Zusammenarbeit mit Familien, z.B. im Sinne von Elternkursen, Elternabenden und Elterntrainings tritt in unserer Publikation zugunsten der hohen Bedeutung der dialogischen Haltung und der Beziehungsarbeit in den Hintergrund. Die Verweise darauf, dass in der Zusammenarbeit mit Familien verstärkt informelle Bildungssituationen initiiert und aufgegriffen werden, halten wir für einen Paradigmenwechsel in der traditionellen Familienbildungsarbeit, die noch vorwiegend, in vielen Fällen den gängigen Finanzierungsmodalitäten geschuldet, aus Kursangeboten und einer vorgegebenen Programmstruktur besteht. Auch diese sind selbstverständlich aus der Landschaft der Familienbildung nicht wegzudenken, müssen aber stärker als bisher in den Alltag einer Einrichtung integriert werden und innerhalb des eher formalen Bildungssettings für informelle Lern- und Erfahrungsmöglichkeiten offen sein.

Pädagogische Fachkräfte sind nicht die Experten für die Lebenssituation der Familien. Ihre Rolle ist eher, die Familien einzuladen, sie zu ermutigen und mit ihnen gemeinsam Gelegenheiten zu suchen und zu nutzen, in denen Kinder, Mütter und Väter, aber auch die Pädagoginnen und Pädagogen selbst „aufblühen" und sich begeistern können. Kohärenzerfahrung und Erziehungsautorität hängen eng zusammen, d.h. Eltern, die sich in ihrer Rolle sicher und wohl fühlen, können ihren Kindern Orientierungen geben und gute Vorbilder sein.

Pädagogische Fachkräfte sind in diesen Prozessen durchaus aktiv und initiativ, aber auch abwartend und wahrnehmend, um die Impulse und Signale von Eltern und Kindern aufzugreifen und diese mit ihnen weiterzuentwickeln, was den dialogischen Austausch unterstützt, aber auch zu demokratischer Teilhabe und Mitgestaltung im Lebensraum Familienzentrum oder Kindertageseinrichtung führen kann. Wichtig dabei ist, mit den Eltern und Familien und nicht *für* sie zu arbeiten.

Ziel einer solchen Arbeitsweise soll vor allen Dingen sein, Eltern und Kinder derart zu unterstützen, dass sie sich mit ihren persönlichen Fähigkeiten ermutigt und gestärkt fühlen, ihr Leben zu gestalten. Dies ermöglicht es, auch in einem eher funktional orientierten Bildungssystem und einer ökonomisierten Gesellschaft eigenständig und selbstwirksam im Leben zu stehen. Dazu gehört, die Bedeutsamkeit und Sinnhaftigkeit eigenen Handelns zu erkennen und sich mit Begeisterung und Mut neuen Entwicklungsaufgaben stellen zu können.

Die Verknüpfung der von uns dargestellten dialogischen, forschenden Haltung ist verbunden mit konkreten Theorien und angewandten Methoden. Es verbieten sich alle methodischen Zugänge, die das Gegenüber in der eigenen Autonomie behindern, einengen und dominieren. Lineare und kausale Theorieansätze sind für solchen Prozesse wenig hilfreich, die wechselseitige Bedingtheit im Sinne eines zirkulären Denkens und Handelns gewinnt demgegenüber an Bedeutung. Auch die in Aus- und Weiterbildung immer wieder zu übenden Dekonstruktionen verfestigter Vorstellungen und Bilder (von dem Kind, den Eltern, der eigenen Rolle, einer guten und richtigen Erziehung) dienen einer sensibleren Wahrnehmung, Differenzierung und der Akzeptanz von Vielfalt.

Die Träger der Institutionen nehmen neben den Familien und Fachkräften ebenfalls eine entscheidende Rolle ein, indem sie Transparenz wahren, MitarbeiterInnen und Familien zuhören und sich für ihre Belange einsetzen und für ein gesundes Arbeitsklima engagieren. Eine Ausrichtung auf eine angemessene Work-Life-Balance gehört hierbei zur Fürsorgepflicht von Arbeitgebern ihren Angestellten gegenüber. Das kann u.a. bedeuten, den pädagogischen Fachkräften ausreichend zeitliche und räumliche Ressourcen zur Verfügung zu stellen, die flexibel gestaltbar sind, und ihnen Aus- und Weiterbildungen zu ermöglichen. Aktuelle Themen, wie z.B. die U3-Betreuung, Inklusion, die Gestaltung von Managementprozessen in pädagogischen Institutionen oder auch die Zusammenarbeit mit Eltern stellen für viele Fachkräfte neue Herausforderungen dar, die sich schnell häufen und bei MitarbeiterInnen zu Überforderungen führen, wenn alles fast gleichzeitig in einer Einrichtung „bedient" und umgestaltet werden soll und sie nicht ausreichend darauf vorbereitet sind.

Nicht immer werden Träger, Fachkräfte und Familien mit ihren Erwartungen und Bedürfnissen übereinstimmen. Es sollte eine Streitkultur entwickelt werden, in der es möglich ist, miteinander um Positionen, Konzeptionen und Regelungen ringen zu können, mit dem Wissen, das die Ergebnisse nicht immer für alle gleichermaßen befriedigend sind. Aber ein engagierter und inhaltlich interessierter Träger, der die unterschiedlichen Herausforderungen kennt und sich diesen zusammen mit Eltern und Fachkräften stellt, bietet neben den strukturellen, juristischen und finanziellen Absicherungen eine gute Basis für das Gelingen von Bildungs- und Erziehungspartnerschaften.

Neben der Bedeutung der engen Zusammenarbeit zwischen Trägern, pädagogischen Fachkräften und Familien, müssen Forderungen gestellt werden, die die Ausbildung der pädagogischen Fachkräfte betrifft. Hierbei können die Qualitätsfragen eine gute inhaltliche Diskussionsgrundlage darstellen. Gerade pädagogische Fachkräfte in Familienzentren, Kitas und der Jugendhilfe haben die besondere Aufgabe, zwei unterschiedliche Adressaten – einerseits das Kind und andererseits die Eltern bzw. die gesamte Familie – in den Blick zu nehmen. Dazu benötigen sie nicht nur theoretische Auseinandersetzungen mit z.B. gesellschaftlichen Strukturveränderungen, den Lebenswelten von Familien und Kindern heute und erziehungswissenschaftlichen, juristischen und soziologischen Positionen, es geht auch um die selbstreflexive Auseinandersetzung mit der eigenen Rolle sowie um exakte Wahrnehmung und Beobachtung, Beschreibung und die Erstellung von Entwicklungsberichten oder Portfolios, die förderliche Gesprächsanlässe mit Eltern ermöglichen. Methoden der Kommunikation und der Erwachsenen- und Gruppenpädagogik gehören ebenfalls in den Ausbildungskanon. Gleichzeitig müssen pädagogische Fachkräfte nicht alle Bereiche beherrschen, es ist gut zu wissen, welche der Kooperationspartner welche Aufgaben übernehmen können. Ein gut funktionierendes Netzwerk aufzubauen bzw. zu pflegen, ist von daher eine wichtige Forderung. Alle Akteure und Akteurinnen einer Einrichtung sollten davon profitieren können.

Jede Institution muss nicht nur ihre eigene Kultur entwickeln, sondern auch je nach Eltern, Kindern, Mitarbeiterinnen und Trägern, ihre eigenen Wege in der Zusammenarbeit mit Eltern finden.

Anregungen hierzu haben wir in unserer Publikation aufgezeigt. Vieles ist längst bekannt und wird erfolgreich umgesetzt. Manches mag (noch) visionär erscheinen – die Ziele auf dem Weg einer entwicklungsfördernden Zusammenarbeit mit Eltern sind gesteckt.

Wenn sich professionelle Fachkräfte gleichermaßen als Lernende und Lehrende verstehen, dann dürfen und sollten sie jederzeit selbst auch Hilfe und Unterstützung einfordern. Nicht selten kommt diese auch durch die Elternschaft, den Träger, durch Kolleginnen oder Kollegen oder dadurch, dass man wieder den Blick auf das richtet, was neben den großen Herausforderungen trotz allem gut gelungen ist. Und, so unsere Beobachtung der aktuellen Szene, es ist überraschend und motivierend, wie viele gute und herausragende unterschiedliche Formen der Zusammenarbeit mit Eltern entwickelt wurden und täglich neu entstehen.

Autoren- und Autorinnenverzeichnis

Herausgeberin

Sigrid Tschöpe-Scheffler, Dr. phil., Sozialpädagogin, Dipl.-Pädagogin und systemische Beraterin ist Professorin für Erziehungswissenschaft am Institut für Kindheit, Jugend, Familie und Erwachsene der Fachhochschule Köln, Fakultät für Angewandte Sozialwissenschaften. Aktuelle Lehr- und Forschungsbereiche: Pädagogik der Achtung, Kindheits- und Familienbildung, Professionalisierung, Supervison.

Autoren und Autorinnen

Anna Bairuk, 1989; Diplomstudium auf Lehramt Englisch und Deutsch als Fremdsprachen in Tula (Russland), Übersetzerin, derzeit Masterstudentin „Pädagogik und Management in der Sozialen Arbeit", seit WS 2013 wissenschaftliche Mitarbeiterin an der FH Köln, Fakultät für Angewandte Sozialwissenschaften.

Gianna Derya Anastasia Balaban, 1990; seit Sommer 2013 Kursleitung im Katholischen FamilienForum Köln-Vogelsang, derzeit Studierende des Studienganges BA „ Pädagogik der Kindheit und Familienbildung" an der Fachhochschule Köln, Fakultät für Angewandte Sozialwissenschaften.

Helena Drechsler, 1981; Studium Grundschullehramt in Köln; B.A. Pädagogik der Kindheit und Familienbildung an der Fachhochschule Köln, Fakultät für Angewandte Sozialwissenschaften; seit 2013 im Bereich der Sozialpädagogische Familienhilfe tätig.

Sarah Hoffmann, 1987; Studium Grundschullehramt in Brüssel (B); B.A. Pädagogik der Kindheit und Familienbildung an der Fachhochschule Köln, Fakultät für Angewandte Sozialwissenschaften; Zertifizierte Dialogprozess-Begleiterin (Landschaftsverband Rheinland: LVR).

Karolin Königsfeld, 1963; Dipl. Sozialarbeiterin, hauptberuflich tätig im Jugendamt der Stadt Hürth, Koordination der Frühe Hilfen und Förderung der Erziehung in der Familie, Angebots- und Netzwerkentwicklung. Lehrbeauftragte an der Fachhochschule Köln, Pädagogik der Kindheit und Familienbildung.

Silke Krohne, 1977; Studium der Erziehungswissenschaft, Psychologie und Anglistik; Logopädin; Beschäftigung mit wertschätzender Kommunikation und Selbsterfahrung; B.A. Pädagogik der Kindheit und Familienbildung an der Fachhochschule Köln, Fakultät für Angewandte Sozialwissenschaften.

Jana Marek, Erzieherin, Dipl. Sozialpädagogin, Dialogprozess-Begleiter (Facilitator), Tanzlehrerin, Ausbilderin von Dialogprozess-BegleiterInnen, Entwicklerin des Weiterbildungskonzeptes „Ermutigung zum Dialog“, leitet die Fachstelle Jugendhilfe und Schule in Iserlohn und ist Fachberaterin für die offene Ganztagsschule.

Lorna Ross, 1985; staatlich anerkannte Erzieherin; Gruppenleiterin im Waldorf-Kindergarten Konstanz; B.A. Pädagogik der Kindheit und Familienbildung an der Fachhochschule Köln, Fakultät für Angewandte Sozialwissenschaften; derzeit Studierende des forschungsorientierten Studiengangs „Pädagogik und Management in der Sozialen Arbeit“ an der FH Köln, Fakultät für Angewandte Sozialwissenschaften.

Xenia Roth, Dipl. Theologin (kath.), Dipl. Psychologin, Therapeutische und betriebswirtschaftliche Zusatzausbildungen, Systemisches Management und Organisationsberatung. Referatsleiterin im zuständigen Fachministerium/Rheinland-Pfalz. Aktuelle Arbeitsschwerpunkte: Ausbau und Qualität der Kindertagesbetreuung, Familienorientierung in der Kita, Fachkräftemangel, Fragen der Governance.

Johannes Schopp, Dipl. Sozialarbeiter, Dialogprozess-Begleiter (Facilitator), Entwickler des Konzeptes „Eltern Stärken – Ermutigung zum Dialog", er führt regelmäßig überregionale Zertifikatskurse zu Dialogprozess-BegleiterInnen nach dem Konzept „Ermutigung zum Dialog" durch, leitet das Fachreferat Elternbildung des Jugendamtes Dortmund.

Christiane Solf, 1965; Dr. phil., Dipl.-Pädagogin, Leitung einer Familienbildungsstätte in Berlin, systemische Therapeutin, Schwerpunkt: Eltern- und Familienbildung.

Fabian Spengler, 1990; Mediengestalter Digital und Print mit der Fachrichtung Gestaltung und Technik. Seit September 2012 festangestellt bei einer Kölner Marketing Agentur. Private Tätigkeit als Webdesigner und Gestalter.

Kathrin Stabroth, 1986; Mutter; staatlich geprüfte Sozialassistentin; B.A. Pädagogik der Kindheit und Familienbildung an der Fachhochschule Köln, Fakultät für Angewandte Sozialwissenschaften.

Rainer Strätz, Dr. rer. nat., Dipl.-Psychologe, ist Leiter des Sozialpädagogischen Instituts NRW – zentrale wissenschaftliche Einrichtung der Fachhochschule Köln. Er lehrt als Professor im BA-Studiengang „Pädagogik der Kindheit und Familienbildung" u.a. die Themen „Beobachtung und Dokumentation", „Didaktik" und „Qualitätsmanagement".

Verena Wittke, 1968; Dr. phil., Dipl.-Pädagogin, Referentin für Familienbildung im AWO.